Copyright © 2024 Andrea Ferraz e Isabel M. Pinheiro
Copyright desta edição © 2024 Autêntica Editora

Este projeto foi idealizado pela Aliança Francesa Belo Horizonte, instituição promotora da metodologia aqui aplicada.

Todos os direitos reservados pela Autêntica Editora Ltda. Nenhuma parte desta publicação poderá ser reproduzida, seja por meios mecânicos, eletrônicos, seja via cópia xerográfica, sem a autorização prévia da Editora.

EDITORA EXECUTIVA
Rejane Dias

EDITORA RESPONSÁVEL
Rafaela Lamas

COORDENAÇÃO PEDAGÓGICA
Pierre Alfarroba

REVISÃO
Felipe Magalhães
Lívia Martins

CAPA
Diogo Droschi (capa e quarta capa sobre imagens de Pixabay/KlausAires, Pixabay/ShonEjai, Shutterstock/Filipe Frazao, Pixabay/Poswiecie, Pixabay/Gadini, Pixabay/soel84, Pixabay/Jessica001234, Flickr/Emanuele Spies, Pixabay, Pexels, Pxhere, Pixabay/LariKoze, Pixabay/aglaiaoliveira, Wikipedia/Plínio Daniel Lins Brandão Veas, Pixabay/tatosievers, Pixabay/Fifaliana-joy, Pixabay/ID 2719743, Pixabay/gettep, Pixabay/JoaoBOliver)

DIAGRAMAÇÃO
Christiane S. Costa

Dados Internacionais de Catalogação na Publicação (CIP)
(Câmara Brasileira do Livro, SP, Brasil)

Ferraz, Andrea
  Samba! : curso de língua portuguesa para estrangeiros : guia do professor / Andrea Ferraz, Isabel M. Pinheiro. -- 1. ed. -- Belo Horizonte : Autêntica, 2024.

  ISBN 978-65-5928-386-6

  1. Língua portuguesa para estrangeiros I. Pinheiro, Isabel M. II. Título.

23-172798   CDD-469.824

Índices para catálogo sistemático:
1. Língua portuguesa para estrangeiros 469.824

Aline Graziele Benitez - Bibliotecária - CRB-1/3129

Belo Horizonte
Rua Carlos Turner, 420
Silveira . 31140-520
Belo Horizonte . MG
Tel.: (55 31) 3465 4500

São Paulo
Av. Paulista, 2.073, Conjunto Nacional
Horsa I . Sala 309 . Bela Vista
01311-940 . São Paulo . SP
Tel.: (55 11) 3034 4468

www.grupoautentica.com.br

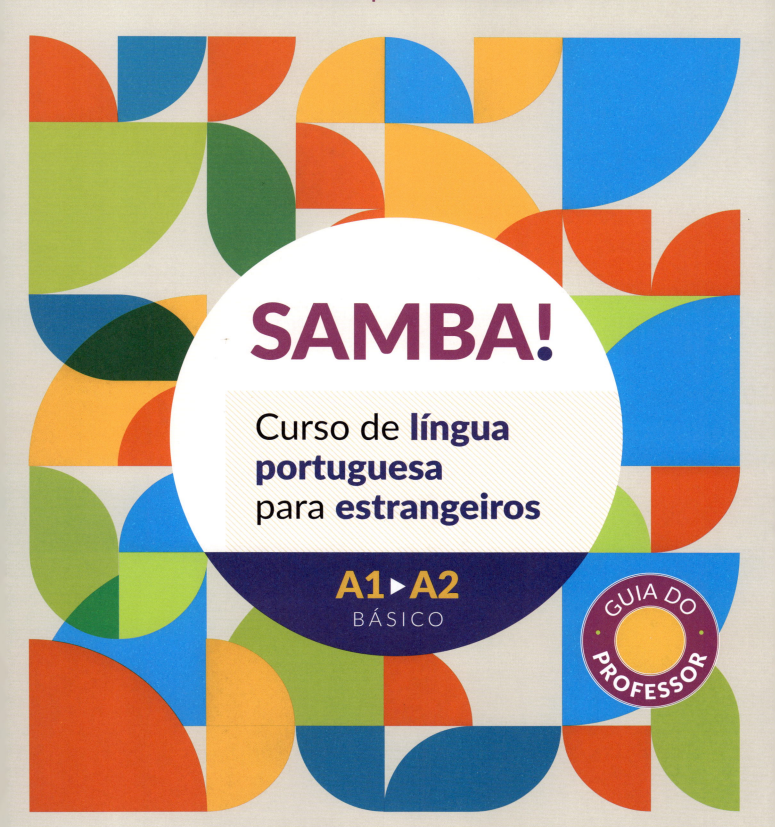

COMO USAR ESTE LIVRO

Respondemos a 15 perguntas para apresentar ao professor as principais características do livro do aluno enquanto fazemos um resumo sobre a experiência didática com o livro **Samba!**

Na abertura de cada capítulo do guia do professor, há a indicação da música, do filme e dos temas que serão trabalhados na unidade correspondente do livro do aluno.

A seção *Trabalhando com a música* apresenta possibilidades de exploração pedagógica da canção sugerida para a unidade, desde o ritmo até a letra. O professor recebe dicas de como trabalhar a música no contexto da sala de aula.

A seção *Panorama da unidade* traz a visão global dos objetivos da unidade. Além disso, sinaliza os gêneros textuais que poderão ser explorados pelo professor.

A seção *Ponto de partida* fala sobre as páginas de abertura do livro do aluno e faz a sugestão de como apresentar e explorar o início de cada unidade.

Ao longo do guia do professor, este ícone indica a correspondência das páginas do livro do aluno que estão sendo analisadas.

No guia do professor, cada seção do livro do aluno é comentada com sugestões de abordagens para exploração na sala de aula. Além disso, também apresentamos dicas de materiais suplementares, como vídeos ou sites, que podem aprofundar a discussão do tópico na lição.

As respostas objetivas das atividades que estão no corpo da unidade trabalhada são aqui explicitadas.

Na seção *Vamos sistematizar*, o conteúdo de gramática está detalhado com dicas e sugestões de como trabalhar o tema em aula.

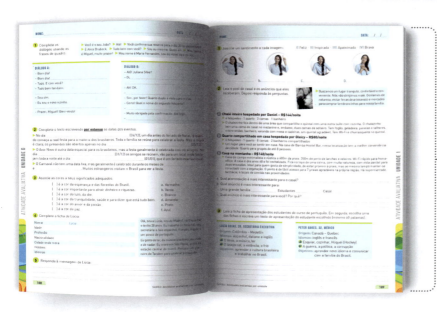

Ao final do guia, há 10 atividades avaliativas, a fim de testar a aquisição pelos alunos do que foi estudado nas lições.

SUMÁRIO

APRESENTAÇÃO · PÁGINA 9

SAMBA! **EM 15 PERGUNTAS** · PÁGINA 10

UNIDADE 0 · PÁGINA 18

UNIDADE 1 · PÁGINA 30

UNIDADE 2 · PÁGINA 48

UNIDADE 3 · PÁGINA 66

UNIDADE 4 · PÁGINA 82

UNIDADE 5 · PÁGINA 98

UNIDADE 6 · PÁGINA 118

UNIDADE 7 · PÁGINA 136

UNIDADE 8 · PÁGINA 154

UNIDADE 9 · PÁGINA 170

ATIVIDÁDES AVALIATIVAS POR UNIDADE · PÁGINA 187

APRESENTAÇÃO
DO GUIA DO PROFESSOR

O guia do professor do livro **Samba!** é uma proposta detalhada para a boa execução de cada lição. Apresenta-se, para cada unidade, a descrição de conteúdos e objetivos que devem ser alcançados por meio de tarefas comunicativas, as quais oferecem muitas oportunidades de interação e discussão sobre temas da atualidade.

Os temas abordados visam a despertar nos estudantes o interesse real pelas sociedades e pelas culturas brasileira e lusófona, desenvolver estratégias de compreensão e interação, assim como suscitar a reflexão sobre o funcionamento e a estrutura da língua portuguesa.

Dessa forma, este guia oferece a professores, iniciantes ou experientes, conselhos sobre execução e ampliação dos conteúdos socioculturais e linguísticos em conformidade com os objetivos comunicativos de cada lição. Não raro, as perguntas propostas em cada atividade podem ser modificadas e/ou ampliadas, com vistas a aprofundar as discussões em função do nível dos estudantes. Fica à escolha do professor suprimir ou complementar as atividades, de modo a ajustá-las às necessidades dos alunos. Essa versatilidade didática, isto é, a possibilidade de adaptar as lições em função do nível dos alunos, permite a utilização do livro com falantes de línguas próximas e distantes do português, e justifica o uso deste material para o alcance do melhor resultado ao final de cada aula.

A ampliação dos conteúdos abordados é feita por meio das dicas sobre como otimizar a exploração dos documentos escritos e orais; da indicação de vídeos cuidadosamente selecionados para cada tema e o melhor momento para exibi-los; das propostas de atividades para trabalhar a música em sala de aula a cada unidade; da sinalização de aspectos linguísticos que devem ser destacados a cada lição e da sugestão de como apresentá-los no momento de sua sistematização.

Esperamos que este livro esclareça em detalhes a proposta das autoras e motive professores a criarem seus próprios percursos pedagógicos, e isso a partir de um material didático inspirador para alunos e professores.

Andrea Ferraz e Isabel M. Pinheiro
Autoras

SAMBA! EM 15 PERGUNTAS

1 POR QUE USAR O LIVRO *SAMBA!*?

▶ O método **Samba!** propõe atividades e tarefas que estimulam a interação na língua-alvo e apresentam documentos autênticos, adaptados e semiautênticos de diferentes gêneros textuais. Para tanto, segue uma metodologia de ensino de línguas estrangeiras baseada nas orientações do Quadro Europeu Comum de Referência para Línguas (QECRL), que proporciona ao aluno o desenvolvimento de estratégias de aprendizagem e compreensão para cumprir tarefas que poderiam facilmente ser demandadas no dia a dia – método acional. Concebido com apoio da Aliança Francesa de Belo Horizonte, este material é composto por três volumes, que abrangem os níveis A1/A2, B1/B2 e C1/C2 (básico, intermediário e avançado). Nesse sentido, criou-se um método de português para estrangeiros que trabalha as quatro habilidades (compreensão e produção escrita/compreensão e produção oral) com ênfase na conversação e no desenvolvimento de estratégias para se alcançar o sucesso na comunicação, bem como a certificação no exame Celpe-Bras. É, portanto, uma base segura de formação linguística e cultural para aqueles que querem viver, trabalhar ou estudar no Brasil.

2 O QUE É O MÉTODO ACIONAL?

▶ Segundo o QECRL, o método acional é uma nova orientação de ensino que considera o aluno como um ator social e a língua como uma ferramenta para a resolução de questões práticas da vida real, ou seja, para a resolução de tarefas. Dentro dessa abordagem de ensino, a produção linguística não é um fim em si mesma, mas um meio para se atingir outros fins, como fazer a inscrição em um exame de proficiência, responder a um questionário, alugar um apartamento ou mesmo compreender uma indicação de caminho. A língua, nesse sentido, é vista como um meio de ação, e não somente de comunicação. A competência linguística, portanto, não estaria relacionada apenas ao conhecimento gramatical ou de vocabulário, mas ao modo como o falante utiliza a língua em diferentes contextos sociodiscursivos.

3 POR QUE USAR O QUADRO EUROPEU COMUM DE REFERÊNCIA PARA LÍNGUAS (QECRL)?

▶ Diante dos bons resultados que a implementação das orientações deste guia trouxe ao ensino de línguas, procuramos aproveitá-las, juntamente com as experiências de professores e pesquisadores brasileiros, para o ensino de português como língua adicional. Além disso, o QECRL é uma ferramenta que fornece uma base comum para o ensino, a aprendizagem e o nivelamento de línguas estrangeiras em países da Europa e de outros continentes. Portanto, facilita a compreensão da organização por temas, níveis e competências.

4 A QUEM SE DESTINA O LIVRO?

▶ O livro **Samba!** A1/A2 se destina a falantes de todas as línguas, a partir de 15 anos, de nível iniciante de português, podendo ser trabalhado com turmas multilíngues. É importante destacar que, embora o livro cubra aproximadamente 100 horas de curso, o ritmo de ensino e o tempo necessário para o estudo de todas as unidades pode variar para falantes de línguas muito próximas, próximas, distantes ou muito distantes do português. Por essa razão, adaptações e atividades extras podem ser necessárias de acordo com a(s) língua(s) do aprendiz, o ritmo de aprendizagem, os objetivos e o tempo disponível do aluno para o trabalho autônomo e em sala de aula.

5 COMO O LIVRO É ORGANIZADO?

▶ **Samba!** é composto por 10 unidades (de 0 a 9) organizadas por temas, com variadas lições, atividades, exercícios e tarefas. Conta ainda, ao final, com uma tabela de fonética do português, anexos gramaticais concernentes ao nível de cada volume, uma tabela de conjugação de verbos, além da transcrição dos áudios e das respostas dos exercícios.

6 COMO CADA UNIDADE É ESTRUTURADA?

▶ Cada unidade apresenta uma dupla página de abertura, treze páginas de lições e atividades, um mapa mental e quatro páginas de exercícios para treino e consolidação dos conhecimentos.

Um único exercício pode combinar mais de uma habilidade, que será sempre sinalizada por meio de ícones que conscientizam aluno e professor do foco da ação.

7 COMO FUNCIONA O PERCURSO DA UNIDADE?

▶ **PARA A SENSIBILIZAÇÃO**

Em cada dupla página de abertura, visualizamos três imagens relacionadas ao tema central da unidade, conteúdos que serão estudados

▶ LEGENDA DOS ÍCONES:

VAMOS FALAR	VAMOS TREINAR A PRONÚNCIA	FALE ASSIM
VAMOS LER	VALE A PENA ASSISTIR...	VAMOS ASSISTIR
VAMOS ESCREVER	POR DENTRO DA LUSOFONIA	VOCÊ SABIA?
VAMOS ESCUTAR	PALAVRA POR PALAVRA	PONTO CULTURAL
VAMOS BUSCAR	VAMOS SISTEMATIZAR	HORA DO JOGO

e sua funcionalidade. É apresentada, ainda, a sugestão de uma música brasileira relacionada ao tema que pode ser trabalhada no início ou no final da unidade como uma atividade complementar para fins linguísticos e/ou culturais.

▶ **PARA DESCOBRIR A TEMÁTICA E O VOCABULÁRIO**

Cada lição parte sempre da exploração de elementos provocadores (título + texto + imagens), de forma a propor a leitura das imagens, do texto escrito e sua associação com os conhecimentos de mundo do aluno. Todo esse trabalho é feito por etapas, por meio de perguntas que conduzem da compreensão geral à detalhada, além de ensinar não somente aspectos linguísticos (gramática e vocabulário) e culturais, mas também estratégias de leitura e interpretação de documentos. O trabalho por perguntas ainda oportuniza a interação na língua-alvo, a formulação de hipóteses para a construção de sentidos, a checagem desses sentidos e a aplicação do vocabulário e dos recursos linguísticos recém-adquiridos, colocando o aluno no centro da ação. Essa dinâmica, próxima de uma conversa natural, muito se assemelha à interação face a face do exame Celpe-Bras. Dessa maneira, a cada lição, o aluno se torna mais reflexivo, desenvolto e participativo em discussões de temas da atualidade.

▶ **PARA TREINAR DIFERENTES HABILIDADES E APROFUNDAR A TEMÁTICA**

Todas as lições – embora partam sempre de uma organização semelhante – podem ser um pouco diferentes na natureza e na sequência de suas atividades, pois o trabalho com documentos autênticos e semiautênticos oferece caminhos diversos para sua exploração, a depender dos conteúdos que esses apresentam e das habilidades que queremos focar. Algumas páginas trazem mais exercícios de leitura ou escuta, outras ainda trabalham mais pontos culturais ou sistematizações gramaticais. O ícone *Vamos assistir*, por exemplo, aparece

12   SAMBA! • Samba! em 15 perguntas

apenas nas unidades finais do primeiro volume, quando o tempo de contato com a língua portuguesa é maior e o aluno tem mais êxito na compreensão oral.

Considerando língua e cultura como elementos indissociáveis, o método **Samba!** apresenta a cultura brasileira de maneira implícita em todas as lições, por exemplo, em dados estatísticos referentes aos hábitos dos brasileiros apresentados nos infográficos. A cultura aparece de maneira explícita nas seções *Ponto cultural* e *Você sabia?*, que tratam de dados históricos, culturais e sociais sobre o Brasil, convidando o aluno a um diálogo intercultural. O ícone *Hora do jogo* sinaliza o momento de revisar e reempregar o vocabulário na forma de uma atividade lúdica e estimulante.

Na seção *Por dentro da lusofonia*, o aluno pode ter contato com personagens e informações sobre os países da Comunidade de Países de Língua Portuguesa (CPLP) e ampliar seus conhecimentos sobre eles. Algumas palavras ainda são apresentadas ao final de cada unidade, na seção *Vamos treinar a pronúncia*, com o objetivo de treinar a escuta e contrastar fonemas da língua portuguesa. Além disso, cada unidade traz a indicação de um filme brasileiro na seção *Vale a pena assistir...*

8 QUAL É O PAPEL DO PROFESSOR?

▶ Este livro serve como guia, um apoio na preparação das aulas; o professor, cujo papel é fundamental para a boa execução da aula, deve:

- Incentivar o trabalho participativo em duplas ou pequenos grupos.

- Determinar o tempo de execução das atividades.

- Esclarecer bem os enunciados.

- Dar a todos os alunos a oportunidade de fala.

- Encorajar os alunos, sem colocá-los em situações constrangedoras, levando em conta a capacidade de cada um.

- Colocar os alunos no centro da aprendizagem, para que estes se empenhem tanto quanto o professor.

- Aumentar a confiança dos alunos e ajudá-los a ganhar autonomia.

Além disso, é importante que o professor tenha sensibilidade para as necessidades dos estudantes, de forma a suprimir ou acrescentar atividades, assim como criar projetos, ter momentos de bate-papo, jogos e apresentações de trabalhos, a fim de tornar sua aula mais animada. O livro **Samba!** não foi elaborado visando apenas ao trabalho autônomo do aluno; ele demanda a participação de um professor para a garantia de bons resultados.

9 COMO O VOCABULÁRIO E A GRAMÁTICA SÃO ENSINADOS?

▶ A partir da apresentação dos elementos provocadores, o aluno é convidado não somente a inferir e formular hipóteses sobre os sentidos do texto, mas também a refletir sobre os recursos linguísticos que o constituem. O vocabulário, assim, está relacionado com o tema, que é o eixo principal que conduz a escolha dos documentos, dos gêneros textuais e dos recursos gramaticais. Dessa forma, palavras novas aparecem em todos os documentos que desencadeiam as lições, e, por sua vez, a compreensão de seus sentidos se dá no contexto, na exploração desses documentos. Além disso, o vocabulário novo também aparece explicitamente na seção *Palavra por palavra*,

na qual o vocabulário-chave é selecionado e organizado para facilitar a visualização e memorização do aluno.

A gramática, por sua vez, é apresentada de forma contextualizada, sendo sistematizada ao final de cada lição. A fim de consolidar esse conhecimento, a seção *Vamos sistematizar* apresenta a explicitação das regras gramaticais que intencionamos compartilhar. A escolha dos conteúdos segue, sempre que possível, a prescrição do QECRL para o nível proposto, no entanto, esses tópicos são apresentados de acordo com o tipo de recurso linguístico que constitui os documentos e os objetivos comunicativos da tarefa. Nesse sentido, cada unidade segue uma progressão de conteúdos que têm estreita relação com as ações que se pretende realizar.

10 POR QUE ABORDAR A LUSOFONIA?

▶ **Samba!**, a cada unidade, apresenta a seção *Por dentro da lusofonia*, justamente para levar o estudante para além do Brasil, ao mundo dos países de língua portuguesa. A seção também permite que o aluno perceba traços comuns da cultura portuguesa deixados como herança nos países colonizados por Portugal. Ao longo de cada unidade, o professor ainda pode enriquecer a aula com conteúdos culturais lusófonos de temas variados, como músicas, filmes, artistas, literatura e outros.

11 POR QUE TRABALHAR COM O MAPA MENTAL?

▶ O mapa mental é uma ferramenta de organização do pensamento que reflete o que está no cérebro. É uma alternativa ao pensamento linear e que constrói associações de conceitos e ideias em múltiplas direções, dando-lhes forma e contexto.

O princípio do mapa mental é o pensamento radial, que se relaciona estreitamente com o funcionamento do cérebro. A ideia mais importante está situada no centro, e dela saem braços que irradiam outros pensamentos que,

por sua vez, podem ser associados a outros pensamentos secundários.

O mapa proposto ao final de cada unidade tem por objetivo organizar o vocabulário e as expressões-chave estudadas. **Encorajamos os estudantes a tentarem criar seus próprios mapas mentais**. Para tanto, sugerimos que utilizem somente palavras-chave que partem do centro do mapa e se irradiam em ordem decrescente de importância.

12 QUAL É O PAPEL DA MÚSICA NO LIVRO *SAMBA!*?

▶ A exploração de uma música na aula de língua estrangeira pode servir a objetivos variados: recompensar os alunos ao final da aula com um momento de descontração, motivá-los a estudarem a língua, enriquecer a aula com a língua em um uso artístico e cultural, trazer um aporte linguístico, treinar a escuta e a pronúncia, ensinar expressões e apresentar novos ritmos.

A música, mesmo não sendo composta para propósitos didáticos, e sim de diversão e manifestação artística, pode ocupar um lugar especial na sala de aula, além de servir a fins de educação musical, interação entre os alunos e desenvolvimento de capacidades de escuta de locutores nativos.

No entanto, é importante considerar que todos os usos da música devem ser ajustados segundo as necessidades, os interesses, o nível de compreensão dos alunos e os recursos da escola.

13 COMO É DESENVOLVIDA A COMPREENSÃO E A PRODUÇÃO ORAL NO LIVRO *SAMBA!*?

▶ O desenvolvimento da compreensão e da produção oral tem lugar privilegiado na maior parte das lições, pois o que todo estudante de língua estrangeira quer é conversar, isto é, interagir oralmente.

Todas as lições partem sempre de um documento autêntico (adaptado ou não) ou semiautêntico. Chamamos de semiautênticos aqueles cujo texto verbal foi retirado de um documento autêntico e preservado na íntegra. Muitas vezes, por questões de identificação

do autor do documento ou por questões de direitos autorais, não foi possível utilizar o material original.

As perguntas de cada atividade do livro visam a colocar o estudante, desde a primeira lição, no centro da ação, direcionando-o a analisar os documentos e o convidando a interagir por meio de respostas simples. Desejamos sempre motivar a interação com o professor e com os demais colegas do grupo. Essa maneira de trabalhar os conteúdos treina o aluno a sempre analisar o texto verbal e/ou não verbal e desenvolver estratégias de compreensão e interação – habilidades que são exigidas na interação face a face do exame Celpe-Bras.

As atividades de compreensão oral nem sempre utilizam documentos autênticos. Mesmo conscientes de que o estudante deve ter *inputs* autênticos na língua alvo desde o nível "iniciante" e que a utilização de diálogos artificiais é uma crítica recorrente aos livros de língua estrangeira, optamos, nas primeiras lições, por utilizar diálogos que não são reais, mas que apresentam situações comunicativas autênticas. Sabemos que a dificuldade ou a facilidade de aprendizagem para falantes de línguas distantes e de línguas próximas do português manifesta-se, principalmente, nos níveis iniciantes; por essa razão, consideramos que de nada serve um documento oral de uma situação real mas que seja incompreensível para os estudantes, pois a motivação é um ponto-chave no aprendizado de uma língua.

Sugerimos aos professores que mesclem as atividades de compreensão oral propostas ao longo das unidades com documentos orais autênticos, tais como músicas e vídeos, que indicamos a cada unidade deste guia do professor, a fim de ampliar a compreensão oral dos aprendizes.

O nível de dificuldade dos documentos orais aumenta a cada lição, assim como aumenta a utilização de documentos orais autênticos ao longo das unidades.

14. QUAL É O LUGAR DAS TECNOLOGIAS DE INFORMAÇÃO E COMUNICAÇÃO (TICs) NO ENSINO-APRENDIZAGEM DE PORTUGUÊS?

▶ O uso das TICs na educação cresce continuamente, o que não deve ser diferente no ensino de português como língua estrangeira. A cada dia cresce o uso de diferentes plataformas de ensino à distância, e na mesma medida o acesso a diferentes materiais e ferramentas de ensino-aprendizagem.

O *Samba!* conta com um ambiente virtual que abriga os áudios e vídeos do livro. O aluno e o professor podem acessá-los por meio de smartphone, **tablet** e computador. Além desse material, que é atualizado continuamente, temos uma *playlist* com as músicas que abrem as unidades do livro no Spotify.

Para o ensino presencial ou à distância, contamos com a versão digital do livro, a qual pode ser projetada para que o aluno acompanhe as atividades, que, mesmo de forma virtual, podem ser realizadas individualmente ou em grupo.

15. POR QUE O GUIA DO PROFESSOR É IMPORTANTE?

▶ Por meio deste guia buscamos orientar os professores quanto ao percurso das unidades, oferecendo-lhes o aprofundamento linguístico e cultural que fundamenta as lições. Nesse sentido, cada atividade é aqui detalhada para facilitar o ensino e proporcionar clareza sobre os objetivos pedagógicos. Então, o guia do professor é fundamental para que sejam garantidas a boa execução e a exploração de cada lição, com vistas ao alcance das competências comunicativas esperadas para a unidade.

Ao final, disponibilizamos atividades avaliativas para cada unidade. Damos muita importância a essa avaliação como instrumento de verificação, por parte do aluno e do professor, dos conhecimentos adquiridos.

Uma vez que o trabalho do livro é baseado em tarefas, é importante que tais avaliações estejam alinhadas a essa perspectiva de ensino, pois só assim serão conferidas as competências adquiridas e o professor terá a chance de retomar temas que necessitam de revisão.

A avaliação oral pode ser feita ao longo das aulas, de forma que o professor acompanhe a evolução de seus alunos aula a aula ou em momentos determinados para esse fim, a depender do contexto de ensino, do tempo de curso e do número de alunos.

Esperamos, por meio da experiência com o livro *Samba!*, proporcionar ao professor maior prazer e motivação para ensinar, assim como para sugerir ideias criativas para a execução das lições. Desejamos a cada mestre uma prática pedagógica enriquecedora! ■

UNIDADE 0

BEM-VINDO AO
BRASIL

🔊 **MÚSICA:** Aquele abraço

🎬 **FILME:** Central do Brasil

PANORAMA DA UNIDADE

>>> Esta unidade propõe apresentar as primeiras noções sobre o território brasileiro, a língua portuguesa e alguns aspectos culturais do Brasil. As atividades, ainda, permitem ao aluno identificar seus conhecimentos gerais sobre o Brasil e a língua, tais como nomes de cidades e regiões, alfabeto, saudações, além de expressar suas áreas de interesse. A Unidade 0 oportuniza ao professor checar os conhecimentos individuais e compartilhados pelos alunos, a fim de conhecer o perfil do grupo de estudantes.

OBJETIVOS PRAGMÁTICOS	>>> Apresentar-se, cumprimentar, falar sobre sua origem, soletrar seu nome, identificar monumentos, cidades, estados e regiões do Brasil, além de expressar seus gostos e áreas de interesse.

OBJETIVOS LINGUÍSTICOS	>>> **Gramática:** pronomes pessoais, verbos terminados em -ar, verbos pronominais, verbo SER, artigos definidos e indefinidos, formação de feminino, estrutura básica das frases e gêneros de alguns substantivos.
	>>> **Vocabulário:** o alfabeto, os números cardinais até 31, os dias da semana, os meses do ano, as cores, os países, as nacionalidades e os materiais escolares.
	>>> **Fonética:** os fonemas [e], [ɛ] e [i] em final de palavra.

OBJETIVOS SOCIOCULTURAIS	>>> Regiões e estados do Brasil, monumentos brasileiros, documentos oficiais, datas comemorativas, a bandeira do Brasil, cores e seus significados, a língua portuguesa no mundo, ritmos musicais.
GÊNEROS TEXTUAIS	>>> Mapa, documentos oficiais, calendário, agenda telefônica.

▶ **PONTO DE PARTIDA** 📄 P. 16-17

Pode ser que este seja o primeiro contato do estudante com a língua portuguesa em um ambiente escolar, mas com certeza não é a primeira vez que ele ouviu ou interagiu em português. A página de abertura com as três imagens selecionadas é um elemento provocador para checar as palavras e/ou informações que este aluno já conhece sobre o Brasil. No primeiro encontro, mostre as imagens e pergunte (mesmo que com gestos) o que são as imagens, como o aluno pode descrevê-las em uma palavra. Não será surpresa se o estudante disser as palavras "Amazônia", "Brasil", "Rio de Janeiro", "Cristo Redentor", "samba", "carnaval", etc. Anote-as para já mostrar a grafia, treine a pronúncia se necessário, e vá inaugurando a aula mostrando que a interação 100% em português é possível e que será o alvo durante todo o curso. Se os estudantes forem falantes de uma língua próxima, você pode mostrar os conteúdos que serão estudados na página seguinte; no caso de línguas distantes, apresente o título da unidade e explique a expressão "bem-vindo".

🔊 TRABALHANDO COM A MÚSICA: "AQUELE ABRAÇO"

>>> Na hora de explorar a música na sala de aula, o professor pode, primeiramente, reproduzi-la com fins de entretenimento e descontração.

>>> Nesse momento, os estudantes vão sentir a música como um todo. Pode-se perguntar a eles qual é o gênero musical e sobre o que a música fala.

>>> Num segundo momento, o professor pode pedir aos estudantes que tentem reconhecer algumas palavras que lhes foram apresentadas em português, como "Rio de Janeiro", "abraço", "janeiro", "fevereiro", "março", "favela", etc.

>>> Em seguida, pode-se perguntar se compreendem o refrão "O Rio de Janeiro continua lindo" e se sabem o que essa frase quer dizer.

>>> Por fim, o professor pode passar a letra da música aos alunos para que tentem cantar e possam, desta forma, treinar a pronúncia.

>>> A música sensibiliza o estudante a perceber a pronúncia, o ritmo, a entonação, as rimas e os instrumentos, mesmo quando ainda não é capaz de compreender a letra. É uma atividade que mobiliza os estudantes e os motiva.

▶ O QUE VOCÊ SABE SOBRE O BRASIL? 📄 P. 18-19

Objetivo das atividades 1, 2 e 3: apresentar as primeiras palavras em português por meio da associação com a geografia do Brasil, os conhecimentos gerais sobre o país e a sua cultura.

ATIVIDADE 1

>>> Nesta atividade, o professor deve ajudar o estudante a associar as imagens às palavras. Em seguida, deve explorar o vocabulário que pode ser associado ao mapa do Brasil, como as regiões separadas por cores e os nomes dos estados e das cidades.

>>> A atividade também tem o objetivo de introduzir o alfabeto e as primeiras noções de fonética por meio da exploração das siglas e dos nomes dos estados brasileiros. Cada sigla deve ser escrita no quadro, e o nome do estado deve ser dito pelo aluno ou pelo professor (pode ser um jogo de buscar pelo celular, ou simplesmente o professor escreve e o aluno tenta pronunciar).

SAMBA! • Unidade 0

ATIVIDADE 1

>>> Ao final da atividade, devem ser identificadas as letras que não estão presentes nas siglas dos estados. O professor deve ensinar o nome das letras ausentes e dar exemplos de palavras com essas letras. No Anexo 1 (p. 216-217), pode-se encontrar o alfabeto e um quadro de fonética para aprofundar a lição.

🔑 **Correção 1:** B. Pelourinho; E. Cristo Redentor; F. Foz do Iguaçu; D. Palácio do Planalto; A. Floresta Amazônica; C. Pantanal.

🔑 **Correção 1.1:** H, K, Q, U, V, W, X, Y, Z.

🔗 Para complementar a abertura da lição, o professor pode exibir o vídeo "Não vá para o Brasil", do canal Tolt Around the World, no YouTube: **https://bit.ly/3mdchSO** (acesso em: 28 abr. 2023).

ATIVIDADE 2

>>> Antes de escutar a ordem dos ritmos, o professor deve perguntar aos alunos quais ritmos são tipicamente brasileiros e ler o nome de cada um. Em seguida, deve fazer a escuta e numerar os ritmos de acordo com a sequência em que são apresentados no áudio. A atividade visa treinar a pronúncia dos ritmos e explorar a riqueza da música brasileira.

🔑 **Correção 2: a.** 1. Tecnobrega; 2. Rock; 3. Sertanejo; 4. Forró; 5. Salsa; 6. Samba; 7. Clássico; 8. Reggaeton; 9. Funk; 10. Jazz; **b., c.** resposta pessoal; **d.** resposta coletiva diversa.
Utilizar a tabela fonética do português (Anexo 1) como suporte para o ensino da pronúncia. O professor pode lê-la com os alunos e fazê-los praticarem os fonemas.

ATIVIDADE 3

>>> Descobrir os interesses do grupo, introduzir novo vocabulário, apresentar os pronomes pessoais e os verbos regulares terminados em -ar. O professor deve dizer aos alunos do que ele gosta e perguntar a cada um: "De que você gosta?".

>>> O professor deve verificar a compreensão do significado do verbo GOSTAR (pode sinalizar com símbolos/gestos positivos e negativos) e introduzir o vocabulário das imagens. No final da página, o professor deve sistematizar o paradigma de conjugação dos verbos regulares em -ar e dar exemplos de outros verbos, como FALAR, CANTAR, DANÇAR, ANDAR e ESCUTAR.

>>> **Obs.:** Os pronomes "tu" e "vós" serão apresentados posteriormente e não terão a conjugação apresentada no miolo da unidade, apenas nos verbos da tabela de conjugação do Anexo 3.

🔑 **Correção 3:** *resposta pessoal.*

▶ **COMO VAI VOCÊ?** P. 20-21

Objetivos das atividades 4, 5 e 6: introduzir as formas de apresentação e saudação em contextos diferentes, apresentar documentos oficiais, identificar dados pessoais, apresentar o verbo pronominal CHAMAR-SE e os pronomes TU e VÓS.

ATIVIDADE 4

>>> Antes de iniciar a atividade, o professor deve fazer com que os alunos observem as situações de comunicação (contexto formal ou informal/lugar/tipo de relação). Em seguida, os alunos devem escutar os diálogos e associá-los a cada imagem. A associação, neste momento, geralmente é feita por elementos não linguísticos, como sons de fundo, número de pessoas e tom de voz. Cabe ao professor, em seguida, destacar as expressões que diferenciam as formas de apresentação.

🔑 **Correção 4: Diálogo 3.** *No bar com amigos;* **Diálogo 1.** *Na universidade;* **Diálogo 2.** *No trabalho.*

FALE ASSIM — **PALAVRA POR PALAVRA**

>>> As expressões e os pronomes de tratamento devem ser explorados pelo professor. Ele pode, nesse momento, fazer os alunos praticarem as saudações se apresentando ao colega mais próximo e, em seguida, fazê-los circularem na sala e interagirem com os outros colegas.

PONTO CULTURAL

>>> Essa seção busca apresentar as formas de interação mais diversificadas na cultura brasileira. Para alunos cuja língua materna é próxima do português, o texto e as expressões podem ser explorados pelo professor como um aprofundamento ou uma curiosidade. Para alunos de línguas distantes, o professor deve trabalhar apenas as expressões que aparecem nos balões, indicando o grau de formalidade, e explicar o que é apelido.

ATIVIDADE 5

>>> Fazer a exploração da imagem e do nome dos documentos oficiais. Quando possível, aprofundar a explicação sobre o CPF (documento fundamental para a realização de transações comerciais e bancárias).

🔑 **Correção 5: B.** *Passaporte;* **A.** *Carteira de identidade;* **C.** *Cadastro de Pessoa Física.*

SAMBA! • Unidade 0

ATIVIDADE 6

>>> Apresentar a Carteira de Registro Nacional Migratório e o vocabulário relativo aos dados pessoais. É importante que o aluno identifique esse vocabulário muito recorrente em situações de preenchimento de cadastro. O professor pode até mesmo complementar a atividade trazendo um formulário de cadastro autêntico para os alunos preencherem em aula. Além disso, ele pode ensinar as perguntas que se relacionam a cada dado cadastral e fazer os alunos trabalharem em dupla, perguntando uns aos outros as informações do formulário. Para consolidar a prática oral, o professor pode solicitar que cada estudante apresente os dados de sua dupla; nesse caso, a lição de apresentação do verbo SER deve ser antecipada.

Correção 6: **A.** *Sobrenome;* **B.** *Nome;* **C.** *Data de nascimento;* **D.** *Sexo;* **E.** *Filiação;* **F.** *Nacionalidade;* **G.** *Validade.*

>>> **Obs.:** O professor pode dizer aos alunos que a Carteira de Registro Nacional Migratório (CRNM) substituiu, em 2017, o antigo Registro Nacional de Estrangeiro (RNE), ou a Carteira de Identidade de Estrangeiro (CIE), válidas em todo o território nacional.

VAMOS SISTEMATIZAR: O VERBO CHAMAR-SE NO PRESENTE DO INDICATIVO

>>> Destacar os pronomes pessoais TU e VÓS, assim como os pronomes reflexivos. Explicar a forma de tratamento A GENTE (informal) equivalente a NÓS (formal) e o uso do pronome pessoal VOCÊS em substituição ao pronome VÓS.

▶ FELIZ ANIVERSÁRIO! 📄 P. 22

Objetivos das atividades 7, 8 e 9: ensinar os meses do ano, os dias da semana e os números de 0 a 31 a partir da sequência dos dados da cédula de identidade, e apresentar as formas de falar a data de nascimento, o endereço de e-mail e o número de telefone.

ATIVIDADE 7

>>> Antes de começar a atividade 7, o professor deve ler com os alunos os números de 0 a 31 do quadro *Palavra por palavra*, destacando a forma como a expressão dos números é organizada e treinando a pronúncia com os alunos. Em seguida, deve treinar também a pronúncia dos meses do ano e explicar o quadro *Fale assim*.

>>> Um objetivo extralinguístico do exercício é fazer todos os alunos conhecerem a data de aniversário dos colegas e a do professor. É importante explicar que, no Brasil, a festa de aniversário é celebrada mesmo depois da idade adulta. E que celebrações dos aniversariantes do mês também são comuns em ambiente de trabalho.

ATIVIDADE 7

>>> Nesta atividade, os alunos devem trabalhar em dupla trocando as cédulas de identidade ou os formulários de cadastro que foram preenchidos em atividade anterior. Todos os alunos devem preencher o quadro a partir das informações fornecidas por cada dupla. Para finalizar a atividade, o professor deve ensinar como cantar "Parabéns pra você". Na internet podem ser encontradas versões do "Parabéns pra você" em diferentes ritmos.

Correção 7: resposta pessoal.

ATIVIDADE 8

>>> A atividade propõe uma produção oral, recuperando os dias da semana, os meses e os números. As questões permitem que o professor trabalhe a interculturalidade, pois ele pode, se possível, explorar os hábitos e as tradições dos outros países.

>>> É importante trabalhar as informações contidas no calendário, tais como o significado das abreviações dos dias da semana, a pronúncia dos números (especialmente o dia 1º em relação aos outros dias) e os meses do ano.

Correção 8: a. 25/12: Natal e 31/12: Réveillon; *b., c.* resposta pessoal; *d., e.* verificar o calendário do ano corrente.

▶ VALE DO SOL, BOM DIA! P. 23

A atividade de reserva de hotel relaciona-se ao conteúdo anterior pela contextualização dos hábitos dos brasileiros (datas especiais, férias e festas). O professor pode mostrar imagens do Réveillon no Rio de Janeiro, as roupas brancas e outras tradições relativas à festa, por exemplo, o hábito de festejar a data na praia. A atividade ainda permite a introdução do número de telefone e do endereço de e-mail, além da recuperação do alfabeto, das informações pessoais e das datas.

ATIVIDADE 9

>>> Como se trata de uma atividade de compreensão oral, o professor deve, neste momento, ler as informações que os alunos vão identificar no áudio antes da primeira escuta. É muito importante o esclarecimento das perguntas do exercício, a leitura para os alunos dos nomes dos símbolos relacionados ao e-mail e o destaque para o número "6", também chamado de "meia" nesse contexto.

>>> Explicar o aspecto cultural do uso do WhatsApp no Brasil, destacado na seção *Você Sabia?*. É desejável que o professor peça aos alunos para lerem seus próprios endereços de e-mail e números de telefone em português para praticarem.

Correção 9: a. Hotel; *b.* Do dia 28 de dezembro ao dia 05 de janeiro; *c.* Um quarto simples (solteiro); *d.* A reserva é em nome de Jarrod Johnson; *e.* O telefone é +1 343 986 4840; *f.* jjohnson13@samba.com; *g.* Réveillon.

VAMOS SISTEMATIZAR: O VERBO SER NO PRESENTE DO INDICATIVO

>>> Ao final da página, a sistematização da conjugação do verbo SER apresenta os usos relacionados aos conteúdos que foram apresentados – caracterização, data, nacionalidade e estado civil. Acreditamos que essa noção é, ainda, a mais eficiente para ensinar a diferença em relação ao verbo ESTAR, que será apresentado na Unidade 1. Neste momento, os usos especiais do verbo SER, em que a noção de permanência não se aplica, não serão aprofundados.

▶ AS CORES E A CULTURA DO BRASIL P. 24

Nesta atividade, o aluno é convidado a conhecer o aspecto cultural do significado das cores para o Ano-Novo no Brasil, assim como sua relação com as cores das pulseirinhas do Senhor do Bonfim. No que se refere ao aspecto linguístico, o aluno aprende não somente um novo vocabulário, mas também começa a associar o gênero de substantivos à terminação das palavras.

ATIVIDADE 10

>>> O professor deve ler o nome de cada cor e seu significado na cultura brasileira, e os alunos devem repetir para treinar a pronúncia.

>>> Em seguida, o professor deve falar o gênero dos substantivos e destacar a terminação que é mais regular na identificação de gênero, são elas: feminino: -dade, -a, -agem, -ção (substantivos abstratos); masculino: -o, -r. A sistematização desse conteúdo será apresentada ao final da página seguinte.

>>> O professor também deve estimular o aluno a falar sobre as semelhanças e as diferenças de interpretação das cores na sua cultura de origem.

>>> É importante apresentar a cor preta aos alunos, mesmo não sendo usada no Réveillon no Brasil, pois é uma cor básica da qual eles podem precisar em outros contextos, como na identificação das cores da bandeira de seu país. Sugestão de cores complementares: preto, cinza, prata, dourado, bege.

🔑 **Correção 10: a., b.** *respostas livres.*

❓ VOCÊ SABIA?

>>> Se os alunos forem falantes de língua próxima do português ou o professor tiver uma língua comum com os alunos, pode-se explorar essa parte da lição mostrando imagens de pessoas com as pulseiras, as crenças a elas associadas, assim como imagens de Salvador.

🔗 Como sugestão para ilustrar a lição, recomendamos o vídeo "Lavagem do Senhor do Bonfim", do canal Prefeitura do Salvador, no YouTube: **https://bit.ly/32buk4E** (acesso em: 1 maio 2023).

SAMBA! • Unidade 0

PONTO CULTURAL: OS SIGNIFICADOS DAS CORES DA BANDEIRA DO BRASIL

>>> O ponto cultural que aparece logo abaixo das cores utilizadas no Ano-Novo apresenta a bandeira do Brasil e o significado de suas cores. Essa bandeira substituiu a antiga bandeira do Império e passou a ser a representação da nação brasileira no período republicano. A permanência das cores verde e amarela (antiga referência à família de Bragança e à Casa de Habsburgo-Lorena) foi mantida em memória às conquistas portuguesas. Adotamos para o livro o significado mais popularmente divulgado desde a infância. A associação real está relacionada aos acontecimentos relevantes da história portuguesa, como a união de famílias e conquistas do Condado Portucalense.

ATIVIDADE 11

>>> É uma atividade de proposta intercultural que permite a cada aluno reinvestir o vocabulário das cores e os substantivos ao falar das cores da bandeira do seu país e do significado a elas associado.

🔑 *Correção 11: a., b. respostas livres.*

▶ **CALENDÁRIO DO BRASIL** 📄 P. 25

A atividade 12 é uma extensão das lições anteriores e propõe aos alunos fazerem uma atividade intercultural por meio de ferramentas digitais, reinvestirem os conteúdos aprendidos e compararem as datas importantes do Brasil em relação às datas de seus respectivos países.

🔍 VAMOS BUSCAR

ATIVIDADE 12

>>> Propõe-se que o grupo pesquise por meio de ferramentas digitais as principais datas comemorativas e os principais feriados nacionais. Caso, no ambiente escolar, haja restrição de acesso à internet, o professor pode solicitar que os alunos pesquisem os dados em casa ou que façam uma atividade de compreensão oral ou escrita (ditado ou leitura de pequenos textos que apresentem as festas e suas respectivas datas). É importante reinvestir o aprendizado da expressão de datas em português.

>>> O professor deve verificar a compreensão e a produção oral dos alunos. O exercício pode ser ampliado para uma abordagem intercultural por meio da comparação das datas comemorativas e dos feriados nacionais do país de origem dos estudantes.

>>> **Exemplo:** Quando é o Dia das Mães? E dos Pais? Existe um dia de celebração especial no seu país? Existe um dia de festa nacional?

ATIVIDADE 12

🔑 **Correção 12:** *Confraternização universal: 01/01; Carnaval: verificar calendário do ano corrente (acontece sete domingos antes da Páscoa); Sexta-feira Santa: verificar calendário do ano corrente; Corpus Christi: verificar o calendário do ano corrente (a data é determinada a partir da data de definição da Páscoa); Independência do Brasil: 07/09; Padroeira do Brasil: 12/10 (a Padroeira do Brasil é Nossa Senhora da Conceição Aparecida); Proclamação da República: 15/11; Dia Internacional da Mulher: 08/03; Dia das Mães: verificar o calendário do ano corrente (segundo domingo do mês de maio); Dia dos Namorados: 12/06; Dia dos Pais: verificar calendário do ano corrente (segundo domingo de agosto); Dia das Crianças: 12/10; Dia do Professor: 15/10 (geralmente comemorado no dia 12/10, juntamente com o Dia das Crianças); Dia Nacional da Consciência Negra: 20/11 (data atribuída à morte de Zumbi dos Palmares).*

🌎 PONTO CULTURAL: O RÉVEILLON NO BRASIL

⟫ Esse ponto cultural desperta a curiosidade dos estudantes porque o período do fim de ano atrai muitos turistas estrangeiros, que observam a forma como os brasileiros de diferentes religiões se vestem e celebram a passagem do ano. Caso os alunos sejam falantes de línguas distantes do português, o professor pode mostrar imagens de celebrações do Réveillon no Brasil, destacando o uso da cor branca, típico do Brasil.

🔧 VAMOS SISTEMATIZAR: FEMININO X MASCULINO

⟫ O professor deve, neste momento, apresentar a regularidade quanto ao gênero dos substantivos. Para isso, a associação dos símbolos de sexo feminino e sexo masculino a cada substantivo é uma ferramenta importante, haja vista que em algumas línguas essa noção de gênero não é evidenciada nos substantivos.

⟫ Para línguas distantes, o professor deve associar os símbolos de feminino e masculino aos artigos definidos e às terminações de cada gênero. Como algumas línguas não possuem artigo, o professor deve apresentar essa noção como um determinante do nome, ou seja, o nome feminino sempre pode ter o artigo feminino para acompanhá-lo e o mesmo ocorre com o nome masculino, que sempre pode ter o artigo masculino. **Exemplo:** o menino/a menina; o Sol/a Lua; o carro/a motocicleta.

⟫ Após compreendida a noção de gênero e os artigos, o professor deve aplicar a regra às terminações femininas e masculinas dos substantivos da atividade das cores. Em seguida, os estudantes devem fazer o exercício para consolidar a regra. No final da unidade, o professor pode encontrar exercícios que destacam a utilização dos artigos indefinidos e explicar seu uso.

🔑 **Correção:** *a nacionalidade; a imagem; o respeito; as férias; o nome; o nacionalismo; a identidade; a praia; a cor; as flores; a pureza; o sucesso.*

▶ DESAFIO DAS BANDEIRAS: QUAL É QUAL? 📄 P. 26-27

A última lição da Unidade 0 visa introduzir os nomes dos países, as nacionalidades e a concordância entre artigo/substantivo/adjetivo por meio de uma revisão de números, cores, datas e apresentação pessoal. A lição ainda sistematiza as estruturas básicas das frases afirmativa e negativa.

➕ HORA DO JOGO

ATIVIDADE 13

>>> Nesta atividade, os nomes dos países e seus respectivos gêneros são ensinados aos estudantes por meio de um desafio de identificação das bandeiras. O professor tem, nesta atividade, a oportunidade de reinvestir o conteúdo do gênero dos substantivos e posteriormente ensinar adjetivos pátrios. **Exemplo:** a Rússia ➡ o russo/a russa.

🔑 **Correção 13: S.** a Colômbia; **G.** a China; **M.** a Alemanha; **T.** a Espanha; **I.** Portugal; **H.** o Chile; **D.** os Estados Unidos; **P.** a Grécia; **B.** o Canadá; **C.** a França; **F.** o Japão; **K.** a Argentina; **E.** a Itália; **R.** a Rússia; **L.** a Coreia do Sul; **A.** o Brasil; **Q.** a Bélgica; **O.** Angola; **N.** Israel; **J.** o Uruguai.

🔗 VAMOS SISTEMATIZAR: FEMININO X MASCULINO

>>> Neste quadro, apresentamos como associar características aos nomes. Para isso, o conceito de gênero do substantivo deve ser retomado e o professor deve explicar que as características (adjetivos), geralmente, são inseridas após o nome (substantivo) e flexionam o gênero em concordância com ele. Os exemplos do quadro já destacam essa regularidade da língua, e o professor precisa sinalizar, além da concordância de gênero, a ordem: **determinante (artigo) + nome (substantivo) + característica (adjetivo)**. Nesse momento ainda não ensinamos o plural.

>>> A sistematização das terminações dos adjetivos pátrios permite justamente aproveitar o nome de cada país para se praticar a flexão de gênero de cada adjetivo.

ATIVIDADE 14

>>> A atividade permite praticar a formação do feminino das nacionalidades.

🔑 **Correção 14: a.** o brasileiro/a brasileira; **b.** o canadense/a canadense; **c.** o alemão/a alemã; **d.** o chinês/a chinesa; **e.** o chileno/a chilena; **f.** o espanhol/a espanhola; **g.** o francês/a francesa; **h.** o colombiano/a colombiana.

SAMBA! • Unidade 0   27

ATIVIDADE 15

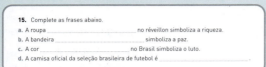

>>> Neste exercício, o estudante deve revisitar o conhecimento cultural das cores no Brasil associado ao conteúdo linguístico de flexão de gênero. Caso os estudantes falem línguas distantes, sugerimos que o professor escreva no quadro as respostas sem flexionar o gênero e solicite que os alunos escolham e completem cada uma delas com a flexão adequada.

🔑 **Correção 15:** **a.** *amarela;* **b.** *branca;* **c.** *preta;* **d.** *verde e amarela.*

ATIVIDADE 16

>>> O exercício permite ao aluno identificar o nome dos objetos escolares a partir das cores. Este exercício é muito importante não apenas do ponto de vista de ganho de vocabulário, mas também por retomar os conhecimentos de gênero dos substantivos associados a adjetivos de cores.

🔑 **Correção 16:** *8; 6; 2; 5; 1; 10; 9; 7; 4; 3.* **Masculino:** *celular cinza; apontador amarelo; computador branco; lápis roxo; caderno vermelho; estojo azul;* **Feminino:** *borracha roxa; caneta amarela; cola vermelha; mochila preta.*

VAMOS SISTEMATIZAR: A ESTRUTURA BÁSICA DAS FRASES EM PORTUGUÊS

>>> O professor vai sistematizar a organização direta das frases afirmativas e negativas, devendo destacar que, para a formação da frase negativa, basta inserir o "não" antes do verbo. Recomendamos que o professor proponha alguma atividade prática, tal como fazer uma pergunta a um colega, que vai respondê-la e fazer uma outra pergunta a outro colega.

ATIVIDADE 17

>>> Para realizar esta atividade, o professor deve trabalhar as questões já apresentadas para perguntar o número de telefone. Deve ser encorajada a produção oral coletiva de pergunta e resposta completa para treinar a pronúncia. Vale destacar o número 6 como "meia".

ATIVIDADE 18

>>> O professor deve inicialmente ler os nomes antes de passar o áudio para facilitar a identificação pelos alunos e pode também solicitar a leitura dos números. O áudio deve ser passado duas vezes, tal como é feito nos exames oficiais.

🔑 **Correção 18:** *Adriana: 3496-1367; João: 99731-2211; Daniela: (37) 98875-2326; Frederico: 3491-1121; Juliana: (11) 99873-1130; Betinho: 98732-0224; Mônica: (73) 99067-3334; Ana: 98234-5678.*

▶ **POR DENTRO DA LUSOFONIA** P. 28

POR DENTRO DA LUSOFONIA: A COMUNIDADE DE PAÍSES DE LÍNGUA PORTUGUESA (CPLP)

>>> O professor deve ler o documento com os estudantes. Em seguida, explicar o conceito de lusofonia/Comunidade de Países de Língua Portuguesa (CPLP). Além disso, vale a pena pedir que os estudantes associem as bandeiras aos países. O professor pode destacar que, exceto o Brasil e o Timor Leste, os países da CPLP não são acompanhados de um artigo determinante.

VAMOS TREINAR A PRONÚNCIA

>>> Nesta atividade, é importante destacar as três possibilidades de pronúncia da letra "e" ao final da palavra. Em seguida, o áudio deve ser passado duas vezes para o estudante marcar qual som da letra "e" foi pronunciado no final da palavra. O objetivo do exercício não é o ganho de vocabulário, mas a identificação de fonemas e o treino da pronúncia das palavras.

🔑 **Correção: 1.** *Contente* [i]; **2.** *Café* [ɛ]; **3.** *Dente* [i]; **4.** *Liberdade* [i]; **5.** *Você* [e]; **6.** *Gente* [i]; **7.** *Pé* [ɛ]; **8.** *Ipê* [e]; **9.** *Pelé* [ɛ]; **10.** *Dendê* [e].

VALE A PENA ASSISTIR...

>>> O objetivo desta seção do livro é apresentar aos alunos produções audiovisuais nacionais. Encorajamos fortemente que o professor promova o trailer do filme em sala de aula, se possível, legendado.

UNIDADE 1

OI! BELEZA?

🔊 **MÚSICA:** A voz do morro

🎬 **FILME:** O palhaço

PANORAMA DA UNIDADE

>> Nesta unidade, o tema da apresentação pessoal, introduzido na Unidade 0, será ampliado. Além disso, outros serão retomados e aprofundados, como saudações e nacionalidade. Serão introduzidos os vocabulários relativos a estado civil, profissões, idade, emoções e descrição física. O aluno começa a identificar diferentes relações pessoais e contextos de comunicação a partir de seus registros linguísticos, aprende algumas abreviações para se comunicar nas redes sociais, a perguntar e compreender preços, bem como a expressar seu estado de humor e suas emoções.

OBJETIVOS PRAGMÁTICOS	>> Ampliar a comunicação e a apresentação pessoal. Saber apresentar seu perfil e compreender o perfil do outro. Descrever uma pessoa e seu temperamento/humor. Expressar emoções. Conhecer a moeda do Brasil e perguntar preços.
OBJETIVOS LINGUÍSTICOS	>> **Gramática:** pronomes interrogativos, verbos irregulares TER, FAZER, SER e ESTAR, verbos regulares (-ar/-er/-ir), adjetivos, preposição DE + artigos. >> **Vocabulário:** profissões, estado civil, números de 31 a 100, adjetivos, características físicas e estados emocionais, expressões para uso do dinheiro. >> **Fonética:** [r] e [h].
OBJETIVOS SOCIOCULTURAIS	>> Saber identificar os tipos de relações pessoais e os contextos de comunicação, de forma a começar a perceber as diferenças de formalidade e informalidade. Compreender a comunicação de apresentação de perfil nas redes sociais. Conhecer algumas personalidades dos países lusófonos, como Eduardo Kobra; as calçadas portuguesas; as Havaianas; os brasileiros e suas expressões relativas ao dinheiro.
GÊNEROS TEXTUAIS	>> Chat (bate-papo), biografia, website, publicidade, gráfico pizza, perfil em textos digitais e comentários de avaliação de hospedagem.

▶ **PONTO DE PARTIDA** 📄 P. 34-35

Antes de começar a primeira lição, é importante sensibilizar o aluno por meio das imagens da dupla página de abertura da Unidade. Nela, observam-se três fotografias que mostram brasileiros em momentos de socialização, cumprimentando-se e em grupo. Essas imagens fazem uma ligação entre as unidades 0 "Bem-vindo ao Brasil" e 1 "Oi! Beleza?", além de introduzirem o aluno no tema central do capítulo que será iniciado – "relacionamento". O professor deve ajudar os alunos a associarem o título "Oi! Beleza?" às imagens e ler, juntamente com eles, os objetivos da unidade.

🔊 TRABALHO COM A MÚSICA: "A VOZ DO MORRO"

- Na hora de explorar a música em sala de aula, o professor pode, primeiramente, reproduzi-la com fins de entretenimento e descontração.
- Em seguida, pode-se reproduzir a música novamente e pedir aos alunos que identifiquem seu gênero e pelo menos cinco palavras. Este é um bom momento para verificar a compreensão oral.
- Também pode-se perguntar sobre o tema central da música e checar as hipóteses dos alunos: Rio de Janeiro? Samba? Morro/favela?
- Em seguida, é interessante perguntar como compreendem o refrão "Eu sou o samba" e a relação entre o samba e o morro.
- Neste momento, pode-se apresentar uma breve biografia do compositor Zé Keti, recuperando o conteúdo estudado na unidade.
- Por fim, o professor pode passar a letra da música aos alunos para que tentem cantar e treinar a pronúncia, o ritmo e a entonação.
- A depender da língua dos alunos (por exemplo, espanhol) ou de existir uma língua comum entre alunos e professor, o sentido da letra (como o samba se apresenta) pode ser aprofundado.

▶ **EU FALO PORTUGUÊS, E VOCÊ?** 📄 P. 36-37

Nesta lição vamos trabalhar como dizer e demandar informações pessoais: o nome, a profissão, o estado civil, a idade, o local de moradia, os idiomas falados, etc.

ATIVIDADE 1

- No texto de abertura da lição, o aluno deve identificar a situação de comunicação (chat), a nacionalidade dos participantes do grupo e seus nomes, suas idades, as saudações que são usadas no chat e algumas áreas de interesse dos participantes, como o Carnaval, sugerido na imagem. O professor pode pedir a cada aluno que leia um dos textos do chat em voz alta antes de começar a explorar os sentidos dos textos, retomando os aspectos trabalhados na fonética.
- Nesta atividade, o professor deve fazer perguntas que os alunos sejam capazes de responder, tais como: "Quantos participantes há no chat?"; "Como eles se chamam?"; "Quais

ATIVIDADE 1

nacionalidades vocês identificam?"; "Susan tem 23 anos, e a Camila?"; "Nós moramos em… Onde Marcus mora?". Esse percurso de introdução da unidade tem por objetivo fazer os alunos aprenderem o sentido das palavras interrogativas ("qual", "quais", "quantos", "quem", "quando", "onde") em contexto e a iniciarem uma comunicação com o professor.

>>> A segunda parte de exploração do documento (1.1) serve para ajudar o aluno a nomear diferentes tipos de chats de acordo com seus objetivos.

>>> Como uma terceira parte do percurso de introdução da unidade, a lição, ainda, convida o aluno a escrever seu próprio perfil de apresentação para um chat a partir dos exemplos propostos. O professor deve, depois de finalizada a produção escrita, encorajar cada aluno a ler seu perfil para os demais colegas do grupo.

🔑 *Correção 1:* **a.** *Susan é uma estudante americana de arquitetura;* **b.** *Para viajar pelo Brasil;* **c.** *Camila mora em Salvador. Ela fala português e inglês;* **d.** *Julie tem 14 anos. Ela gosta de música;* **e.** *Marcus é professor de capoeira e mora em Recife;* **f.** *Juan chega ao Brasil em fevereiro.*

🔑 *Correção 1.1:* *bate-papo.*

💬 FALE ASSIM

>>> Nesta seção, são listadas as principais perguntas que podemos fazer para conhecer uma pessoa, cujas respostas estão presentes nos textos da atividade 1. O professor pode pedir a cada aluno para tentar responder com seus próprios dados. Pode, ainda, fazê-los trabalhar em dupla, entrevistando um colega e o apresentando ao grupo. Em seguida, o professor pode sugerir aos alunos que completem com mais informações o texto do perfil produzido na atividade 1.

✓ PALAVRA POR PALAVRA

>>> Reúne algumas das abreviações usadas nos textos das mensagens digitais e suas significações. O professor pode informar os alunos sobre a importância desse tipo de abreviação em mensagens de WhatsApp e outras redes sociais no Brasil.

ATIVIDADE 2

>>> A atividade tem por objetivo treinar a compreensão oral de apresentações a partir de um documento original. Antes de passar o áudio, o professor deve ler com os alunos todas as questões e as opções de resposta do exercício e ajudá-los a compreender o novo vocabulário de profissões. Após a leitura das questões, ele deve passar o áudio uma vez e ajudar os alunos a identificar o contexto (programa de rádio). Em seguida, deve passar o áudio mais uma vez e corrigir as respostas com os alunos. Como se trata de um documento autêntico, é natural que os alunos estranhem o ritmo de fala.

🔑 *Correção 2:* **a.** *Um programa de rádio;* **b.** *3, 4, 2, 1;* **c.** *Aurélie e Verioca;* **d.** *Elas são francesas.*

ATIVIDADES 3 E 4

>>> As atividades têm por objetivo fazer os alunos identificarem as informações em uma rede social e ampliarem o vocabulário de apresentação pessoal/perfil. Elas permitem uma exploração maior do vocabulário relativo a estado civil, números cardinais e profissões, além de revisar algumas siglas dos estados brasileiros. É muito importante que o professor corrija os erros de uso dos verbos SER e TER nas frases. Também deve-se estar atento à formação de frases completas para as respostas da atividade 4.

🔑 *Correção 3: a.* uma rede social; *b.* Nome, idade, estado civil, estado do Brasil onde a pessoa mora e profissão.

🔑 *Correção 4: a.* Marcus; *b.* Camila. Ela é cantora; *c.* Gilberto. Ele tem 57 anos; *d.* Marcus; *e.* Desenhista; *f.* Júlia. Ela é solteira; *g.* Arquiteto e psicóloga.

🔗 VAMOS SISTEMATIZAR: O VERBO TER

>>> Apresenta a conjugação do verbo TER e seus usos mais comuns tais como: idade, posse e expressão de estado físico temporário (fome, sede, cansaço, sono).

✓ PALAVRA POR PALAVRA

>>> Apresenta os estados civis e os números de 31 a 100.

▶ ELE É KOBRA 📄 P. 38-39

A segunda lição da unidade propõe ao aluno compreender a biografia do artista Eduardo Kobra por meio da apresentação de um texto simples. Em seguida, propõe um exercício de compreensão oral de dados biográficos dos artistas Ariano Suassuna e Chico Buarque de Hollanda para, enfim, sugerir a produção escrita de apresentação de um artista do país de origem do aluno, assim como a apresentação oral do mesmo artista para os colegas. Na segunda parte da lição, a expressão da "origem" e os demais usos do verbo SER são sistematizados.

ATIVIDADE 5

>>> Esta atividade propõe a leitura de uma biografia simples de apresentação de um artista brasileiro. O texto recuperará datas, números cardinais, profissão, estado civil e nomes de países. A atividade tem por objetivo que o aluno pratique o conteúdo aprendido até este ponto do curso. Mesmo se tratando de uma atividade de compreensão escrita na qual o aluno localiza informações e redige

SAMBA! • Unidade 1 **33**

ATIVIDADE 5

respostas simples às perguntas, a familiarização com o vocabulário de apresentação, a estrutura frasal sujeito-verbo-complemento e as frases interrogativas devem ser bem fixadas.

🔑 **Correção 5: a.** *Eduardo Kobra;* **b.** *Ele nasceu em 1 de janeiro de 1976;* **c.** *Ele mora em São Paulo;* **d.** *Ele é um artista de rua, ele se considera muralista;* **e.** *Ele é casado;* **f.** *Ele tem... anos.*

❓ VOCÊ SABIA?

>>> Associado à apresentação do artista Eduardo Kobra está o mural "Etnias" no bairro da Gamboa, no centro do Rio de Janeiro. O mural, além de ser o maior grafite do mundo segundo o *Guiness Book 2017*, foi concebido para os Jogos Olímpicos de Verão de 2016 e representa grupos étnicos dos cinco continentes. O professor pode, por exemplo, mostrar cada fisionomia do mural e perguntar qual etnia e/ou continente é ali representado: os huli (Oceania), os mursi (África), os kayin (Ásia), os supi (Europa) e os tapajós (América).

ATIVIDADE 6

>>> Esta atividade tem por objetivo treinar a compreensão oral por meio da apresentação dos artistas brasileiros Ariano Suassuna e Chico Buarque de Hollanda. O professor deve passar o áudio duas vezes, tal como é feito nos exames oficiais, para que os alunos se acostumem a extrair os dados do áudio em duas escutas. Caso sejam falantes de uma língua próxima do português, o professor pode, ainda, explorar mais dados da biografia dos artistas, tais como estado civil, cidade onde moram, número de filhos e trabalhos mais conhecidos internacionalmente. É interessante mostrar aos alunos os grafites de Chico Buarque e Ariano Suassuna feitos por Eduardo Kobra na avenida Pedroso de Moraes, no bairro Pinheiros, em São Paulo. O grafite ocupa a lateral do prédio da Fnac.

🔑 **Correção 6: Ariano Suassuna:** *Aniversário: 16 de junho; Cidade: João Pessoa – PB; Profissão: escritor;* **Chico Buarque:** *Aniversário: 19 de junho; Cidade: Rio de Janeiro – RJ; Profissão: músico, compositor e escritor.*

ATIVIDADE 7

>>> A atividade tem por objetivo fazer o aluno reinvestir os conhecimentos adquiridos por meio da produção de uma pequena biografia de um artista do seu país de origem. O professor deve corrigir o texto de cada aluno. Em seguida, os alunos devem apresentar cada artista escolhido aos demais colegas. Para tanto, podem simplesmente ler o texto escrito ou fazer uma apresentação mais completa, com fotos e outros recursos. O professor também pode fazer uma pequena exposição dos textos produzidos, caso haja espaço na sala de aula ou na escola.

ATIVIDADE 8

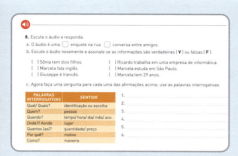

>>> Este é um exercício de compreensão oral um pouco mais longo e desafiante que as atividades anteriores. O professor deve ler com os alunos todas as opções de respostas. A atividade deve ser feita em duas etapas. Primeiramente, o professor deve passar o áudio e pedir aos alunos para responderem a letra "a". Em seguida, deve passar o áudio mais uma vez para que os alunos façam a atividade "b" (Verdadeiro ou Falso). Depois de corrigir as respostas da letra "c", o professor deve sistematizar as palavras interrogativas da tabela, isto é, certificar-se da compreensão de seus sentidos pelos alunos e esclarecer as dúvidas.

🔑 **Correção 8: a.** enquete de rua; **b.** V, F, F, F, V, F; **c. 1.** *Quantos filhos Sônia tem?/Sônia tem quantos filhos?*, **2.** *Qual língua estrangeira Marcela fala?/Quais línguas estrangeiras Marcela fala?/Marcela fala quais línguas estrangeiras? Etc.*, **3.** *Qual é a nacionalidade de Giuseppe?*, **4.** *Onde Ricardo trabalha?*, **5.** *Onde Marcela estuda?*, **6.** *Quantos anos Marcela tem?*

ATIVIDADE 9

>>> A atividade tem por objetivo apresentar a forma de dizer a origem por meio da expressão "ser de". Para tanto, apresenta seis frases cujas preposições que antecedem os nomes (de cidades, países e um estabelecimento comercial) aparecem em negrito. Primeiramente, o aluno deve ler as sentenças e depois inferir que a frase, como "Giuseppe é **da** Itália", expressa a origem de Giuseppe, que é italiano.

>>> A atividade visa ajudar o aluno a inferir a regularidade gramatical ou a formular hipóteses a partir da comparação das frases – Itália é feminino, logo se diz "da Itália"; Brasil é masculino, logo se diz "do Brasil". É importante que o professor dê muitos exemplos de frases com diferentes países para fazer o aluno perceber que, para nomes de cidades, usamos a preposição "de", sem contração com o artigo definido, diferentemente do que ocorre com a maior parte dos países.

🔑 **Correção 9: a.** *As palavras: da, do, de, dos e das;* **b.** *do/dos, para o gênero masculino, ou da/das, para o feminino;* **c.** *Brasília e São Paulo são cidades.*

VAMOS SISTEMATIZAR: USOS DO VERBO SER

>>> Apresenta os usos do verbo SER categorizados por "caracterização", "identificação" e "origem". A tabela apenas sistematiza os usos do verbo que os alunos vêm fazendo ao longo das unidades 0 e 1.

>>> A tabela de contração da preposição DE + artigo definido também visa a organizar a regra que foi inferida no exercício anterior.

SAMBA! • Unidade 1   35

✓ PALAVRA POR PALAVRA

>>> Apresenta os nomes de algumas profissões. O professor pode pedir aos alunos para lerem e dizerem que outras profissões eles conhecem em português.

▶ EU SOU ASSIM: A DESCRIÇÃO FÍSICA 📄 P. 40-41

Nesta lição, após termos estudado a expressão dos elementos de identificação de uma pessoa, vamos estudar a descrição física e os recursos linguísticos necessários para realizá-la. Trata-se de uma lição densa de vocabulário, na qual é estudada novamente a utilização dos verbos SER e TER (uso que pode apresentar dificuldade para alguns alunos). A última atividade da lição mostra artistas lusófonos de diferentes países e com diferentes características físicas que permitem não apenas ampliar o conhecimento cultural, como também retomar todo o vocabulário e as expressões de descrição.

IMAGENS DE ABERTURA

>>> Os elementos provocadores (imagem + texto) da primeira parte da lição apresentam os vocabulários para descrição dos cabelos e da cor da pele. Neste primeiro momento, o aluno deve ler o vocabulário juntamente com o professor e buscar compreender o significado dos adjetivos. Para ajudar na compreensão, o professor pode levar para a aula fotos de pessoas de diferentes fenótipos e começar a descrevê-las; depois, pode pedir a cada aluno que descreva a si mesmo ou uma pessoa das fotos. Por esse percurso, o aluno pode começar a observar o uso dos verbos SER e TER, além da concordância dos adjetivos. Para a apreensão do vocabulário e da forma de descrição, quanto mais exemplos o professor puder oferecer, melhor. É possível ampliar esse vocabulário de acordo com a demanda dos alunos (cabelos brancos, careca/calvo, longo/curto).

❓ VOCÊ SABIA?

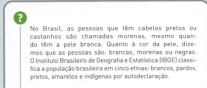

>>> Dada a grande miscigenação do povo brasileiro, descrever a aparência física e compreender uma descrição pode ser bastante complexo. A variedade de expressões e suas nuances de formalidade e respeito também variam muito, já que também existem as variações regionais. Desta forma, adotamos para o livro os adjetivos mais comuns e formalmente usados e buscamos apresentar, ainda, as expressões usadas pelo Instituto Brasileiro de Geografia e Estatística (IBGE) nas pesquisas do censo. Muitos estudantes não se sentem confortáveis com a nomenclatura do IBGE e a categorização de cores, no entanto, não é nosso objetivo esgotar essa discussão neste momento de aprendizagem da língua, apenas apresentar a nomenclatura usada na mídia de grande circulação e por parte expressiva da população.

✓ PALAVRA POR PALAVRA

ADJETIVOS (CARACTERÍSTICAS FÍSICAS)
alto (a) ≠ baixo (a)
bonito (a) ≠ feio (a)
magro (a) ≠ gordo (a)
careca ≠ cabeludo (a)
loiro (a) ≠ moreno (a)

》》 Amplia o vocabulário usado para a descrição física e apresenta a formação do feminino dos adjetivos. O professor deve retomar a formação do feminino dos adjetivos pátrios estudada na Unidade 0, além de explorar os opostos de cada adjetivo de descrição física. Para que este ponto gramatical fique bem claro, deve-se contrastar outros adjetivos de características físicas no quadro e destacar suas terminações.

VAMOS SISTEMATIZAR: VERBOS SER X TER

→ Pronome + **ser** + adjetivo   → Pronome + **ter** + substantivo
Exemplo: Ela é alta.   *Exemplo: Ela tem cabelos pretos.*

》》 Como o aluno já adquiriu o vocabulário de descrição física e já compreendeu a forma de descrever diferentes pessoas, a seção visa a sistematizar a regra de utilização dos verbos SER e TER por meio da apresentação e descrição dos artistas Ana Carolina e Seu Jorge.

》》 A atividade convida o aluno a procurar informações sobre o perfil de Ana Carolina e Seu Jorge para descobrir seus pontos comuns. Além da descrição física, o aluno deve apresentar elementos de identificação dos artistas, tais como a profissão, o estado civil, onde moram, onde nasceram, etc.

🔑 *Correção: O que Jorge e Ana têm em comum?* Ana Carolina e Seu Jorge são cantores e compositores de MPB (música popular brasileira) e são brasileiros.

》》 O professor deve explicar e explorar a expressão "a cara do Brasil", perguntando aos alunos o que é representativo do Brasil para eles. O professor pode ajudá-los por meio de exemplos, como: a caipirinha, a bossa nova, o samba, a cachaça, o Carnaval, etc.

🔑 *Correção: O que é ser "a cara do Brasil"?* Resposta pessoal.

ATIVIDADE 10

》》 A atividade busca fazer com que os alunos conheçam personalidades lusófonas e pratiquem o vocabulário de profissão, idade, nacionalidade e descrição física.

🔑 *Correção 10:* as respostas podem ser variadas caso o estudante busque nas redes sociais fotos atuais dos artistas.

SAMBA! • Unidade 1

▶ COMO VOCÊ ESTÁ HOJE? 📄 P. 42-43

A quarta lição da unidade, como o próprio nome indica, visa a apresentar a transitoriedade do papel temático do verbo ESTAR em contraste à permanência do papel temático do verbo SER, indicada pela palavra "hoje". Para tanto, são associados adjetivos que indicam estado emocional ou físico transitórios. Além do vocabulário concernente a esse tema, são explorados aspectos culturais que envolvem a descrição.

ATIVIDADE 11

>>> O exercício tem por objetivo explorar as nuances de entonação no português, além de ensinar expressões relativas a sentimentos e estados de humor.

>>> O professor deve ler os adjetivos com os alunos e, por meio das expressões das imagens, instigar o sentido do estado emocional expresso pelo adjetivo. Em seguida, deve ler o enunciado da atividade e pedir que os alunos se atentem à entonação da voz nas frases do áudio, a fim de associá-la aos estados de humor. São as entonações que vão permitir ao aluno fazer as associações.

>>> É possível que haja divergência nas respostas, portanto cabe ao professor explorar, quando possível, essa diferença cultural. Ele pode perguntar aos alunos quais expressões eles utilizam na sua língua materna para expressar os estados de humor do quadro e como se dá a entonação de voz. Por último, deve ser explicado o sentido das frases.

>>> Ainda no mesmo exercício, o professor deve explorar o contraste entre os verbos SER e ESTAR associados aos adjetivos já trabalhados nos estados de humor. Para facilitar a compreensão de "+permanente" e "+momentâneo", as frases no quadro azul podem ser exemplificadas por imagens.

🔑 *Correção 11:* **a.** *Inspirada;* **b.** *Carente;* **c.** *Frustrada;* **d.** *Brava;* **e.** *Feliz;* **f.** *Triste.*

ATIVIDADE 12

>>> A atividade apresenta ao aluno o vocabulário de estados físicos ou emocionais a serem expressos com o verbo ESTAR para destacar sua transitoriedade.

🔑 *Correção 12:* **1.** *A mulher;* **2.** *Tia Carla;* **3.** *Juquinha;* **4.** *Clarice;* **5.** *Papai;* **6.** *Senhor Carlos;* **7.** *Eu;* **8.** *Você;* **9.** *José;* **10.** *Maria;* **11.** *O menino;* **12.** *Papai e eu.*

🔗 VAMOS SISTEMATIZAR: ADJETIVOS E VERBOS **ESTAR** E **FAZER**

>>> Sistematiza o uso do verbo ESTAR com a preposição COM + substantivo, que também expressa caracterização, mesmo não sendo usado um adjetivo.

PALAVRA POR PALAVRA

ADJETIVOS (ESTADOS EMOCIONAIS)
alegre/ feliz ≠ triste/ infeliz
calmo ≠ nervoso
tranquilo ≠ bravo/ zangado

›› Neste momento, o professor deve aproveitar a discussão do uso de "estar com", em contraste com os adjetivos do quadro, para evidenciar a diferença das classes de palavras "adjetivo" e "substantivo" (associado a "estar com").

PONTO CULTURAL: ORIGINAL DO BRASIL

ORIGINAL DO BRASIL
► Havaianas é uma marca brasileira de sandálias de borracha criada em 1962. As sandálias, ou chinelos, como podemos chamar, são vendidas em mais de 100 países dos cinco continentes. O slogan da marca é "Todo mundo usa". Fonte: bit.ly/2xjRuX (Acesso em: 27 set. 2017. Adaptado.)

›› Este ponto cultural apresenta as sandálias da marca "Havaianas", que tem como *slogan* a frase "Todo mundo usa". Além de apresentar um produto tipicamente brasileiro, que muitos estrangeiros compram como lembrança do Brasil, permite recuperar a discussão sobre o que é "a cara do Brasil" e trabalhar a interpretação dos documentos. O professor deve ler o texto com os alunos e se apoiar na imagem cujos elementos representam o Brasil, por exemplo, a favela, a criança negra e a sandália sendo equilibrada como uma bola de futebol. O professor também pode apresentar outras publicidades das sandálias Havaianas e explorar os ícones que representam o Brasil.

ATIVIDADE 13

13. Responda por escrito.
a. Desde quando os brasileiros usam Havaianas?
b. Em quantos países os chinelos são vendidos?
c. Qual é o slogan da marca?
d. O que a palavra "havaiana" quer dizer?

›› Nesta atividade, o aluno deve responder às questões por escrito para treinar a redação de respostas completas e a compreensão de perguntas. É muito importante que o professor treine os alunos a redigirem uma resposta completa, isto é, com sujeito-verbo-complemento. Esse tipo de exercício os ajuda a treinarem a ortografia, a sintaxe e a concordância na frase, e o professor deve corrigir o exercício em sala de aula. É importante lembrar que a palavra "havaiana" recupera os adjetivos pátrios da Unidade 0. O professor pode perguntar o que quer dizer "havaiana", a que país ela se refere, se a palavra é feminina ou masculina, qual é o masculino de "havaiana", quais outros adjetivos pátrios os alunos conhecem com a mesma terminação, etc.

🔑 *Correção 13: **a.** Os brasileiros usam Havaianas desde 1962; **b.** Os chinelos são vendidos em mais de 100 países; **c.** O* slogan *da marca é "Todo mundo usa"; **d.** É uma palavra que expressa a nacionalidade de quem nasceu no Havaí.*

PALAVRA POR PALAVRA

DESDE = A PARTIR DE
➡ Os brasileiros usam Havaianas **desde** 1962.
= **A partir de** 1962, os brasileiros começam a usar Havaianas.

›› Sistematiza o sentido da preposição DESDE, que deve ter sido inferido no exercício anterior pela compreensão do texto associado à imagem. O professor pode perguntar aos alunos **desde** quando estão no Brasil ou **desde** quando estudam português.

SAMBA! • Unidade 1   **39**

🧩 HORA DO JOGO

ATIVIDADE 14

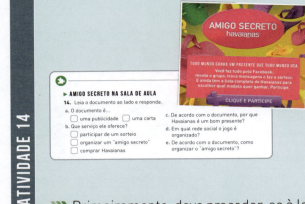

>>> Trata-se de uma atividade de compreensão escrita de um documento autêntico que propõe aos alunos organizarem um "amigo secreto" em sala de aula. A atividade visa a fazer com que os alunos revisitem o conteúdo de descrição em um contexto real. Caso estejam fora do Brasil e seja muito caro ou difícil comprar os chinelos, o professor pode organizar o amigo secreto com a troca de outros presentes, como chocolate, canecas ou outros produtos.

>>> Primeiramente, deve proceder-se à leitura do documento escrito. A exploração dos sentidos do texto deve partir da compreensão geral, isto é, da identificação do tipo de documento e da sua função para, em seguida, proceder à compreensão detalhada.

🔑 **Correção 14: a.** Uma publicidade; **b.** Organizar um amigo secreto; **c.** Havaianas é um bom presente porque todo mundo usa; **d.** O jogo é organizado pelo Facebook; **e.** Para organizar o amigo secreto, você monta um grupo no Facebook, troca mensagens e faz o sorteio.

🗂 VAMOS SISTEMATIZAR: MASCULINO > FEMININO: ADJETIVOS

>>> Apresenta uma tabela recapitulativa da formação do feminino dos adjetivos e da conjugação dos verbos irregulares ESTAR e FAZER no presente do indicativo. Os verbos irregulares serão introduzidos pouco a pouco e ao longo das unidades.

▶ ALUGO QUARTO BARATO NO CENTRO 📄 P. 44-45

Nesta lição, o tema do "perfil" é retomado em contexto de sites de aluguel de quarto na casa de brasileiros. A lição visa a reinvestir o léxico e os recursos linguísticos estudados na descrição pessoal, além de ampliar o vocabulário para a descrição de imóveis. A compreensão da descrição de um imóvel e do perfil das pessoas que nele moram, mesmo que feita de forma muito simples, ajuda o estrangeiro a se comunicar, por exemplo, quando for dividir um imóvel com brasileiros. A lição treina, também, a compreensão oral de informações referentes a três profissionais e apresenta verbos terminados em -ar/-er/-ir, além de expressões de tempo (períodos do dia) e lugar (casa, escritório, comércio).

ATIVIDADE 15

>>> A atividade treina a compreensão escrita detalhada dos perfis de Marcus e Susan (ambos da primeira lição) em contexto de site de aluguel de quarto/compartilhamento de imóvel.

>>> As perguntas ajudam o aluno a desenvolver estratégias de compreensão escrita, tais como o reconhecimento de palavras-chave e palavras que se assemelham

ATIVIDADE 15

à sua língua materna; a retomada do vocabulário recém-adquirido, e a associação desses elementos ao título e às imagens.

>>> Depois de os alunos lerem os textos, o professor pode verificar se eles perceberam o objetivo da comunicação – alugar um quarto/compartilhar um imóvel. O professor pode introduzir o vocabulário "hotel", "quarto", "casa" e "apartamento" para ajudar na compreensão e se valer das imagens abaixo do texto.

>>> É importante lembrar que os migrantes que vêm ao Brasil para uma estadia longa têm a necessidade de alugar uma hospedagem e, cada vez mais, utilizam aplicativos de compartilhamento de imóvel.

🔑 **Correção 15: a.** *É um professor de português e de capoeira. Marcus mora com uma amiga em Recife. Marcus gosta de cinema e literatura e aluga um quarto para hóspedes;* **b.** *Marcus mora com uma amiga;* **c.** *Susan é de Nova York. Ela é tranquila, educada e cozinha bem. Ela adora fazer amigos;* **d.** *Susan não gosta de barulho e de morar com pessoas que fumam;* **e.** *Susan tem 23 anos.*

ATIVIDADE 16

16. A exemplo das mensagens de Marcus e Susan, escreva seu perfil para compartilhar um apartamento com um brasileiro.

>>> A partir da compreensão dos textos da atividade 15, o aluno é convidado a reinvestir o novo vocabulário e as expressões aprendidas, por meio da produção de uma mensagem, descrevendo seu próprio perfil de forma mais detalhada.

>>> É importante que o professor observe, neste momento, a boa construção das frases, mais do que o tamanho do texto, pois se trata de uma atividade de consolidação do conteúdo. É importante que se destaque a frase negativa e treine os alunos a produzirem uma resposta negativa perguntando do que eles não gostam.

>>> Para ampliar a atividade, o professor pode propor que os estudantes escrevam o perfil e o compartilhem em sala, a fim de elegerem os colegas que seriam compatíveis para dividirem um apartamento.

🔑 **Correção 16:** *resposta pessoal.*

ATIVIDADES 17 E 18

>>> A atividade, que é uma continuação do primeiro exercício da página, apresenta três textos de avaliação de imóvel em site de aluguel de acomodações para temporada. Ela tem por objetivo ampliar o vocabulário relativo a imóveis e treinar o aluno para compreender a descrição e a avaliação de um imóvel.

>>> Novamente, partimos da compreensão geral do documento (gênero/função) à compreensão detalhada (características/localização/tamanho).

>>> Depois de terminada a atividade, os alunos podem comparar as preferências de acomodação e, desta forma, descobrir quais colegas têm gostos semelhantes.

🔑 **Correção 17:** *todas as opções são possíveis.*

🔑 **Correção 18:** *resposta pessoal.*
Segundo Juan, o apartamento da Amanda é: bom, limpo e pequeno.
Segundo Camila, a desvantagem do apartamento de Marcus é: fica longe da praia.

SAMBA! • Unidade 1   41

ATIVIDADE 19

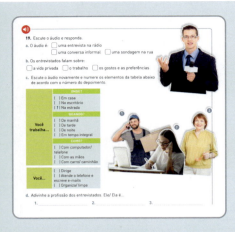

>>> A atividade visa treinar a compreensão oral sobre o depoimento de três pessoas que falam sobre seu trabalho. Antes de iniciar a escuta, o professor deve analisar as imagens com os alunos, ler as questões e as opções de respostas. Os alunos podem levantar hipóteses sobre a profissão de cada pessoa a partir das imagens.

>>> Na primeira escuta, os alunos devem ser capazes de identificar o contexto e o assunto geral dos diálogos. Na segunda escuta, devem proceder à compreensão detalhada. Sobre cada entrevistado da enquete de rua, eles devem identificar: o lugar onde trabalha, o período do dia em que trabalha, com o que trabalha e quais ações executa no trabalho.

>>> Depois de marcadas e corrigidas as respostas, o professor pode proceder a uma terceira escuta, acompanhada da leitura da transcrição do áudio, para que os alunos possam recuperar o vocabulário e as expressões usadas no diálogo. A partir das informações extraídas do áudio, o aluno deve inferir qual é a profissão do entrevistado.

>>> É possível o surgimento de mais de uma profissão como resposta, então, nesse caso, deve-se aproveitar a oportunidade para revisar as profissões e as terminações femininas, masculinas e comuns de dois gêneros. Com o objetivo de ampliar a lição, o professor também pode explorar os verbos relativos às ações do trabalho.

🔑 **Correção 19: a.** *Uma sondagem na rua;* **b.** *O trabalho;* **c. Você trabalha... Onde?** *3, 2, 1;* **Quando?** *3 (de manhã), 2 (tempo integral ou de manhã e de tarde) e 1 (de noite);* **Como?** *2, 3, 1;* **Você...:** *1, 2, 3;* **d.** *resposta pessoal.* **Sugestão: 1.** *Caminhoneiro /motorista de caminhão;* **2.** *Secretária/ auxiliar de escritório;* **3.** *Dona de casa/cozinheira.*

ATIVIDADE 20

>>> No papel de entrevistador, cada aluno deve fazer perguntas a um colega para descobrir a profissão do pai ou da mãe dele. Trata-se de uma atividade que visa a fazer os alunos reinvestirem os conhecimentos adquiridos na atividade anterior (de compreensão oral), transpondo-a para a produção oral. O ponto mais importante da atividade não é chegar necessariamente à descoberta da profissão (uma vez que existem muitas profissões que a lição não consegue esgotar), mas fazer praticar as perguntas e as respostas. É importante que o professor auxilie os estudantes com o vocabulário e na construção das perguntas.

🔗 VAMOS SISTEMATIZAR: VERBOS REGULARES NO PRESENTE DO INDICATIVO

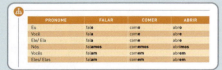

>>> A fim de sistematizar a conjugação dos verbos regulares de primeira, segunda e terceira conjugação no presente do indicativo, são apresentadas as conjugações na forma de uma tabela. Neste momento, é importante que o professor apresente a tabela de conjugação que está no Anexo 3 do livro (p. 228-231), para consulta. Nela constam a conjugação dos verbos regulares, dos principais verbos irregulares e a conjugação de alguns verbos pronominais.

▶ QUANTO CUSTA? 📄 P. 46-47

Como o próprio título indica, a lição explora o vocabulário, as expressões de valores e a cultura brasileira associada ao dinheiro, por meio do contexto de compra de lembranças ("*souvenirs*") em viagens ao Brasil.

Como documento de sensibilização ao tema, novamente aparecem mensagens digitais trocadas por Marcus e Susan sobre o que comprar para os amigos como lembrança do Brasil. Seguem-se à primeira atividade de compreensão escrita sugestões de presentes em um exercício de compreensão oral, cujo desafio é a compreensão do nome dos produtos e dos preços. Em sequência a esse percurso, o aluno também aprende informações e curiosidades sobre a moeda do Brasil e a expressão de preços.

ATIVIDADE 21

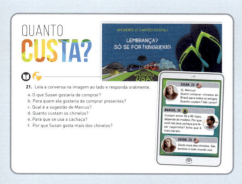

>>> A atividade apresenta uma publicidade das sandálias Havaianas associada às mensagens digitais sobre sugestão e preços de presentes do Brasil.

>>> Na publicidade, o texto utiliza formas verbais ainda não estudadas. No entanto, a exploração do documento deve se dar por meio dos elementos turísticos de Curitiba (Museu Oscar Niemeyer, Jardim Botânico e o BRT – Bus Rapid Transit). A palavra "lembrança" deve ser a chave para a introdução do tema central da página, portanto, o professor deve explorar seu significado como presente/*souvenir*. Mais uma vez, o *slogan* das Havaianas serve para destacar a importância desse ícone como *souvenir* do Brasil. Esse documento, associado ao diálogo entre Marcus e Susan, introduz e contextualiza o tema da lição.

>>> O professor deve ler os documentos com os alunos e fazer perguntas gerais, como: "De quais produtos Marcus e Susan falam?", "Qual produto é mais barato? A cachaça ou os chinelos?". Em seguida, deve passar às perguntas que ajudam os alunos a desenvolverem estratégias de construção de sentido do texto e a descobrir palavras-chave. Caso seja possível, o professor pode, ao final da aula, apresentar aos alunos um vídeo da cidade de Curitiba, localizá-la no mapa do Brasil (p. 257) e perguntar em qual região ela fica.

🔗 Vídeo "Curitiba - Paraná (The Best Video of Curitiba Brazil)", do canal Paraná Drone, no YouTube: **https://bit.ly/3qlAoA3** (acesso em: 2 maio 2023).

🔑 *Correção 21:* **a.** *Susan gostaria de comprar chinelos do Brasil;* **b.** *Ela gostaria de comprar presentes para os amigos;* **c.** *A sugestão de Marcus é comprar cachaça para os amigos;* **d.** *Os chinelos custam entre 20 e 80 reais;* **e.** *A cachaça é para fazer caipirinha;* **f.** *Susan gosta mais dos chinelos porque são bonitos e todo mundo usa.*

💬 FALE ASSIM

>>> Apresenta as expressões-chave para perguntar preços de produtos no Brasil. Neste momento, o professor pode introduzir a atividade 22, que será uma atividade de compreensão oral. Essa introdução pode ser feita por meio da associação dos exemplos de frases da seção *Fale assim*, tais como "Quanto custa a camiseta?", "Qual é o preço do chinelo?", às imagens dos produtos do exercício seguinte, de forma a começar a apresentar o novo vocabulário de *souvenirs*.

SAMBA! • Unidade 1   **43**

ATIVIDADE 22

>>> Nesta atividade, o professor deve introduzir o vocabulário das lembrancinhas e treinar com os alunos como expressar preços em português.

>>> Após o esclarecimento de como realizar a atividade, o professor deve executar o áudio duas vezes. Para alunos de línguas distantes, o professor pode administrar pausas na execução para ampliar a compreensão e possibilitar a tomada de notas. Para finalizar a atividade, pode-se perguntar aos alunos de qual lembrancinha eles gostam mais e quanto ela custa. Pode-se, ainda, introduzir as expressões "caro(a)" e "barato(a)".

🔑 **Correção 22: a.** Imã de geladeira – R$ 3,50; **b.** Caneca – R$12,00; **c.** Camiseta – R$20,00; **d.** Boné – R$18,00; **e.** Chinelos – R$25,00; **f.** Chaveiro – R$5,00; **g.** Canga – R$35,00; **h.** Kit caipirinha – R$70,00.

ATIVIDADE 23

>>> A atividade de compreensão escrita visa a apresentar a moeda corrente do Brasil, cuja abreviação é "R$" e é a segunda moeda mais negociada na América Latina. Apresenta também os valores das moedas e as notas.

>>> Essa atividade recupera as cores da Unidade 0 e permite um diálogo intercultural de comparação com a moeda do país de origem do aluno.

🔑 **Correção 23: a.** As cores das notas são: azul e cinza (2 reais), violeta (5 reais), carmim (10 reais), amarelo e laranja (20 reais), marrom (50 reais), azul (100 reais) e cinza e sépia (200 reais). Essas são as cores oficiais segundo a Casa da Moeda do Brasil, no entanto, o professor pode aceitar respostas de cores próximas, como vermelho e carmim. **b.** Resposta pessoal.

ATIVIDADE 24

>>> A atividade 24 explora, de forma lúdica, uma curiosidade sobre as notas do real: o fato de elas apresentarem no verso animais da fauna brasileira e, na frente, a efígie da república. O aluno deve tentar associar o nome de cada animal à nota de um valor específico, assim, além de aprender mais sobre o real, aprende também o nome de alguns animais do Brasil.

🔑 **Correção 24: A tartaruga:** A (a tartaruga-de-pente é uma das cinco espécies da costa brasileira); **A garça:** B; **A arara:** C; **O mico:** D (o mico-leão-dourado, nativo da Mata Atlântica, é o animal símbolo da luta pela preservação dos animais da fauna brasileira ameaçados de extinção); **A onça-pintada:** E (encontrada principalmente na Amazônia e no Pantanal mato-grossense, é o maior felino do continente americano); **O peixe:** F (a garoupa é um peixe marinho da costa brasileira); **O lobo-guará:** G (endêmico da América do Sul, típico do Cerrado e dos Pampas, 90% dos exemplares da espécie estão concentrados no Brasil. É atualmente um animal ameaçado de extinção).

PONTO CULTURAL: OS BRASILEIROS E O DINHEIRO

▶ **OS BRASILEIROS E O DINHEIRO**

Quando a pessoa tem muito dinheiro, ela é rica ou abastada, ela é "bem de vida".
Quando a pessoa não tem dinheiro, ela é pobre, modesta, ela tem "uma vida difícil".
A pessoa que não é rica nem pobre é de classe média.
A pessoa que gasta muito dinheiro com os outros é generosa. A pessoa que não gasta dinheiro é avarenta, "pão dura" ou "mão de vaca".
O contrário de "gastar dinheiro" é "guardar dinheiro" ou economizar.
No Brasil, pagamos as contas "em dinheiro vivo", boleto bancário e, principalmente com cartão de débito ou crédito. Existem lugares que não aceitam cheque e cartão.

>>> Dando continuidade à descrição pessoal, o ponto cultural apresenta expressões e adjetivos que indicam o comportamento de uma pessoa em relação ao dinheiro, como: rica, pobre, generosa, avarenta, "pão-dura", "mão de vaca", além de ensinar o nome das diferentes formas de pagamento. O professor deve ler o ponto cultural com os alunos e esclarecer suas possíveis dúvidas.

✓ PALAVRA POR PALAVRA

- nota
- moeda
- dinheiro
- moeda corrente
- troco

>>> Apresenta as principais palavras-chave relacionadas ao dinheiro. Dependendo da região do Brasil, podem existir mais expressões.

>>> O professor pode também apresentar a palavra "cédula" como sinônimo de nota, usada em contexto bancário. O site do Banco do Brasil apresenta muitas informações interessantes relativas ao dinheiro, tais como a forma de reconhecer notas verdadeira e falsas.

ATIVIDADE 25

25. Escreva os valores abaixo por extenso.
a. R$ 95,30 ➔
b. R$ 21,50 ➔
c. R$ 100,25 ➔
d. R$ 77,10 ➔

Em alguns lugares do Brasil fala-se: R$ 4,50 ➔ quatro e cinquenta/ quatro com cinquenta.

>>> Treina a escrita de números por extenso. Mesmo cientes de que o pagamento por cheque é a cada dia menos usado, achamos importante o aluno saber escrever valores em reais para consolidar a expressão de preços em português. É importante o professor ressaltar que a vírgula é usada como separador decimal e o ponto como agrupador de milhar.

🔑 **Correção 25: a.** *Noventa e cinco reais e/com trinta centavos;* **b.** *Vinte e um reais e/com cinquenta centavos;* **c.** *Cem reais e/com vinte e cinco centavos;* **d.** *Setenta e sete reais e/com dez centavos.*

POR DENTRO DA LUSOFONIA: O CHÃO QUE NOS UNE

O CHÃO QUE NOS UNE

▶ As calçadas são o espaço público reservado para as pessoas caminharem. As famosas calçadas portuguesas são uma marca de estilo arquitetônico em diferentes países lusófonos. Elas usam pedras de diferentes cores que formam mosaicos. O Rio de Janeiro tem 1.218.000 m²* desse tipo de calçada. Copacabana é a paisagem mais famosa da cidade que mostra essa marca portuguesa no Brasil.

*m²: metro quadrado.

PRAÇA DOM PEDRO IV, LISBOA

O famoso "Calçadão de Copacabana" é um lugar que todos os turistas visitam e apreciam na Cidade Maravilhosa. Também temos esse tipo de calçada em outras cidades brasileiras. Em Portugal, esse mosaico é característico e podemos ver muitos desenhos iguais aos do Brasil. Na Praça Dom Pedro IV, em Lisboa, temos, por exemplo, o mesmo desenho da calçada de Copacabana.

COPACABANA, RIO DE JANEIRO

>>> Nesta seção, são apresentadas as calçadas portuguesas, uma marca do estilo arquitetônico português em diferentes países lusófonos. No Brasil, o "Calçadão de Copacabana" é uma de suas imagens mais emblemáticas no mundo, que também pode ser vista, no mesmo padrão, em diferentes espaços de Lisboa.

>>> Por tratar-se de um texto relativamente difícil, a depender das línguas que os alunos falam, o professor deve começar a exploração a partir da

SAMBA! • Unidade 1   **45**

associação do título "O chão que nos une" às imagens. Mesmo que não seja possível trabalhar todas as informações do texto, é importante, nesta seção da unidade, que o aluno perceba que outras marcas extralinguísticas foram deixadas pelos portugueses nos países colonizados por Portugal. Na Unidade 4, será apresentada também a arquitetura colonial.

>>> Formalmente, a "calçada" encontra-se em um nível diferente da rua, é destinada a pedestres e animais; o "passeio" pode encontrar-se no nível da rua em faixa separada por pintura ou elemento físico separador, podendo ser destinado a pedestres e ciclistas. No entanto, as duas palavras costumam ser usadas no Brasil como sinônimas, e a escolha de uma ou outra vai depender da região.

🔗 Para mostrar a variedade das artes nas calçadas portuguesas, o professor pode exibir o "Vídeo promocional da Calçada Portuguesa", disponível em: **https://bit.ly/3p2CBTX** (acesso em: 2 maio 2023).

💬 VAMOS TREINAR A PRONÚNCIA

>>> A seção visa a ajudar o aluno a conscientizar-se dos diferentes fonemas que a letra "R" pode produzir, treiná-lo a identificá-los e oferecer palavras para que ele treine a produção dos fonemas em destaque. O professor também pode servir-se do áudio para fazer um ditado para treinamento da associação de fonemas e grafemas, isto é, tentar registrar graficamente os sons das palavras.

>>> Não é foco desta seção trabalhar o significado do vocabulário apresentado.

🔑 **Correção:** 1. *Arroz* [h]; 2. *Arara* [r]; 3. *Carro* [h]; 4. *Caro* [r]; 5. *Rio* [h]; 6. *Barato* [r]; 7. *Areia* [r]; 8. *Terra* [h]; 9. *Restaurante* [h] / [r]; 10. *Roupa* [h].

🎬 VALE A PENA ASSISTIR: O PALHAÇO

>>> O objetivo desta seção do livro é apresentar aos alunos produções audiovisuais nacionais. Encorajamos fortemente que o professor promova o trailer do filme em sala de aula, se possível, legendado.

UNIDADE 2

VAMBORA

 MÚSICA: Vamos fugir

🎬 **FILME:** Gabriel e a Montanha

PANORAMA DA UNIDADE

›› Esta unidade trata do tema de viagens pelo Brasil e de tudo o que a ele se relaciona: planejamento e objetivos de uma viagem, reserva de hotéis, destinações, meios de transporte, localizações e indicações de caminho.

›› Em continuação à descrição do perfil pessoal, o estudante será levado a identificar e descrever seu perfil de viajante, isto é, saber expressar seus destinos favoritos, quais lugares gosta de visitar, com quem costuma viajar, quais meios de transporte utiliza mais e como planeja suas viagens.

›› Para tanto, vai aprender os verbos IR e ESTAR (localização), pontos cardeais, nomes de estabelecimentos, expressões de localização e direção e a escrever um cartão postal.

OBJETIVOS PRAGMÁTICOS

›› Descrever seu perfil de viajante; compreender a descrição de pacotes de viagem e fazer reservas de hotéis; indicar e compreender indicações de caminho; dar endereços, descrever localizações e, ainda, expressar objetivos de uma viagem.

OBJETIVOS LINGUÍSTICOS

›› **Gramática:** Verbo IR, ESTAR e FICAR (com sentidos de localização), futuro com o verbo IR, preposições e locuções prepositivas associadas à localização, deslocamento e objetivos de viagem.

›› **Vocabulário:** os tipos de estabelecimento e hospedagem, os meios de transporte, os serviços de hotel, os pontos cardeais, as estações do ano, os lugares turísticos e as atrações.

›› **Fonética:** os fonemas [b] e [v].

OBJETIVOS SOCIOCULTURAIS

›› Descobrir os lugares turísticos do Brasil, os tipos de pacotes de viagem, as viagens de ônibus no país, os mercados municipais e algumas diferenças entre "português de Portugal" e o "português do Brasil".

| GÊNEROS TEXTUAIS | ›› Campanha publicitária, publicidade de pacotes de viagem, mapa, cartão postal, chamada de reportagem, gráfico em barras e infográfico, bilhete de passagem rodoviária. |

▶ **PONTO DE PARTIDA** P. 54-55

Antes de entrar na lição, o professor deve sensibilizar os alunos sobre o tema da unidade e os conteúdos que serão abordados nas lições a partir das imagens das páginas de abertura. Na abertura, veem-se três imagens que representam diferentes tipos de turismo no Brasil: o turismo ecológico ou ecoturismo, o turismo cultural/histórico e o turismo de eventos. O professor pode perguntar aos alunos de que tratam as imagens, quais elementos ou lugares eles identificam, qual festa está representada, que tema as imagens sugerem, como eles as associam ao título "Vambora" e qual das três lhes agrada mais. Deve explicar a expressão "vambora" e seus contextos de uso e, depois de formuladas todas as hipóteses sobre o tema da unidade, apresentar seus conteúdos e objetivos.

🔊 TRABALHO COM A MÚSICA: "VAMOS FUGIR"

›› A música, de autoria de Gilberto Gil e Liminha, lançada em 1984 no álbum *Raça Humana*, trata do tema viagem e de outros subtemas da Unidade 2, tais como o verbo IR, o futuro com o verbo IR, expressões de localização e pontos turísticos do Brasil.

›› Em um primeiro percurso, o professor deve reproduzir a música para a apreciação da turma, bem como para a identificação do ritmo e a associação de versos da música à temática da unidade.

›› Deve-se perguntar quais palavras os estudantes reconhecem e quais são da língua portuguesa ou de outras línguas. É importante destacar que estão presentes na letra a palavra "*baby*", de origem inglesa, e topônimos de origem tupi-guarani, como "Irajá", "Marajó" e "Guaporé".

›› Segundo o *Vocabulário tupi-guarani-português*, de autoria de Francisco da Silveira Bueno (3ª edição, de 1984), a palavra "Irajá", localidade do Rio de Janeiro, significa "o lugar onde há mel"; a palavra "Marajó", ilha na foz do rio Amazonas, no estado do Pará, significa "anteparo do mar"; e, por fim, a palavra "Guaporé", nome de um município da Serra Gaúcha, no Rio Grande do Sul, é de origem guarani.

›› A depender do nível de compreensão da letra da música, pode-se explorar o sentido da expressão "vamos fugir" como um convite a uma pessoa de quem se gosta, marcado pelo vocativo "*baby*".

›› Neste caso, a proposta seria trabalhar a narrativa da música e a imaginação de um lugar de destino.

›› Para alunos de línguas distantes do português, a exploração do vocabulário pode ser uma boa alternativa de trabalho, como uma atividade que trata da identificação de cor, pontos cardeais e elementos da natureza. O professor pode apresentar imagens para os alunos associarem ao vocabulário.

▶ **#PARTIUBRASIL** P. 56-57

A primeira lição promove ao estudante a descoberta do seu perfil de viajante e, em seguida, mostra o perfil do turista estrangeiro no Brasil. Os documentos apresentados em todo o percurso são publicações autênticas do Ministério do Turismo do Brasil.

SAMBA! • Unidade 2

ATIVIDADE 1

>>> O título da lição é o *slogan* da campanha do Ministério do Turismo. Não é interessante, neste momento, aprofundar a sistematização gramatical do verbo PARTIR. Uma opção é explicar o sentido da palavra "partiu" e explorar o vocabulário da lição.

>>> A atividade 1 pode ser realizada antes da exploração dos elementos provocadores, a fim de sondar o vocabulário que os estudantes têm relativo ao tema. O professor pode instigar a interação dos alunos por meio da apresentação de uma palavra, como "aventura", "descoberta", etc.

>>> Seguida à exploração de vocabulário, o professor pode explorar as *hashtags* da campanha do Ministério do Turismo e fazer os alunos perceberem a fonte dos textos para que sejam treinados a analisar os documentos escritos, da compreensão geral à detalhada.

>>> Pode-se questionar os alunos sobre atividades, lugares ou elementos que compõem as imagens e associá-los ao título de cada *hashtag*.

>>> Na letra **b.** da atividade, o professor deve ajudar os alunos a compreenderem o sentido das frases por meio da identificação dos verbos e das palavras-chave. Neste momento, são introduzidos novos vocabulários e atrações do Brasil, como "pelada", "trilha", parque aquático, "Museu do Amanhã".

>>> Cabe ao professor ilustrar e explicar o vocabulário, fazendo da atividade não apenas um exercício de compreensão escrita, mas também um guia com sugestões e dicas de viagem.

🔑 **Correção 1:** *resposta pessoal.*

🔑 **Correção 1.1: a.** campanha governamental; **b.** 3, 5, 4, 1, 6, 2; **c.** resposta pessoal.

✓ PALAVRA POR PALAVRA

>>> Apresenta palavras relacionadas a lugares e atrações populares no Brasil. O professor pode destacar lugares específicos da localidade onde o estudante está ou pretende visitar.

ATIVIDADE 2

>>> O foco desta atividade é a compreensão oral. Para que ela seja bem executada, o professor deve deixar claro o enunciado e cada informação, que deve ser compreendida a fim de preencher o quadro. Associado ao exercício, encontra-se um quadro da seção *Palavra por palavra* relativo ao vocabulário das estações do ano. É importante que o professor leia o nome das estações, indique o seu gênero, os meses do ano a que cada uma corresponde e destaque que, na atividade, a pergunta "Quando?" se refere à estação do ano.

>>> O áudio deve ser executado duas vezes, com um intervalo de um minuto, para que os alunos possam preencher o quadro. Em seguida, o professor deve corrigir a atividade.

ATIVIDADE 2

>>> Por tratar-se de um áudio com muitas informações, o professor pode ler com os alunos, ao final da correção, a transcrição dos diálogos.

🔑 **Correção 2: Diálogo 1.** *Onde: sul do Brasil. Com quem: sozinha. Quando: verão. Como: de avião. Atividades: jantar e praticar esportes;* **Diálogo 2.** *Onde: Chile. Com quem: amigos. Quando: outono. Como: de ônibus e de avião. Atividades: escalar montanhas, rapel e esportes de aventura;* **Diálogo 3.** *Onde: Argentina. Com quem: o marido. Quando: verão. Como: de carro. Atividades: esportes aquáticos, caiaque, canoagem, rapel e trilhas.*

ATIVIDADE 3

>>> Na atividade, que trata do perfil do turista estrangeiro no Brasil, são apresentados os meios de transporte mais utilizados por quem chega ao país e as cidades mais visitadas para lazer – informações que estão dispostas em gráficos importantes para responder às questões. A atividade tem por objetivo não somente mostrar uma curiosidade sobre o turismo no Brasil, mas também apresentar o vocabulário e as preposições usadas para expressar meios de transporte.

>>> Neste momento, além de apresentar o gráfico das cidades mais visitadas, o professor deve perguntar aos estudantes quais lugares eles já visitaram ou pretendem visitar no Brasil. É interessante mostrar imagens de cada cidade do gráfico e seu principal atrativo turístico.

🔑 **Correção 3: a.** *As três cidades brasileiras mais visitadas por turistas estrangeiros são: Rio de Janeiro, São Paulo e Florianópolis;* **b.** *A cidade menos visitada é Brasília. Ela fica na região Centro-Oeste;* **c.** *Os estrangeiros chegam ao Brasil de avião, de carro, de ônibus ou de navio.*

VAMOS SISTEMATIZAR: MEIO DE TRANSPORTE – IR + DE + MEIO DE TRANSPORTE

>>> Sistematiza as preposições utilizadas para cada meio de transporte. É importante destacar que os brasileiros usam o verbo IR acompanhado da preposição EM oralmente.

✓ PALAVRA POR PALAVRA

>>> Apresenta os meios de transporte mais populares.

ATIVIDADE 4

>>> A atividade propõe ao estudante reinvestir o vocabulário recém-adquirido na forma de uma interação com um(a) colega do grupo. Cada estudante deve apresentar para os demais colegas as escolhas e preferências do(a) colega entrevistado(a). É importante que o professor incentive os alunos a justificarem suas escolhas com base nas atrações turísticas e atividades que podem ser feitas no local apresentado.

🔑 **Correção 4:** *resposta pessoal.*

SAMBA! • Unidade 2   **51**

▶ BONITO É BONITO DE VER! 📄 P. 58-59

Em continuidade à primeira lição e à escolha de uma cidade no Brasil, esta lição apresenta aos alunos a cidade de Bonito, no estado do Mato Grosso do Sul, e, em seguida, mostra uma publicidade de pacotes de viagem. A lição tem por objetivo trabalhar o planejamento de uma viagem, desde a escolha de um destino até as possibilidades de meios de transporte, tipos de acomodação, serviço e forma de pagamento oferecidos em pacotes de viagem.

ATIVIDADE 5

>>> A atividade propõe a compreensão escrita de uma chamada de reportagem sobre a cidade de Bonito, cujo título faz um jogo de palavras entre o nome da cidade, o adjetivo "bonito" e, ainda, uma referência indireta ao refrão da canção brasileira "O que é o que é?", de Beth Carvalho.

>>> É importante que, ao analisar o documento, o estudante associe o texto às imagens e tente identificar o gênero e as palavras-chave do documento, a fim de construir sentidos e ampliar seu vocabulário.

>>> Além de questionar sobre as atrações descritas no texto, o professor também pode perguntar qual tipo de turismo está representado no documento e qual é o tempo de estadia proposto para conhecer a cidade.

>>> A atividade 5 pode ser realizada à medida que o professor e os estudantes vão explorando o documento. Neste estágio, é importante ensinar estratégias para reconhecer os gêneros pelas formas, por exemplo, o título de chamada, o *lead* do que será explorado no texto completo, entre outras estratégias.

🔑 **Correção 5: a.** *O documento é uma abertura de reportagem;* **b.** *O nome da cidade é Bonito;* **c.** *As atrações são: lagos azuis, cavernas, trilhas e cachoeiras.*

🔗 Sugerimos que o professor apresente o vídeo "Flutuação incrível em Bonito-MS", do canal Num Pulo, no YouTube: **https://bit.ly/3p26iSH** (acesso em: 2 maio 2023). O vídeo é longo, mas vale a pena selecionar um período de exibição.

ATIVIDADE 6

>>> Esta atividade tem por objetivo apresentar os pontos cardeais em português e suas respectivas siglas. Como o estudante já conhece o nome das regiões do Brasil, o professor pode perguntar quais pontos cardeais correspondem às cinco regiões do Brasil e o nome de um estado brasileiro por região.

🔑 **Correção 6: NE** – *Nordeste;* **NO** – *Noroeste;* **O** – *Oeste;* **L** – *Leste;* **SO** – *Sudoeste;* **N** – *Norte;* **SE** – *Sudeste;* **S** – *Sul.*

ATIVIDADE 7

>>> A atividade relaciona-se à interpretação de um mapa do entorno de Campo Grande-MS, que mostra a capital e as cidades próximas. O professor deve perguntar quais cidades estão representadas no mapa, quais são as vias de acesso, quais transportes podem trafegar nas vias e como se chama a estrada que dá acesso à cidade de Bonito (segundo o mapa, a BR-262). Como curiosidade, pode-se apresentar aos alunos o "Buraco das Piranhas", uma localidade do município de Corumbá onde vivem muitos jacarés.

>>> Em seguida, o professor deve pedir aos alunos que respondam por escrito às perguntas da atividade com base nas informações do mapa.

🔑 **Correção 7: a.** *Bodoquena e Miranda;* **b.** *Aquidauana, Campo Grande e Água Clara;* **c.** *Água Clara, Campo Grande, Aquidauana, Miranda e Corumbá;* **d.** *Água Clara;* **e.** *Goiás, Mato Grosso, Paraná e São Paulo.*

VAMOS SISTEMATIZAR: TODOS OS NOMES DAS REGIÕES SÃO MASCULINOS

>>> Sistematiza o gênero das regiões, sendo que todas têm o gênero masculino.

ATIVIDADE 8

>>> Seguida à apresentação do destino de Bonito, esta atividade apresenta uma publicidade de pacote de viagens.

>>> O professor deve ler o documento com os alunos e auxiliá-los na compreensão das informações por meio de perguntas de mais fácil identificação, tais como: qual é o destino proposto em cada pacote, quais são os meios de transporte e quais outras informações podem ser identificadas no documento.

>>> A exploração do documento deve, novamente, partir da compreensão geral à detalhada, na sequência de um percurso que vai do conhecido ao desconhecido e da compreensão à expressão.

>>> Dessa forma, o roteiro de perguntas proposto na atividade visa a ajudar o aluno a desenvolver estratégias para destrinchar as informações e as formas de expressão do texto, ampliar seu vocabulário e melhorar sua interação. Enquanto o aluno constrói os sentidos do texto, o papel do professor é de guiar e valorizar o que seu aluno é capaz de fazer.

🔑 **Correção 8: a.** *Publicidade;* **b.** *Preço, destino, meio de transporte, estações do ano e público destinado;* **c.** *A cidade de embarque, a forma de pagamento, o tempo de estadia e número de estrelas;* **d.** *O pacote para Ouro Preto. Ele custa R$677,70. O pacote inclui hospedagem, transporte, acompanhante, café da manhã, visita guiada e jantar romântico;* **e.** *O pacote para Imbassaí, na Bahia;* **f.** *R$374,76. O cliente pode pagar em 10 vezes.*

SAMBA! • Unidade 2

💬 FALE ASSIM

>>> Apresenta a forma de expressar preço parcelado – algo extremamente comum no Brasil – e expressões úteis para obter informações e fazer reserva em hotéis.

ATIVIDADE 9

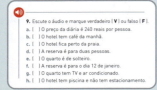

>>> Nesta última atividade da lição, o estudante é convidado a compreender um diálogo de reserva de hotel, servindo-se dos conhecimentos adquiridos nas atividades anteriores e na seção *Fale assim*. Antes de passar o áudio, o professor deve ler com os alunos o enunciado e as opções de verdadeiro ou falso para, depois, proceder à primeira escuta. São recomendadas duas escutas. Caso o professor queira treinar mais competências, pode pedir aos alunos que, em dupla, encenem o diálogo por meio da transcrição do áudio.

🔑 **Correção 9:** *a. F; b. V; c. V; d. V; e. F; f. F; g. F; h. F.*

🔗 Sugerimos que o professor faça a exibição do vídeo "Viagem pela Floresta Amazônica, Brasil", do canal Um Viajante, no YouTube: **https://bit.ly/3p5j9n5** (acesso em: 3 maio 2023). Neste vídeo, um youtuber faz a apresentação de sua viagem, mostra preços e dá dicas sobre quais passeios fazer. Faça uma seleção dos trechos do vídeo que achar mais interessantes, na impossibilidade de passa-lo integralmente durante a aula.

✅ PALAVRA POR PALAVRA

>>> Reúne o vocabulário relativo a serviços do hotel.

▶ ESTOU EM... VOU PARA... 📄 P. 60-61

A lição tem por tema central a viagem de ônibus pelo Brasil, aspecto cultural forte do perfil do viajante brasileiro. No ponto cultural, apresenta dados do Ministério do Turismo e as vantagens do ônibus em relação ao avião. Ensina também o estudante a comprar passagens de ônibus na rodoviária e suas diferentes classes de conforto.

🌎 PONTO CULTURAL: BRASILEIROS PREFEREM VIAJAR DE ÔNIBUS E DE CARRO PELO BRASIL

>>> Apresenta, na abertura da lição, dados do Ministério do Turismo que mostram a preferência do viajante brasileiro pelo ônibus e quais vantagens este meio de transporte oferece. Essa é uma característica que merece ser destacada no perfil do viajante brasileiro.

>>> O texto, por tratar-se de documento autêntico, com muitas informações, pode representar um desafio de leitura e compreensão para os estudantes.

>>> O professor deve pedir para que os alunos procedam com uma primeira leitura silenciosa antes de seguirem para uma leitura coletiva em voz alta. Nessa primeira leitura, os alunos devem marcar as palavras-chave que conhecem e aquelas que impõem dificuldade à compreensão do texto.

>>> Depois de uma leitura coletiva, o professor pode ir coletando os dados estatísticos com os alunos, escrevendo-os no quadro de uma forma esquemática. Essa estratégia de organização dos dados ajuda tanto estudantes falantes de línguas próximas como aqueles de línguas distantes.

ATIVIDADE 10

>>> A atividade propõe a interpretação das informações de uma passagem de ônibus, também chamada de "bilhete de passagem rodoviário", assim como a aquisição do novo vocabulário por meio de um roteiro de perguntas sobre cada campo do documento.

>>> Próximo ao documento também se observa uma tabela das classes de conforto e uma representação do espaço interno do ônibus em relação ao espaço interno do avião (classe econômica).

>>> É importante que o professor destaque, neste contexto, o sentido das preposições DE e PARA, além de palavras específicas, como: "linha", "passageiro", "poltrona" e "plataforma".

🔑 **Correção 10: a.** O documento se chama "bilhete de passagem rodoviário"; **b.** O local de partida é Resende e o destino é São Paulo; **c.** A data de embarque é 6 de novembro, às 07:00; **d.** O passageiro vai se assentar na poltrona 9; **e.** Classe executiva; **f.** É R$33,03; **g.** Chama-se "plataforma"; **h.** A distância é de 267 km.

❓ VOCÊ SABIA?

>>> Apresenta uma curiosidade que reforça ainda mais a cultura brasileira de viajar de ônibus: o fato de a viagem de ônibus mais longa do mundo começar no Rio de Janeiro e terminar em Lima, no Peru.

ATIVIDADE 11

>>> A atividade propõe um exercício de compreensão oral de diálogo entre cliente e agente de viagem no guichê da rodoviária. Antes de passar à escuta, o professor deve verificar se os alunos compreendem a expressão "ida e volta" para, em seguida, pedir que a associem às imagens, a fim de contextualizar o diálogo que vão escutar. É importante que o enunciado e as opções de resposta fiquem claras para os alunos.

SAMBA! • Unidade 2

55

ATIVIDADE 11

>>> Na primeira escuta, os alunos devem identificar informações gerais, como o número de pessoas e o papel de cada uma no diálogo, o tipo de discurso, o objetivo da comunicação e as outras informações sonoras (ruídos de fundo). Na segunda escuta, devem identificar informações específicas, como datas, duração da viagem, horário de partida, serviços do ônibus e classe de conforto.

>>> Sugerimos que o professor leia a transcrição do áudio com o estudante e destaque o seguinte vocabulário: "sai", "chega", "janela" e "corredor". Para que ele possa compreender a previsão de horários da viagem, o professor pode, ainda, apresentar os termos "chegada" e "saída".

>>> Mesmo cientes de que a compra de passagens *on-line* é a cada dia mais frequente, a compra de passagem rodoviária presencialmente é importante para alunos estrangeiros que não possuem CPF, uma vez que a maioria dos sites exige esse documento para a compra.

🔑 **Correção 11: Onde se passa o diálogo?** Na rodoviária; **O cliente quer...** Comprar uma passagem.

🔑 **Correção 11.1:** V, F, V, F, F, V; **Qual é o destino?** Porto Seguro-BA.

VAMOS SISTEMATIZAR: PREPOSIÇÕES EM E A + ARTIGO

>>> Neste momento, será apresentado o verbo ESTAR e o verbo IR associados às preposições EM e A. A primeira noção que o professor pode destacar é o uso de ESTAR para localização fixa e o uso de IR para indicar deslocamento.

>>> Em seguida, deve ser marcada a obrigatoriedade do uso da preposição adequada associada aos verbos. Assim como já foi apresentada a contração da preposição DE com os artigos definidos, deve ser sistematizada a contração de preposição EM e a combinação da preposição A com artigos definidos.

>>> Depois de explicado o uso das preposições para nomes de cidades e países, o professor deve chamar a atenção para o uso da preposição "em" acompanhando o verbo "ir" na oralidade.

▶ FIM DE SEMANA EM SALVADOR 📄 P. 62-63

Nesta lição, o foco volta-se para a orientação espacial. Vamos aprender a forma de expressão de endereço no Brasil, a descrição de atividades turísticas, a indicação de caminho e a localização por pontos de referência.

No primeiro percurso da lição, o aluno descobre atrações da cidade de Salvador, capital da Bahia, por meio da leitura e da interpretação de um cartão postal. No segundo percurso, o aluno descobre a cidade de Brusque, no estado de Santa Catarina, reconhece em seu mapa os pontos de referência da cidade e aprende verbos e expressões para a indicação de caminho.

ATIVIDADE 12

>>> A atividade que abre a lição apresenta, como elemento provocador, um cartão-postal de Salvador com o título de "Fim de semana em Salvador". O professor pode começar a aula perguntando a quais dias da semana o título se refere e aproveitar para revisar o vocabulário de dias da semana.

>>> Em seguida, os elementos do cartão-postal, tais como frente e verso, selo, remetente e destinatário, endereço e corpo do texto, devem ser destacados para o aluno. O professor pode perguntar, caso os alunos não percebam, qual é a personalidade representada no selo (o jogador Pelé).

>>> O professor pode proceder a uma leitura coletiva do cartão, que permite que os alunos identifiquem palavras já conhecidas e construam o sentido das novas informações, como locais turísticos e atrações da cidade.

>>> Uma sugestão de percurso é deixar os estudantes responderem ao exercício após a leitura coletiva e, em seguida, por meio do roteiro de perguntas, destrincharem os sentidos do texto.

>>> Na sequência de perguntas, o reconhecimento do gênero textual é tão importante quanto a apresentação do nome de outros gêneros presentes nas opções.

>>> Essa mesma estratégia deve ser aplicada ao corrigir as questões da atividade. Dessa forma, a correção do exercício torna-se também uma oportunidade de ampliar o vocabulário para conhecer tipos de hospedagem, revisar o nome dos transportes e das atrações turísticas.

>>> Ao final do exercício, a questão da letra "e" propõe uma atividade de produção escrita que retoma o uso do verbo GOSTAR, já ensinado na Unidade 0. Neste momento, o professor deve aproveitar para mostrar aos alunos sua evolução na comunicação em português, pois já devem ser capazes de se expressar utilizando estruturas mais complexas.

🔑 **Correção 12: a.** Um cartão-postal; **b.** Em um hotel; **c.** A pé; **d.** Experimentar coisas novas, ir a restaurantes e fazer compras; **e.** Resposta pessoal; **f.** Ela vai enviar essa mensagem para Belo Horizonte.

>>> Para ampliar a apresentação da cidade, o professor pode exibir os seguintes vídeos sobre a cidade de Salvador:

🔗 "Conheça Salvador", do canal Pisa Plaza Hotel, no YouTube: **https://bit.ly/3pZmkvy** (acesso em: 3 maio 2023).

🔗 "Lavagem do Senhor do Bonfim", do canal Prefeitura de Salvador, no YouTube: **https://bit.ly/3E76hAQ** (acesso em: 3 maio 2023).

ATIVIDADE EXTRA

MINIPROJETO

>>> Nesta seção sugerimos uma atividade alternativa para ser desenvolvida como um pequeno projeto com os estudantes. A tarefa consiste na elaboração de um cartão-postal digital, que os estudantes vão enviar para um colega e ao professor em cópia. A produção pode ser feita individualmente ou em dupla.

>>> O primeiro passo é solicitar que os estudantes façam o *download* de um aplicativo no celular que auxilia a criar um cartão-postal digital. Para os sistemas operacionais da Apple, sugerimos o aplicativo PhotoCard, de Bill Atkinson; para Android sugerimos o aplicativo

SAMBA! • Unidade 2

57

ATIVIDADE EXTRA

Postagram. Em ambos, o aluno precisa se registrar para fazer o envio do cartão-postal por e-mail. (Podem existir outros apps dependendo do período de consulta ou país em que o professor e/ou estudante vive, portanto, verifique o que for mais acessível na região onde você e/ou estudante mora. Há outros sites como Canva ou Vista Create que também podem ser usados.)

⟫ O professor deve, portanto, preparar a atividade com antecedência, verificando a disponibilidade de conexão, checando se os estudantes possuem *smartphone*, e ainda promovendo uma instrução específica sobre a construção do texto do gênero cartão-postal. É desejável que o professor faça um teste com o aplicativo antes da aula, a fim de checar o funcionamento e apresentar um modelo para os estudantes.

⟫ O tempo médio de execução desta tarefa é de 40 min, contando a partir do tempo de instrução até a finalização dos cartões. À medida que os estudantes estiverem trabalhando, o professor deve circular pela sala e auxiliar a produção dos textos. Vale lembrar que a atividade também pode ser executada com cartões-postais impressos; neste caso, o tempo de execução será reduzido.

VAMOS SISTEMATIZAR: ENDEREÇO EM PORTUGUÊS

⟫ Sistematiza a forma de organização do endereço no Brasil. Também explica a leitura de pontos de referência. É importante destacar as formas de expressão do número seis, como "seis" ou "meia".

FALE ASSIM

⟫ Apresenta expressões de localização com o verbo FICAR. O professor deve explicar o uso do verbo e fazer os alunos treinarem esse tipo de pergunta. Sugerimos a atividade de criar um diálogo em dupla para pedir endereço.

ATIVIDADE 13

⟫ A atividade utiliza a localização de diferentes estabelecimentos representados em um mapa para ensinar a indicação de caminho.

⟫ Muitas pessoas usam aplicativos de GPS e, por esta razão, a indicação de caminho oral é menos comum. No entanto, é importante saber compreender esse tipo de indicação na ausência de GPS ou pela necessidade de informação local. Lembramos que, em muitos lugares no Brasil, não há cobertura de rede telefônica.

⟫ Antes de passar o áudio, o professor deve fazer uma leitura do mapa com os alunos, perguntando sobre os estabelecimentos, a arquitetura, o nome

ATIVIDADE 13

das ruas e as ilustrações das pessoas, a fim de levantar hipóteses sobre a origem da cidade. É interessante que os alunos saibam que a cidade de Brusque fica no estado de Santa Catarina e que identifiquem em qual região do Brasil ela se encontra. O professor pode mostrar imagens de cidades do sul do Brasil, que têm marcadamente influência europeia.

>>> Em seguida, deve-se ensinar as expressões de localização apresentadas abaixo do mapa e, ainda, ampliar esse vocabulário com mais expressões, como "à direita de", "à esquerda de", "perto de", "longe de", "na esquina", etc. O professor também pode apresentar os verbos utilizados na indicação de caminho, destacando o verbo irregular VIR e as particularidades da conjugação dos demais verbos, valendo-se da tabela de conjugação dos anexos.

>>> Por fim, o professor deve passar o áudio duas vezes para que os alunos tracem o trajeto indicado.

ATIVIDADE 14

>>> Para se valerem do conhecimento de expressões de localização e nomes de estabelecimentos, os alunos devem responder às perguntas da atividade. Na expressão das distâncias, o professor pode trabalhar a localização "longe" e "perto" e destacar o fato de que a sigla da palavra "quilômetro" se inicia com a letra "K".

🔑 *Correção 14: a. A prefeitura fica ao lado do Fórum/ ao lado do Zoológico/ entre o Zoológico e o Fórum; b. Na rua Cons. Rui Barbosa, vamos seguir e virar à direita na rua Mathilde Schaeffer. Em seguida, vamos virar à direita na rua Eduardo Von Buettner e em 100m, à esquerda, chegamos à prefeitura; c. 1. Casa de Brusque, 2. Fórum, 3. Igreja Matriz São Luiz Gonzaga, 4. Parque Zoobotânico, 5. Pavilhão de eventos – Fenarreco, 6. Prefeitura Municipal, 7. Teleférico e 8. Rodoviária; d. Segundo o mapa, a cidade mais distante de Brusque é Salvador e fica na região Nordeste.*

✓ PALAVRA POR PALAVRA

>>> Apresenta os verbos de indicação de caminho. O professor pode indicar o sentido de cada verbo por meio de imagens ou ilustrações. Para melhor discutir o sentido de IR e VIR, é importante indicar que IR se relaciona com o deslocamento físico de quem está se deslocando para um ponto diferente de onde está, enquanto VIR se relaciona com a posição fixa de quem passa a orientação do deslocamento que será feito ou com o deslocamento de retorno ao local onde estaria em outro momento no futuro.

▶ **VOCÊ VIAJA PARA QUÊ?** 📄 P. 64-65

Nesta lição vamos falar sobre os objetivos do viajante, retomar o conceito dos tipos de turismo e apresentar a única megalópole brasileira: a cidade de São Paulo. É muito importante que os estrangeiros conheçam mais sobre as atrações que a cidade de São Paulo oferece, uma vez que o foco do turismo lá se difere muito da usual tradição do turismo de praia do Brasil, cuja popularidade é maior no exterior. Além disso, vamos discutir sobre os dados que o Ministério do Turismo informa sobre o perfil do

SAMBA! • Unidade 2

viajante estrangeiro no Brasil, retomando o que foi apresentado no início da unidade, porém com maior detalhamento. Ao final do percurso da lição, vamos aprender sobre os meses de alta temporada e o perfil do turista atual.

ATIVIDADE 15

>>> A atividade ensina a expressar os objetivos de uma viagem e apresenta a cidade de São Paulo com suas inúmeras atrações. Além disso, permite ao aluno indicar quais seriam suas atividades preferidas na maior capital da América Latina.

>>> O professor deve começar a lição perguntando para os estudantes: "Qual é a sua principal motivação para viajar?" ou "Por que vocês decidiram viajar para o Brasil?".

>>> Exploradas as motivações e os objetivos da viagem, o professor pode, ainda, perguntar o que os alunos sabem sobre a cidade de São Paulo.

>>> Depois de feita essa primeira sondagem, pode-se explicar que São Paulo é o centro financeiro do Brasil e a maior cidade da América Latina, que a cidade conta com inúmeros parques e centros culturais, tem diversificada arquitetura e rica gastronomia. Em seguida, pode-se iniciar a exploração das imagens de abertura da lição. Neste momento, o professor pode questionar se os alunos identificam algumas das atividades ou dos lugares ilustrados. É importante que apresente aos alunos cada um dos lugares representados nas imagens (Estádio do Pacaembu, Parque do Ibirapuera, MASP, Museu do Ipiranga, bairro Liberdade). O professor deve dar continuidade à atividade seguindo o roteiro de perguntas e perguntando como os alunos associam o título "São Paulo para quê?" às imagens.

>>> Também sugerimos a exibição do vídeo "Descubra São Paulo", do canal Projeto Descubra, no YouTube: **https://bit.ly/3Litreg** (acesso em: 3 maio 2023), que faz parte da campanha de divulgação do turismo na cidade de São Paulo. Vale também explorar outros vídeos do canal, que apresenta uma série imersiva de divulgação turística.

>>> Um dos objetivos linguísticos da lição é que o aluno, por meio de uma conversa espontânea sobre a cidade de São Paulo, consiga perceber as nuances de sentido que diferenciam as expressões "para que" e "para quem".

>>> Na atividade 15.1, o próprio enunciado convida o aluno a conhecer os inúmeros atrativos de São Paulo e a aprofundar seu perfil de turista.

🔑 **Correção 15:** *resposta pessoal.*

🔑 **Correção 15.1.:** *resposta pessoal.*

🔍 VAMOS BUSCAR

ATIVIDADE 16

>>> Esta atividade pode ser realizada em sala de aula ou como dever de casa. O objetivo é fazer o aluno aprofundar seus conhecimentos sobre São Paulo, por exemplo, descobrir quantos anos a cidade tem e o número de habitantes, diferenciar os gentílicos "paulista" (do estado de São Paulo) e "paulistano" (da capital São Paulo); além de descobrir curiosidades, como os principais times de futebol do estado.

ATIVIDADE 16

Caso seja oportuno, o professor pode solicitar as mesmas informações sobre outras cidades/estados brasileiros. Uma curiosidade sobre os gentílicos do Brasil é o fato de a palavra "carioca" significar "casa de branco" na língua tupi.

🔑 *Correção 16: a. A resposta depende do ano corrente; b. A resposta depende do ano corrente ou do último censo; c. Quem é da cidade de São Paulo é paulistano; d. Os principais times de futebol de São Paulo são: São Paulo, Palmeiras, Corinthians, Santos e Guarani.*

VAMOS SISTEMATIZAR: USO DA PREPOSIÇÃO PARA

ATIVIDADE 17

>>> A atividade 17 também é uma atividade de sistematização dos diferentes sentidos que a preposição PARA pode apresentar. Trata-se de uma atividade epilinguística – um exercício que convida o aluno a refletir sobre as frases lidas e, ao mesmo tempo, aprender possibilidades de uso da preposição PARA diferentes das de objetivo/finalidade. São apresentadas opções para que o aluno associe um sentido a cada frase. Dessa forma, treinamos o aluno a desenvolver estratégias de construção de sentido enquanto aprende um conteúdo gramatical.

🔑 *Correção 17: 4, 2, 1, 2, 4, 3.*

ATIVIDADE 18

>>> Esta é a atividade que fecha a temática de descrição do perfil de viajante e ensina os quantificadores por meio da interpretação de um infográfico. Esse infográfico do Ministério do Turismo reúne diferentes informações que foram discutidas ao longo do percurso da unidade. A atividade oportuniza o reinvestimento do vocabulário e de conhecimentos linguísticos e culturais. Trata-se de uma atividade epilinguística, na qual o professor deve mediar a discussão e interpretação dos dados para ajudar o aluno na construção dos sentidos das frases.

🔑 *Correção 18: F, V, F, V, F, V.*

ATIVIDADE 19

>>> A atividade propõe a leitura de um infográfico e de um texto. O aluno deverá acionar os conhecimentos de mundo, além dos conhecimentos adquiridos na unidade, para interpretar os documentos. O texto "O perfil do turista atual" permite ao aluno refletir sobre a forma como as viagens são organizadas na atualidade e sobre suas próprias práticas de viajante. O professor pode aproveitar a discussão para sugerir sites, canais do YouTube e aplicativos de viagens mais populares no Brasil.

>>> A própria página do Ministério do Turismo apresenta muitas informações sobre o tema. Mas também sugerimos que, se possível, o professor navegue com os alunos no site Férias Brasil, a fim de verificar as habilidades de leitura desenvolvidas ao longo da unidade e apresentar mais destinos nas diferentes regiões do Brasil.

ATIVIDADE 19

Sugestões:

- Canal do Ministério do Turismo no YouTube: **https://bit.ly/3E-5DNHV** (acesso em: 3 maio 2023).
- Site Férias Brasil: **https://bit.ly/33FCGSP** (acesso em: 3 maio 2023).

Correção 19: a. *O turista usa a internet. O site YouTube é um dos meios mais utilizados;* **b.** *80% de turistas fazem compra de passagem pela internet;* **c.** *Os turistas escolhem os melhores hotéis e restaurantes pelo smartphone;* **d.** *Os meses de dezembro, janeiro e fevereiro são os favoritos porque são os meses de férias de verão e Carnaval.*

▶ **GUIA BH.COM** P. 66-67

Escolhido o destino, planejada a viagem e definido o perfil de viajante, a última lição da unidade visa capacitar o estrangeiro a navegar em sites que apresentam a agenda cultural do local. Dessa forma, o viajante pode aproveitar ao máximo a experiência no novo destino. Para tanto, a lição parte da exploração do recorte de um documento autêntico que sugere atividades na cidade de Belo Horizonte, capital de Minas Gerais. Tal proposta, objetiva aprofundar o vocabulário e ampliar a capacidade de pesquisa das atrações, com vistas a ensinar o aluno a expressar as atividades que vai realizar no destino escolhido e fazer planos para o futuro.

ATIVIDADE 20

》》 A atividade tem por objetivo ensinar o estudante a destrinchar as informações da página de entrada de um site de agenda da cidade e aprender os sentidos do vocabulário circunscrito às seções que geralmente esses sites apresentam, tais como "agenda", "balada", "festas", "grátis", etc. A atividade capacita o estudante a pesquisar eventos e programações para fazer planos de passeios e atividades.

》》 O professor deve fazer o percurso de leitura do documento com os estudantes a fim de fazê-los reconhecer o gênero, as palavras-chave e as palavras que dificultam a compreensão do texto. Em seguida o professor pode executar o roteiro de perguntas proposto para a atividade. Uma sugestão interessante é abrir o site do "guiabh.com.br" e explorar passo a passo com a turma algumas das seções:

GuiaBH: **https://bit.ly/3LTxCh2** (acesso em: 3 maio 2023).

Correção 20: a. *Resposta pessoal;* **b.** *Resposta pessoal;* **c.** *Significa que não precisa pagar;* **d.** *A resposta varia de acordo com a data de execução do exercício.*

ATIVIDADE 21

》》 A atividade visa a fazer o estudante reinvestir o vocabulário da atividade anterior na forma de um exercício de compreensão oral. Nesta atividade, diferentemente das anteriores, há um diálogo entre um falante não nativo e uma pesquisadora do IBOPE. Esse tipo de diálogo permite aos estudantes perceberem erros de pronúncia e de uso de algumas estruturas do português.

SAMBA! • Unidade 2

ATIVIDADE 21

>>> O professor e os alunos devem ler o enunciado, as perguntas e as opções de resposta antes de começar a escuta. Primeiramente, o estudante deve identificar a situação comunicativa para, na segunda escuta, ser capaz de extrair as informações detalhadas.

>>> Depois de corrigida a atividade, o professor pode fazer os alunos escutarem o áudio lendo a transcrição do diálogo para que possam marcar no texto as palavras do português que não foram bem pronunciadas.

🔑 **Correção 21: a.** Entrevista de rua; **b.** Ferramentas de pesquisa; **c.** Com amigos brasileiros e em sites; **d.** Isaac busca horários de shows e eventos com entrada franca.

✓ PALAVRA POR PALAVRA

>>> Reúne o vocabulário relativo a seções de sites de programação de lugares e eventos da cidade.

VAMOS SISTEMATIZAR: FUTURO COM O VERBO IR

>>> Sistematiza o futuro com o verbo IR para que o estudante possa expressar as atividades que vai realizar ou seus planos para o futuro.

🔍 VAMOS BUSCAR

ATIVIDADE 22

>>> A atividade propõe que os alunos acessem o site "guiabh.com.br" e descubram eventos e espaços da cidade.

🔑 **Correção 22: a., b.** A resposta varia de acordo com a data de execução do exercício.

ATIVIDADE 23

23. Em dupla, imagine que você e seu colega vão passar o fim de semana em BH. O que vocês vão fazer? Planejem e contem para a turma.

>>> A atividade, a ser feita em dupla, tem por objetivo fazer os alunos navegarem no site e explorarem os eventos e espaços de BH para criarem um roteiro para o fim de semana. Esse roteiro será apresentado aos colegas.

🔑 **Correção 23:** resposta pessoal.

SAMBA! • Unidade 2

PONTO CULTURAL: MERCADOS MUNICIPAIS

>>> Um dos grandes atrativos de qualquer cidade turística para se conhecer a cultura local, os hábitos e as relações humanas são os mercados municipais, que vendem artesanato, comidas e produtos típicos.

>>> Neste ponto cultural são sugeridos quatro mercados de três regiões do Brasil. O professor pode, ainda, sugerir mercados de outras capitais. A atividade, além de ser uma apresentação dos mercados, tem por objetivo linguístico treinar a leitura e introduzir os nomes de estabelecimentos comerciais.

Sugerimos, para visualização dos diferentes estabelecimentos dos mercados municipais de Belo Horizonte e São Paulo, a apresentação do vídeo "Arquiteturas: Mercado Central de BH", do canal SescTV, no YouTube: **https://bit.ly/42qept7** (acesso em: 3 maio 2023).

Indicamos também o vídeo "SPLORA – Faça uma visita em 360° ao Mercado Municipal de São Paulo", do canal Cidade de São Paulo, no YouTube: **https://bit.ly/42EqcnN** (acesso em: 3 maio 2023).

POR DENTRO DA LUSOFONIA: PORTUGUÊS DE PORTUGAL

>>> A seção apresenta diferenças entre a língua portuguesa do Brasil e a língua portuguesa de Portugal, sobretudo no que diz respeito ao vocabulário de estabelecimentos comerciais e meios de transporte.

>>> Trata-se de uma curiosidade, no entanto, a informação é útil para os alunos que desejam conhecer outros países onde a língua portuguesa é falada. A diferença também marca a identidade brasileira no seu registro linguístico.

>>> O texto é curto e apresenta muitas palavras já conhecidas pelos alunos, o que facilita a compreensão.

HORA DO JOGO

>>> A atividade é um jogo de tabuleiro, que pode ser jogado individualmente, em dupla ou por equipes, e faz uma rápida revisão do vocabulário da unidade. Ao aluno, a atividade permite verificar os conhecimentos que foram memorizados, uma vez que não vale fazer consulta ao livro durante o jogo.

💬 VAMOS TREINAR A PRONÚNCIA

>>> A seção treina a identificação e a pronúncia de palavras com as consoantes "b" e "v". A atividade é importante para todos os alunos, mas representa um desafio maior para hispanofalantes.

>>> O professor pode, primeiramente, passar o áudio para a identificação dos fonemas e, em seguida, fazer um pequeno ditado. A transcrição das palavras encontra-se no anexo de transcrição dos áudios.

🎬 VALE A PENA ASSISTIR: GABRIEL E A MONTANHA

>>> O objetivo desta seção é apresentar aos alunos produções audiovisuais nacionais. Encorajamos fortemente que o professor promova o trailer do filme em sala de aula, se possível, legendado.

UNIDADE 3

DIA A DIA

 MÚSICA: Dia de comemorar

FILME: Lisbela e o Prisioneiro

PANORAMA DA UNIDADE

>> Esta unidade trata do dia a dia dos brasileiros e dos conteúdos que se relacionam às atividades de trabalho, estudos e lazer, tais como: horários, expressões de frequência, ritmo de trabalho, atividades nas horas livres, tarefas domésticas, pontualidade e hábitos esportivos. A unidade permite ao estudante conhecer os hábitos dos brasileiros, assim como propor uma atividade, aceitar ou recusar um convite.

OBJETIVOS PRAGMÁTICOS	>> Falar das atividades cotidianas e em curso, perguntar e dizer as horas, falar sobre hábitos e prática de esporte e lazer, marcar compromissos, convidar, aceitar e recusar um convite.
OBJETIVOS LINGUÍSTICOS	>> **Gramática:** presente contínuo, advérbios de frequência, verbos irregulares VER, FAZER, LER, SAIR, DORMIR, PODER, QUERER e VESTIR, expressão de hábitos, expressão de horas e datas. >> **Vocabulário:** programas de TV, atividades de lazer, atividades cotidianas, limpeza e organização da casa, esportes e períodos do dia. >> **Fonética:** os fonemas [r] e [l].
OBJETIVOS SOCIOCULTURAIS	>> Os brasileiros e a TV, o lazer e os esportes no Brasil, a pelada, a capoeira, a pontualidade e outras curiosidades sobre os hábitos dos brasileiros; e, na seção *Por dentro da lusofonia*, a Ilha da Madeira.
GÊNEROS TEXTUAIS	>> Gráfico em coluna, chat, organograma, infográfico, blog e agenda.

▶ **PONTO DE PARTIDA** P. 74-75

Nas páginas de abertura, visualizamos três imagens relacionadas à temática da unidade. Os estudantes devem ser convidados a descrevê-las, destacando quais ações elas representam e em que momento do dia ou da semana elas acontecem. A primeira imagem representa a prática de esportes, no caso, a capoeira, esporte criado no Brasil e pertencente ao Patrimônio Cultural Imaterial da Humanidade pela Unesco. A segunda apresenta pessoas fazendo um brinde com cerveja, a bebida mais consumida socialmente pelos brasileiros em momentos de lazer. A terceira, por sua vez, apresenta pessoas fazendo um brinde com café, algo que podemos fazer no trabalho para comemorar fechamento de bons acordos e negócios. É a bebida mais consumida pelos brasileiros e a principal opção em ambientes de trabalho.

🔊 TRABALHO COM A MÚSICA: "DIA DE COMEMORAR"

>>> A música "Dia de comemorar" – lançada em 2011 pelo artista Seu Jorge, no álbum *Músicas para churrasco*, vol. 1, de autoria de Ângelo Silva, Gabriel Moura, Jorge Silva e Roger Cury – relaciona-se diretamente ao dia a dia do brasileiro em momentos de lazer e comemoração.

>>> A música, rica em ações e expressões que refletem o comportamento informal do brasileiro, espelha em sua letra a maneira de comemorar e festejar e a simplicidade dos encontros entre amigos. As imagens que a música evoca são importantes para a compreensão do dia a dia dos brasileiros; sua rotina dura de trabalho em contraste com a recompensa da vida social nos fins de semana.

>>> Diante do ritmo mais acelerado da música e do nível dos estudantes neste ponto da unidade, sugerimos a exploração da letra antes da execução do áudio.

>>> Um caminho de exploração da letra para alunos falantes de línguas distantes é a identificação das ações que representam o lazer, do esporte citado na música e da cerveja gelada.

>>> Para alunos falantes de línguas mais próximas, o professor pode trabalhar os sentidos das diversas expressões presentes na música; destacamos três: "tá em casa", "na palma da mão" e "tudo a ver".

>>> Além disso, deve ser trabalhado em contexto intercultural, especialmente nas culturas presentes na sala de aula: o que é comemorar, quando deve-se comemorar e como a comemoração é feita.

▶ DE OLHO NA TV 📄 P. 76-77

Esta lição trata da relação dos brasileiros com a TV e outras mídias. Escolhemos o hábito de assistir à TV, destacando suas principais atrações, pelo fato de ser a principal atividade de lazer dos brasileiros no dia a dia. A lição ensina o estudante a falar de seus hábitos em relação às diversas mídias por meio de expressões de horário e frequência. Um ponto-chave da lição é destacar os aspectos culturais que a TV imprime na cultura brasileira.

>>> Para iniciar a atividade, sugerimos que o professor pergunte aos estudantes se conhecem algum programa, novela ou série de TV do Brasil; em seguida, o professor deve solicitar que os alunos observem as imagens e as relacionem ao título da lição "De olho na TV". Após essa introdução, deve solicitar que os alunos nomeiem os tipos de programas representados (letra "a"). A seção *Palavra por palavra*, ao lado das imagens, serve de apoio aos estudantes para a execução da atividade, pois apresenta o vocabulário relativo a alguns tipos de programas de TV.

ATIVIDADE 1

>>> Nas letras "b" e "c", o aluno vai responder sobre o horário do futebol e das novelas brasileiras. Neste momento, o professor pode questionar sobre o dia e o horário do futebol, além de explicar as diferenças entre as novelas que são transmitidas em cada horário.

>>> Quanto à questão do futebol, o professor deve destacar que se trata de uma programação tão importante para os brasileiros quanto a novela das 21h e que, por esta razão, as duas programações não são concorrentes.

>>> Em relação às novelas, é importante explicar que cada novela, geralmente, trata de uma temática diferente a depender do horário. Essa sequência, nos últimos anos, dispõe-se com as seguintes temáticas: reprise (16h), novela de época ou espiritualidade (18h), romance e comédia (19h) e temas da atualidade (21h).

>>> Um ponto a mais a se destacar são os demais tipos de programa não listados na seção *Palavra por palavra*, como programa culinário, filmes, minisséries, séries, etc.

🔑 **Correção 1: a. 1.** *Telenovelas,* **2.** *Telejornal,* **3.** *Programa esportivo,* **4.** *Reality show,* **5.** *Programa de auditório,* **6.** *Talk show;* **b.** *Quarta-feira, a partir de 21h45;* **c.** *16h, 18h, 19h, 21h e 23h.*

✓ PALAVRA POR PALAVRA

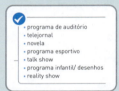

>>> A seção apresenta os nomes de diferentes tipos de programas de TV e permite ao professor explorar o vocabulário e a programação atual da televisão brasileira. Caso ainda não tenha tido a oportunidade de trabalhar esse vocabulário em consonância com a atividade 1, o professor pode explorá-lo de forma mais sistemática, aproveitando para nomear as categorias mais atuais e também inserir o vocabulário de gêneros do cinema como: comédia, suspense, fantasia, terror, animação, ação, aventura, romance, etc.

>>> Pergunte de qual gênero seus estudantes mais gostam antes de detalhar o vocabulário.

ATIVIDADE 2

>>> Nesta atividade de compreensão oral, o estudante deve identificar a programação de três canais de TV, baseando-se nos horários que o áudio explicita.

>>> Como procedimento padrão, o áudio deve ser passado duas vezes, sendo a primeira para a compreensão global do gênero e do tema. Já a segunda escuta destina-se à compreensão detalhada.

>>> Neste momento, mesmo ainda não tendo estudado as horas formalmente, o estudante pode reconhecer os números e algumas expressões sobre horas já comentadas na atividade 1. É importante que isso aconteça, pois desafiar o estudante antes da sistematização proporciona o desenvolvimento de estratégias de compreensão.

🔑 **Correção 2: a.** *Um programa de rádio;* **b.** *A programação da TV;* **c. Canal A:** *Cheias de charme,* **Canal B:** *20h30: Na cozinha com você/ 21h45: Serginho Amigo/Rock Brasileiro,* **Canal C:** *21h: Meu time do coração/ 21h45: Quarta do futebol.*

✓ PALAVRA POR PALAVRA

>>> Nesta seção, o professor deve explicar as expressões de frequência do quadro por meio de exemplos de hábitos cotidianos em relação à mídia: por exemplo, quando assistimos à TV, quando escutamos o rádio ou acessamos a internet, etc.

ATIVIDADES 3 E 4

>>> Estas atividades têm por objetivo oportunizar o uso do vocabulário e das expressões de frequência discutidos anteriormente. O professor pode ampliar as perguntas ("Quando você assiste a séries?", "Durante quanto tempo você usa seu smartphone por dia?", "Quantas vezes por semana você joga videogames?", "Quando você acessa às notícias?", etc.) e verificar quais hábitos são comuns entre os alunos e quais mídias eles utilizam mais. Para explicitar os resultados, pode criar uma tabela no quadro.

🔑 *Correção 3: resposta pessoal.*

🔑 *Correção 4: resposta pessoal.*

ATIVIDADE 5

>>> Esta atividade desenvolve a compreensão escrita de um gráfico que apresenta os resultados da pesquisa brasileira de mídia 2016. Também recupera as expressões de frequência e o vocabulário dos exercícios anteriores, além de permitir a discussão intercultural por meio da comparação dos hábitos do país de origem do aluno em relação aos hábitos dos brasileiros.

🔑 *Correção 5: a. V; b. F; c. V; d. V.*

🔑 *Qual mídia é mais popular em seu país? Resposta pessoal.*

❓ VOCÊ SABIA?

>>> Traz curiosidades sobre a TV brasileira, apresenta o conceito de "horário nobre" e os programas de maior audiência. O professor também pode perguntar aos alunos como é a programação do "horário nobre" em seus países de origem.

🗂 VAMOS SISTEMATIZAR: AS HORAS E ABREVIAÇÃO DAS HORAS

>>> Sistematiza as fórmulas para a expressão das horas em português que já vinham sendo usadas nas atividades anteriores, ensina as formas de expressão escrita de horários (abreviações).

SAMBA! • Unidade 3

69

💬 FALE ASSIM

>>> Ensina as diferentes formas de perguntar as horas e expressar horários.

ATIVIDADE 6

>>> Nesta atividade de produção escrita, o professor deve explorar com os alunos todas as formas de expressão possíveis para cada horário marcado nos relógios. Sugerimos, ainda, outros horários a serem explorados: 13h45/1h45, 16h40/4h40, "quinze para as duas" e "vinte para as cinco".

🔑 *Correção 6: **a.** 10h25/22h25; **b.** 2h/14h; **c.** 12h/0h; **d.** 3h30/15h30 (destacar a expressão "três e meia" em relação à "quinze e trinta").*

▶ **LAZER, O MELHOR DA VIDA** 📄 P. 78-79

A lição trata das principais atividades de lazer dos brasileiros e ensina o aluno a expressar suas atividades de lazer para além das mídias.

A primeira página é rica em vocabulários concernentes às ações de lazer e apresenta um infográfico com uma lista de verbos acompanhados por ícones que facilitam a apreensão de seus significados.

A segunda página, por sua vez, explora as diversas nuances de expressão das ações no presente; é rica em expressões de hábito/costume e ações no momento da fala. A lição também apresenta novas expressões que complementam as expressões de frequência da primeira lição e aprofundam a temática.

ATIVIDADE 7

>>> Na abertura da lição, o professor deve fazer os alunos lerem o título e observarem as três imagens a fim de identificar os espaços de lazer e as ações representadas. Cada aluno deve dizer qual das três atividades lhe interessa mais ou realiza com mais frequência. Esta atividade, mesmo não sendo muito desafiante, serve para quebrar o gelo e abrir a discussão do tema lazer.

🔑 *Correção 7: **a.** Muitas respostas possíveis: caminhar, nadar, tomar sol, assistir ao jogo de futebol, dançar, sair com os amigos, ir ao bar, etc.; **b. 1.** Na praia/ **2.** No bar/ **3.** Na boate.*

ATIVIDADE 8

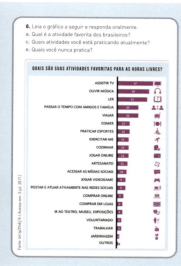

>>> Nesta atividade, o professor deverá ler com os alunos o documento (que tem por título a pergunta "Quais são suas atividades favoritas para as horas livres?") e apresentar as principais atividades de lazer dos brasileiros.

>>> Além de mostrar um infográfico dos hábitos de lazer no Brasil, o documento apresenta um vasto vocabulário de ações. Cada verbo apresentado no documento deve ser lido com os alunos e explicado (se necessário). É importante que o professor destaque a conjugação do verbo OUVIR (Anexo 3, p. 231), único verbo irregular da lista, e pergunte qual outro verbo os alunos conhecem com o mesmo sentido.

🔑 **Correção 8: a.** *Assistir TV;* **b.** *Resposta pessoal;* **c.** *Resposta pessoal.*

ATIVIDADE 9

>>> Seguida da compreensão escrita e da produção oral, a atividade 9 propõe a compreensão oral dentro da mesma temática. Antes de iniciar a primeira escuta, devem ser lidas as perguntas da atividade para ajudar o aluno a identificar as informações que devem ser extraídas do áudio.

>>> Em seguida, o professor deve passar o áudio mais uma vez antes de proceder à correção.

🔑 **Correção 9: a.** *Ver TV, fazer cursos on-line, sair com os amigos, fazer churrasco, fazer atividades no computador, arrumar a casa, lavar as roupas, fazer trabalhos da faculdade, ir à praia ou à piscina, descansar e ir à igreja;* **b.** *Fazer cursos on-line, arrumar a casa, lavar as roupas, fazer trabalhos da faculdade e ir à igreja;* **c.** *Sair com os amigos e usar o computador.*

ATIVIDADE 10

>>> A atividade é uma extensão da atividade precedente. Ela propõe a leitura e a interpretação de textos de mensagens eletrônicas, além da produção escrita de uma mensagem em rede social que expresse as atividades em curso ou comumente realizadas pelo aluno. O professor deve ajudar os alunos a perceberem as nuances das diferentes formas de expressão de hábito/costume em relação ao presente contínuo. As perguntas da atividade e os advérbios de tempo ajudam o aluno a interpretar os sentidos do texto. É muito importante que nesta atividade o professor destaque os usos das palavras "tempo" e "clima".

🔑 **Correção 10: a.** *Vc: você/ seg a sex: segunda-feira a sexta-feira/ fds: fim de semana/ abço: abraço;* **b.** *Susan está no Rio. Ela está visitando os amigos;* **c.** *Porque Marcus está trabalhando muito;* **d.** *O tempo está com sol;* **e. Ação contínua no presente:** *Estou visitando, estou trabalhando, anda fazendo, ando saindo, estou adorando/* **Ação no momento da fala:** *Agora estou trabalhando.*

SAMBA! • Unidade 3

ATIVIDADE 11

>>> A atividade tem por objetivo fazer os alunos reinvestirem e praticarem o conteúdo das expressões de hábito por meio de uma entrevista informal a um(a) colega.

>>> No momento da apresentação das atividades do colega, o professor não deve interromper o aluno. Ele deve tomar notas do que tem que ser corrigido e, ao término de cada apresentação, fazer as observações e correções necessárias.

🔑 *Correção 11: resposta pessoal para todas as questões.*

💬 FALE ASSIM

>>> Ensina expressões de localização no tempo que permitem localizar as ações nos dias da semana e períodos do dia. O professor pode pedir a cada aluno que faça uma frase usando uma expressão de tempo para contar algum de seus hábitos aos colegas. **Exemplo:** "No sábado de manhã me exercito". O professor pode apresentar aos alunos a forma de expressar hábitos com a preposição A, usada em contexto formais (**Aos** sábados à noite/ **Às** segundas-feiras de manhã).

🔧 VAMOS SISTEMATIZAR: PARA EXPRESSAR HÁBITO/COSTUME + O PRESENTE CONTÍNUO

>>> Sistematiza a construção das formas de expressar ações no cotidiano, costume frequente, costume recente ou ação no momento da fala.

>>> Neste momento, o professor pode pedir aos alunos que pratiquem essas formas de expressão utilizando outros verbos da lista de atividades da página anterior.

▶ NA SEGUNDA EU COMEÇO... 📄 P. 80-81

Em seguimento à discussão dos hábitos e suas nuances de frequência, a lição "Na segunda eu começo..." introduz a discussão da criação de metas e objetivos e seu impacto no dia a dia.

O diagrama que abre a lição (documento autêntico) apresenta conselhos para quem visa a alcançar com sucesso um objetivo. Além da interpretação de elementos linguísticos, o documento ajuda cada aluno a diagnosticar suas dificuldades pessoais no cumprimento de metas e propõe a criação coletiva de ações para o aprendizado de uma nova língua, no caso, o português. Para tanto, são aprofundadas as expressões de frequência/periodicidade e os períodos do dia, além de serem recuperados verbos que expressam ações do dia a dia.

Na página seguinte, a lição "No dia a dia" introduz o aluno nos verbos que permitem expressar rotina diária, exercita a compreensão oral e propõe uma atividade de produção escrita de conselhos para quem quer emagrecer e ter mais saúde.

ATIVIDADE 12

>>> O professor deve fazer os estudantes observarem o diagrama e pode pedir a cada aluno que leia um conselho. Em seguida, os alunos devem começar a responder individualmente às questões do exercício. Ao final da correção da letra "b", o professor pode perguntar por que a lição se chama "Na segunda eu começo...".

>>> Na correção das letras "c" e "d", cada aluno deve dizer o que considera mais importante para o cumprimento de metas. Esse é um bom momento para os alunos contarem suas experiências com metas e por que motivos as cumprem ou não cumprem.

🔑 **Correção 12: a.** *O diagrama trata de conselhos para ter sucesso no cumprimento de metas;* **b., c., d.** *Respostas pessoais.*

✓ PALAVRA POR PALAVRA

>>> Apresenta novas expressões de periodicidade que ajudam o estudante a expressar a frequência de suas ações e criar metas diárias, semanais, mensais e outras.

ATIVIDADE 13

>>> A atividade tem dois objetivos: fazer os estudantes reinvestirem o conteúdo das expressões de frequência e se entreajudarem por meio da troca de experiências e da criação de metas para o aprendizado do português. Após trabalharem em dupla ou em grupo, devem compartilhar com a turma as metas estabelecidas que foram baseadas em seus sucessos e fracassos no aprendizado de línguas. O quadro das micrometas diárias serve para motivar os alunos a entrarem em contato com a língua portuguesa todos os dias.

🔑 **Correção 13:** *resposta pessoal.*

ATIVIDADE 14

>>> A atividade, cujo título é "No dia a dia", desenvolve a compreensão da expressão da rotina diária e semanal. Trata-se de uma compreensão oral de um diálogo em uma consulta com uma nutricionista no qual a cliente conta sua rotina semanal. Os alunos devem ser capazes de identificar os dias da semana e os horários.

SAMBA! • Unidade 3

73

ATIVIDADE 14

>>> Sugerimos, antes de começar a atividade, que o professor leia com os alunos os verbos do quadro de atividades diárias e faça uma revisão da conjugação no presente do indicativo.

>>> Antes da primeira escuta, os alunos devem ler as perguntas, a fim de identificarem as informações que devem ser extraídas do áudio. Após as duas escutas, o professor pode corrigir.

Correção 14: a. Consulta ao nutricionista; b. Emagrecer; c. Sofia acorda às 5h30; d. Sofia tem aulas na faculdade de segunda a sexta às 7h; e. Sofia trabalha segunda, quarta e sexta; f. Sofia trabalha das 15h às 18h; g. Sofia trabalha 9h por semana.

ATIVIDADE 15

>>> Em continuação à atividade de criação de metas e baseando-se na compreensão do áudio da atividade 14, os estudantes devem trabalhar em dupla para criarem conselhos para "Sofia" alcançar sua meta e ter mais saúde. Os conselhos serão dados com os verbos no infinitivo, tal como na atividade que abre a lição "Na segunda eu começo…".

>>> Este é um bom momento para explorar os verbos apresentados na imagem da lição. É importante o professor revisar a conjugação (Anexo 3) de forma contextualizada, isto é, fazendo perguntas sobre a rotina de cada estudante ou organizando uma atividade em duplas para que cada estudante descubra a rotina de seu colega. Ele pode também compartilhar sua rotina com os alunos.

Correção 15: resposta pessoal.

FALE ASSIM

>>> Esta seção concentra muitas formas de expressão de períodos do dia, com horário preciso expresso ou não. O professor deve ler com os alunos todas as formas de expressão e fazê-los praticar o que aprenderam por meio de uma curta produção escrita sobre a rotina, na qual utilizem os verbos de ações cotidianas e expressões de periodicidade e horários.

VAMOS SISTEMATIZAR: OS PERÍODOS DO DIA + VERBOS IRREGULARES

>>> Sistematiza a expressão de períodos do dia e apresenta uma tabela de conjugação dos verbos irregulares mais utilizados dentro da temática da expressão de hábitos e rotina.

>>> O professor deve ler os verbos com os alunos, destacar as irregularidades e os fazer treinar a pronúncia. Ele também pode falar sobre a "madrugada", explicitando a diferença entre "de noite" e "de madrugada".

▶ MALHAÇÃO P. 82-83

Nesta lição os estudantes vão aprender a falar de seus hábitos esportivos e vão conhecer os hábitos esportivos dos brasileiros. Além de aprenderem o nome de vários esportes, os estudantes também vão adquirir conhecimentos sobre a capoeira e aprender como fazer, aceitar e recusar um convite.

Outro destaque da lição é dado à "pelada", futebol informal e amador, amplamente jogado no Brasil, seja no campo, na rua ou na praia.

ATIVIDADE 16

>>> A atividade tem por primeiro objetivo apresentar aos alunos os nomes dos esportes e os hábitos esportivos dos brasileiros. Para tanto, o professor deve pedir que identifiquem os esportes representados nas quatro fotos (16 a.) para, em seguida, analisarem o infográfico que apresenta os esportes mais praticados no Brasil. Esse percurso permite que os alunos identifiquem o nome de vários esportes em português, além de ganharem conteúdo sociocultural.

>>> Depois de analisado o documento, os estudantes devem proceder e responder às outras questões da atividade (16 b., 16 c. e 16 d.). A última pergunta, "Qual esporte representa melhor o seu país?", permite uma abertura para a comparação e a discussão sobre os hábitos esportivos de pessoas de diferentes nacionalidades.

🔑 **Correção 16: a. 1.** *Voleibol,* **2.** *Fitness,* **3.** *Futebol,* **4.** *Capoeira;* **b.** *O futebol/ A capoeira/ O futebol e a capoeira;* **c.** *Futebol, caminhada e fitness;* **d.** *Resposta pessoal.*

✓ PALAVRA POR PALAVRA

>>> Apresenta o nome e a forma de expressar a prática de diferentes esportes.

❓ VOCÊ SABIA?

>>> Nesta seção, o professor deve, mais que explorar a leitura e os sentidos do texto – que pode ser difícil para alunos falantes de línguas distantes –, explicar que a capoeira foi criada no Brasil e que hoje é reconhecida pela Unesco como patrimônio cultural imaterial da humanidade.

>>> O professor pode perguntar aos alunos se eles já viram ou ouviram falar deste esporte, se a capoeira existe em seus países de origem e, ainda, projetar, caso seja possível, um vídeo no qual os alunos possam ver a dinâmica do jogo e escutar sua música, como:

SAMBA! • Unidade 3

🔗 "GoPro: Capoeira in Rio with Mestre Boneco", do canal GoPro, no YouTube: **https://bit.ly/3E2xkgH** (acesso em: 4 maio 2023).

🔗 "História da capoeira – História em 3 minutos", do canal Gingado Capoeira, no YouTube: **https://bit.ly/3IWtMjY** (acesso em: 4 maio 2023).

ATIVIDADE 17

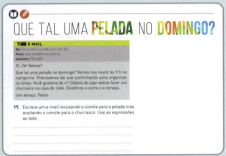

》》 O documento de abertura desta atividade apresenta um e-mail de convite para uma pelada, com vistas a ensinar como propor, aceitar ou recusar um convite.

》》 Primeiramente, o professor deve fazer os alunos observarem o documento e identificarem seu gênero (e-mail). É importante que ele destaque as preposições DE, PARA e a palavra "assunto".

》》 Este é um bom momento para introduzir aos alunos a cultura da "pelada" no Brasil e explorar as informações do *Ponto cultural* ao fim da página. Em seguida, deve pedir que leiam em silêncio o texto e marquem as palavras ou expressões difíceis.

》》 Por fim, o professor deve fazer perguntas sobre o texto para verificar a compreensão dos alunos. Durante a exploração dos sentidos do texto, pode-se aproveitar para apresentar aos estudantes outras expressões da seção *Fale assim* (na mesma página).

》》 Somente depois de bem claros todos os sentidos e esclarecidas as expressões, o aluno deve escrever o e-mail proposto na atividade. Uma possibilidade é que cada um envie, realmente, seu e-mail da atividade para o professor.

》》 Pode-se, ainda, ampliar a atividade e pedir aos alunos que enviem um e-mail de convite a algum colega e que este responda, de forma a fazer com que todos convidem e respondam a um convite real.

🔑 **Correção 17:** *resposta pessoal.*

🌎 PONTO CULTURAL: A PELADA

》》 Apresenta curiosidades sobre a prática da "pelada" no Brasil, assim como os diferentes nomes que o esporte recebe a depender da região. Caso o texto seja de difícil compreensão para alunos falantes de línguas distantes, o professor pode tentar fazer compreender as informações mais simples e importantes, tais como o fato de ser informal e muito popular, além de variarem as regras e as condições de jogo. Para facilitar a apreensão do tema pelos alunos, sugerimos a exibição dos vídeos:

🔗 "Pelada, favela' soccer pelada, futebol na favela", do canal FICT, no YouTube: **https://bit.ly/3GXm1sl** (acesso em: 5 maio 2023). (legendas em inglês)

🔗 "Pelada, futebol na favela", do canal Mostra Internacional de Cinema, no YouTube: **https://bit.ly/3siWbuz** (acesso em: 5 maio 2023) (legendas em português).

▶ MANIA DE LIMPEZA 📄 P. 84-85

Em sequência à criação de metas, à organização da prática de esportes e à planificação das tarefas diárias e semanais, a lição "Mania de limpeza" tem por objetivo sociocultural apresentar a forma como os brasileiros limpam e organizam a casa e, como objetivo linguístico, ensinar os verbos relativos às tarefas domésticas do dia a dia.

A segunda parte da lição apresenta curiosidades sobre os hábitos dos brasileiros que, geralmente, chamam a atenção dos estrangeiros e trata, de forma mais aprofundada, a questão da pontualidade na cultura brasileira. Esse percurso permite aos estudantes, ao fim da lição, um momento de descontração para praticarem uma discussão intercultural, além da compreensão escrita.

ATIVIDADE 18

>>> Nesta atividade, os estudantes são convidados a identificar e a interpretar uma página de blog sobre organização e limpeza da casa. Também devem ser capazes de compreender a apresentação do perfil da blogueira e tentar associar cada desenho a uma atividade doméstica.

>>> A lição é muito rica em palavras e expressões novas, tais como "roupa cheirosa na gaveta", "arrumar a cama" e "destralhar a casa".

>>> Os estudantes devem ler todas as partes do documento, e o professor deve verificar se eles compreenderam o sentido de cada expressão relacionada a uma tarefa doméstica.

>>> Como trata-se de um documento autêntico, mesmo não sendo um texto longo, apresenta desafios para a compreensão. As perguntas da atividade, que partem da compreensão geral à compreensão detalhada, ajudam o estudante a construir, com a ajuda do professor, os sentidos do texto. Os alunos podem responder às perguntas coletivamente. O professor ainda pode, a depender da necessidade e da curiosidade do grupo, apresentar o nome de outras tarefas da casa.

🔑 **Correção 18:** **a.** Blog; **b.** Dicas e orientações de limpeza e organização da casa; **c.** A autora é Priscila Sabóia; **d.** Resposta pessoal; **e.** Resposta pessoal.

❓ VOCÊ SABIA?

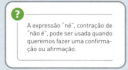

>>> O professor deve aproveitar o texto da atividade para explicar o sentido da expressão "né" na língua portuguesa, amplamente usada em muitas regiões do Brasil. Para tanto, pode se servir de exemplos em diálogos com os alunos. Também deve enfatizar seu sentido positivo de confirmação e afirmação, apesar de ser formada pela contração com o advérbio "não".

SAMBA! • Unidade 3

ATIVIDADE 19

>>> Nesta atividade, o professor pode pedir aos alunos que façam uma roda para que cada um leia uma curiosidade em voz alta. A compreensão do texto pode ser facilitada pelas imagens e por gestos do professor. Esclarecido o sentido de cada curiosidade, o professor pode passar às questões do começo da atividade. É um excelente exercício para facilitar a interação entre os alunos e as trocas interculturais. Cada aluno deve ter seu turno de fala.

🔑 **Correção 19:** *resposta pessoal para todas as questões.*

PONTO CULTURAL: A PONTUALIDADE

ATIVIDADE 20

>>> Este ponto cultural é, na verdade, uma continuação da atividade precedente sobre curiosidades dos hábitos dos brasileiros.

>>> Como a questão da pontualidade na cultura brasileira não é de fácil interpretação, uma vez que para alguns eventos devemos ser pontuais e para outros não, este ponto cultural oportuniza o esclarecimento dessa questão, além da prática da leitura e da discussão intercultural.

>>> O professor deve ler o texto com os alunos e pode fazer no quadro uma tabela, para que os estudantes separem os eventos nos quais devem ser pontuais daqueles em que podem chegar atrasados. Nesta atividade, também é muito importante que o professor encoraje os alunos a falarem e que cada um tenha seu turno de fala.

>>> O professor pode mostrar para os estudantes o vídeo "Pontual", do canal Porta dos fundos, no YouTube, sobre pontualidade: **https://bit.ly/3IY0mBP** (acesso em: 5 maio 2023). Há opção de legenda, e o professor pode reduzir a velocidade de exibição caso o grupo julgue a pronúncia muito difícil.

🔑 **Correção 20:** *resposta pessoal para as duas questões.*

▶ VAMOS AO CINEMA? P. 86-87

Esta última lição recupera muitos dos conteúdos estudados na unidade a partir de uma atividade de compreensão oral. Na primeira parte, o estudante é demandado a extrair do áudio informações como horários e preços do cinema. Em seguida, deve fazer a transposição de gêneros, passando da compreensão oral da programação de cinema à produção escrita de um convite a um colega. Num terceiro momento, o estudante deve responder a um convite elaborado por um colega da sala, aceitando-o ou recusando-o, conforme estudado anteriormente. Esse percurso permite ao aluno e ao professor fazerem, de forma leve, uma rápida revisão dos principais conteúdos estudados.

ATIVIDADE 21

>>> Nesta atividade o professor deve ler o enunciado e o nome dos filmes com os alunos antes de passar o áudio. Pode-se ensinar o vocabulário de cinema, por exemplo, "sessão", nomes de gêneros de filmes e expressões como "estudante paga meia".

>>> O áudio deve ser passado duas vezes. Os estudantes devem ser capazes de preencher os campos de horários da sessão e o preço de cada filme.

>>> Corrigida a primeira parte da atividade, de compreensão oral, cada estudante deve escolher um filme e tentar justificar sua escolha. O professor deve perguntar em quais dias e horários o cinema é mais barato e por quê. Os alunos também podem dizer se têm o hábito de ir ao cinema, quando o fazem e com qual frequência.

🔑 **Correção 21: *Lisbela e o prisioneiro:*** *14h – R$15,00;* ***Que horas ela volta?:*** *16h – R$28,00;* ***Cidade de Deus:*** *21h – R$35,00;* ***Casa de areia:*** *16h – R$28,00.*

ATIVIDADE 22

>>> Nesta atividade, os estudantes devem trabalhar em dupla. Cada aluno escreve um convite a um(a) colega para assistir a um filme, especificando o horário. Em seguida, eles trocam as mensagens, isto é, os convites e, cada um responde ao convite de seu(sua) colega. O professor deve pedir que leiam os convites e as respostas ou deve passar nas mesas para corrigir as produções escritas – esta é uma boa oportunidade para verificar a ortografia.

🔑 **Correção:** *resposta pessoal.*

❓ VOCÊ SABIA?

>>> Esta seção, cujo objetivo é linguístico e sociocultural, visa a explicar quais são os critérios que justificam a variação de preço, de até 100%, no ingresso para o cinema.

SAMBA! • Unidade 3

POR DENTRO DA LUSOFONIA: ILHA DA MADEIRA

>>> Para fechar a lição e a terceira unidade do livro, o estudante deve ser capaz de interpretar o documento sobre a Ilha da Madeira e reinvestir os conhecimentos de português na produção de um vídeo de apresentação de um roteiro turístico, que deve ser de um dia em uma cidade a ser escolhida pelo próprio estudante. Cada vídeo deve ser apresentado aos colegas.

>>> O roteiro deve ter a apresentação e a localização de pontos turísticos, monumentos, atrações da cidade, meios de transporte, curiosidades e um pouco da gastronomia local.

>>> Esta atividade recupera os conteúdos das três últimas unidades e ajuda o professor a fazer um diagnóstico do aprendizado dos alunos e dos pontos a serem revisados.

>>> No caso de falta de suporte para a exibição do vídeo, o estudante pode apresentar seu roteiro por meio de cartazes e fotos. Vale a criatividade!

ATIVIDADE 23

23. Agora é a sua vez de criar um roteiro de passeio em uma cidade à sua escolha. Imagine que você vai produzir um vídeo tutorial de um dia de turismo para o site PeNaEstrada.com. Para isso, você precisa definir o dia da semana, os lugares a visitar, os meios de transportes que vão ser usados e as atrações, com os horários adequados para cada atividade proposta.
Atenção: é um roteiro de apenas um dia! Você precisa mostrar todos os detalhes para orientar os turistas. Seu vídeo deve ser produzido para exibir na sala de aula.

>>> Nesta atividade o professor pode encorajar os estudantes a produzirem uma apresentação com tempo mínimo, a fim de que eles se empenhem para a produção oral. O professor deve avaliar o grupo e determinar o tempo. Sugerimos que neste estágio, para esta temática, o tempo seja de pelo menos 3 minutos.

VAMOS BUSCAR

O BRASIL EM NÚMEROS

24. Utilizando suas ferramentas digitais, pesquise as informações abaixo.
a. As três novelas brasileiras mais famosas no exterior:
b. Os seis principais times de futebol do Brasil:
c. A cidade brasileira com maior número de bares:
d. O estado brasileiro que apresenta duas horas de diferença em relação ao fuso horário de Brasília (oficial):

>>> Nesta atividade, os alunos devem ser encorajados a descobrir, por meio de ferramentas digitais, algumas curiosidades sobre o Brasil e a cultura brasileira. Eles podem fazer a pesquisa em casa ou na sala de aula. O importante é estimulá-los a fazerem a pesquisa acessando sites em português.

🔑 *Correção 24:* **a.** *Avenida Brasil, Totalmente Demais, Caminho das Índias;* **b.** *1º Flamengo, 2º Corinthians, 3º São Paulo, 4º Palmeiras, 5º Vasco/Cruzeiro/Grêmio, 6º Internacional/Santos (com base em número de torcedores, pesquisa Datafolha 2019),* **c.** *Belo Horizonte;* **d.** *Acre.*

🧩 HORA DO JOGO

>>> Propõe uma atividade lúdica para praticar o português. Cabe ao professor escrever as palavras escolhidas em um papel para que os alunos possam sorteá-las. Esta atividade exercita o reconhecimento de vocabulário e sua significação, a conjugação de verbos e a sintaxe. É uma ótima atividade para revisão de conteúdos antes dos exames ou para os últimos minutos da aula, para encerrá-la de forma produtiva e descontraída.

💬 VAMOS TREINAR A PRONÚNCIA

>>> A seção treina a identificação e a pronúncia de palavras com as consoantes "l" e "r". A atividade é importante para todos os alunos, mas representa um desafio maior para asiáticos.

>>> O professor pode, primeiramente, passar o áudio para a identificação dos fonemas e, em seguida, pedir aos alunos que repitam cada palavra. A transcrição das palavras se encontra no anexo de transcrição dos áudios.

🎬 VALE A PENA ASSISTIR: LISBELA E O PRISIONEIRO

>>> O objetivo desta seção do livro é apresentar aos alunos produções audiovisuais nacionais. Encorajamos fortemente que o professor promova o trailer do filme em sala de aula, se possível, legendado.

SAMBA! • Unidade 3

UNIDADE 4

A CASA É SUA!

 MÚSICA: País Tropical

FILME: Casa de areia

PANORAMA DA UNIDADE

>>> A unidade apresenta as casas brasileiras em toda sua diversidade, a depender das regiões do Brasil e suas condições ambientais, da cultura, dos estilos e das épocas, além da condição socioeconômica dos brasileiros.

>>> Ainda na primeira lição, procuramos responder às perguntas: de que os brasileiros precisam para morar bem? Quais as diferenças e as prioridades que caracterizam o morar bem em diferentes regiões e estados do Brasil?

>>> Na sequência, o estudante também aprende as partes da casa, a "decifrar" os classificados de jornais e sites de imobiliárias, a expressar suas preferências e a comparar imóveis.

>>> Para estudar o mobiliário, convidamos o estudante a fazer uma viagem pela Casa Kubitschek, casa-museu modernista projetada por Oscar Niemeyer na década de 1940, com jardim de Burle Marx. Na mesma lição, o estudante também aprende a expressar e compreender as regras da casa e toma conhecimento da Casacor, maior mostra de arquitetura contemporânea, decoração e paisagismo das Américas.

>>> Em seguida, refletimos sobre o nosso viver, os prós e contras de morar sozinho, recebemos conselhos para evitar problemas quando se está só e aprendemos a quem chamar em caso de reparos na casa.

>>> Para fechar a unidade, entramos nos quintais do Brasil e na história dos azulejos portugueses.

OBJETIVOS PRAGMÁTICOS	>>> Compreender anúncios de imóveis, descrever ambientes, obter informações e comparar imóveis, expressar necessidades e as regras da casa.

OBJETIVOS LINGUÍSTICOS	>>> **Gramática:** futuro do pretérito I (verbos regulares), demonstrativos e advérbios de lugar, comparativos I (superlativo relativo), expressões de necessidade, permissão e interdição.
	>>> **Vocabulário:** tipos de moradia, cômodos da casa, móveis, adjetivos para caracterizar um ambiente, expressões relativas à conservação de um imóvel e abreviações de classificados.
	>>> **Fonética:** os fonemas [t] e [d].

OBJETIVOS SOCIOCULTURAIS	≫ Conhecer os tipos de moradia no Brasil, as preferências dos brasileiros no que se refere à moradia, fatores que influenciam o preço de um imóvel, Programa Minha Casa Minha Vida, Casacor, as contas de um imóvel, objetos que caracterizam a casa brasileira, os quintais do Brasil e os azulejos portugueses.
GÊNEROS TEXTUAIS	≫ Infográfico, planta de um imóvel, classificados de imóveis, tirinha, guia de visitação, enquete e texto instrucional.

▶ PONTO DE PARTIDA 📓 P. 94-95

Nesta unidade, depois de termos estudado os hábitos dos brasileiros, vamos entrar na casa brasileira. Como os brasileiros vivem? Tão vastas quanto o Brasil são as possibilidades de moradia.

Na dupla página de abertura da unidade, o professor deve levar os estudantes a perceberem que morar no Brasil é diverso. As três imagens de abertura mostram uma igreja barroca e casas coloniais, palafitas e um apartamento moderno. O professor deve perguntar aos estudantes o que eles percebem como pontos comuns e contrastantes nas imagens e como compreendem o sentido da expressão "a casa é sua".

O professor também pode perguntar se existe alguma expressão semelhante no país de origem dos alunos e o que eles imaginam estudar em uma unidade que recebe esse nome.

Em seguida, deve-se ler com eles os conteúdos e os objetivos pragmáticos da unidade, a fim de verificarem se as hipóteses dos alunos correspondem aos conteúdos.

🔊 TRABALHO COM A MÚSICA: "PAÍS TROPICAL"

≫ Do artista Jorge Ben Jor, a canção "País Tropical", lançada em 1969, no álbum *Jorge Ben*, é um samba-rock emblemático da representação do Brasil e do brasileiro.

≫ O professor deve trabalhar os aspectos descritivos do Brasil e do brasileiro. A escolha dessa música para a unidade, que trata do tema moradia, faz uma referência indireta ao morar bem no Brasil, indicados pelos elementos culturais e naturais do país.

≫ Algumas perguntas podem ser direcionadas aos alunos após ouvirem a canção, tais como: "Onde o brasileiro mora?", "Como é descrito o lugar?", "Como o compositor se descreve e por que ele é feliz?".

≫ É desejável que tentem cantar a música e, especialmente, seu refrão. Os alunos podem ser motivados a aprender a cantá-la, porque recorrentemente o refrão é cantado em celebrações como o Réveillon e o Carnaval.

≫ Uma atividade muito produtiva e intercultural é solicitar aos alunos que, a exemplo da canção, componham uma estrofe com elementos que caracterizem sua moradia/país.

▶ MORADIA: RETRATOS DO BRASIL 📓 P. 96-97

A primeira lição parte da apresentação de diferentes tipos de casas que podem ser encontradas no Brasil e provoca a crítica sobre os fatores que determinam essas diferenças. O estudante deve ser levado a perceber na arquitetura um reflexo das diferenças sociais, culturais e ambientais do país.

SAMBA! • Unidade 4

83

Na sequência, a partir de um documento original, descobrimos o que é importante para se morar bem em diferentes regiões do Brasil segundo os próprios brasileiros, assim como os gentílicos que identificam pessoas de diferentes cidades, estados e regiões.

ATIVIDADE 1

>>> Nesta atividade, num primeiro percurso, o professor deve fazer os alunos observarem as imagens detalhadamente e elencarem quais fatores eles acham que determinam sua arquitetura. Também deve ser perguntado por que há tamanha diversidade de habitações no Brasil.

>>> Em seguida, os alunos devem tentar identificar os nomes de alguns tipos de moradia representados nas imagens, tais como "condomínio de apartamentos", "barracão na favela", "casas populares", "casa de luxo" e "casa colonial". Os alunos também podem fazer buscas de imagens na internet para a execução do exercício.

>>> Num terceiro momento, o professor deve interpretar com os alunos o infográfico da distribuição da população brasileira por classes para, em seguida, discutirem qual tipo de moradia está, provavelmente, associada a cada classe social. Nessa etapa, o mais importante é fazer os alunos refletirem sobre o problema da desigualdade social no Brasil, mais do que definir precisamente qual moradia se relaciona a uma classe social precisa.

>>> No infográfico do livro, um material autêntico, temos a divisão em cinco classes sociais. A Secretaria de Assuntos Estratégicos (SAE) do Governo Federal divide a sociedade em sete classes, a saber: extremamente pobre, pobre (mas não extremamente pobre), vulnerável, baixa classe média, média classe média, alta classe média, baixa classe alta e alta classe alta.

>>> É importante ressaltar que os critérios para a definição de classe social podem variar segundo o órgão de avaliação.

>>> A última questão da atividade ("Quais tipos de moradia se parecem com moradias do seu país?") abre o debate para a discussão intercultural, na qual os alunos podem fazer comparações com as habitações do seu país de origem e as habitações encontradas no Brasil.

🔑 *Correção 1: a. Resposta pessoal. Sugestão: Porque são construídas em ambientes diferentes, em épocas diferentes e utilizam diferentes materiais. Também são construídas por pessoas de diferentes níveis socioeconômicos e pertencentes a culturas distintas; b. casa colonial (7), casa popular (9), oca (8), barracão na favela (4), casa de luxo (6), palafita (1), casa de pau a pique (5), barraco (2) e condomínio de apartamentos (3); c. Classe A: condomínio de apartamentos e casas de luxo ou alto padrão, Classe B1: condomínio de apartamentos e casas de padrão mais alto, Classe B2: condomínio de apartamentos e casas de padrão normal, Classe C1: condomínio de apartamentos e casas de padrão econômico, Classe C2: condomínio de apartamentos e casas de padrão popular, Classes D e E: barracão na favela, palafita, casa de pau a pique e barraco. É importante observar que as casas coloniais podem existir em diferentes padrões, sendo históricas ou não; d. Resposta pessoal.*

84 SAMBA! • Unidade 4

ATIVIDADE 2

>>> A atividade apresenta dois conteúdos que são aprendidos pelo aluno simultaneamente: o sociocultural (as relações entre cliente e imóvel em diferentes lugares do Brasil) e o linguístico (os gentílicos).

>>> O professor deve ler o título e dar exemplos do que ele próprio observa ao alugar ou ao comprar um imóvel para morar e, para isso, pode citar o vocabulário da letra "d" do exercício (silêncio, preço, localização, segurança, etc.).

>>> Em seguida, pode-se pedir aos alunos que observem o mapa do Brasil no anexo do livro e relacionem cada gentílico a um estado brasileiro, por exemplo: maranhense (Maranhão), baiano (Bahia), cearense (Ceará).

>>> Finalizado o primeiro percurso, o professor pode pedir a cada aluno que leia uma parte do documento para, somente depois da leitura completa, começarem a responder às questões da atividade. Este percurso os ajudará a construir os sentidos do texto. É importante que cada aluno tenha seu turno de fala e diga o que observa ao alugar um imóvel.

>>> O professor deve explicar a expressão idiomática "abrir mão de" por meio de exemplos e perguntar aos alunos o que é indispensável para eles.

🔑 **Correção 2: a.** *O acesso ao transporte público é prioridade para os brasilienses;* **b.** *Os cariocas valorizam muito áreas de lazer coletivas em condomínios;* **c.** *Os mineiros preferem apartamentos arejados e com armários embutidos. Os gaúchos não abrem mão da churrasqueira;* **d.** *Resposta pessoal;* **e.** *É ficar olhando muito antes de decidir comprar ou alugar;* **f.** *É o comprador que decide rápido, olha, gosta e compra ou aluga.*

❓ VOCÊ SABIA?

>>> A seção aproveita o aparecimento da palavra "namorar" na atividade anterior para apresentar a curiosidade do uso de "namoradeiras" nas janelas de muitas casas e até mesmo apartamentos em Minas Gerais.

ATIVIDADE 3

>>> A atividade, além de treinar a compreensão oral, permite a utilização dos gentílicos aprendidos na atividade anterior.

>>> O professor deve ler o enunciado com os alunos antes de passar o áudio. É importante que compreendam bem o enunciado.

>>> O áudio deve ser passado duas vezes, com um intervalo de 1 minuto entre as escutas para as anotações.

>>> É importante que o professor chame a atenção dos alunos para os diferentes sotaques e explique que no Brasil temos muita variação linguística, a depender da cidade, do estado ou da região. Esse fator pode impor dificuldades na compreensão do áudio. O professor também pode expandir a lista de gentílicos de acordo com o nível do grupo e da curiosidade dos alunos.

SAMBA! • Unidade 4 — 85

ATIVIDADE 3

🔑 *Correção 3: Diálogo 1. O que é necessário: 2 ou 3 quartos com armários embutidos e um armário na cozinha. Qual a possível origem do cliente? Minas Gerais/mineira; Diálogo 2. O que é necessário: Mais espaço, um quintal e uma churrasqueira. Qual a possível origem do cliente? Rio Grande do Sul ou gaúcha; Diálogo 3. O que é necessário: Uma quitinete com instalação para ar-condicionado. Qual a possível origem do cliente? Nortista ou nordestino, baiana, cearense, pernambucana, amazonense, maranhense.*

▶ LÁ EM CASA TEM P. 98-99

Esta lição visa a ensinar os nomes dos cômodos da casa/apartamento, destacando aspectos típicos da casa brasileira, tais como ter muitos banheiros e a presença de lavanderia. O aluno também aprende sobre as contas fixas de um imóvel no Brasil, a interpretação de classificados de imóveis e como obter informações sobre um imóvel em conversa direta com o corretor.

Mesmo cientes de que hoje é muito comum procurar imóveis em sites de imobiliárias, escolhemos usar o gênero "classificados de imóveis", comum em jornais, pois apresenta o mesmo tipo de abreviações dos sites. O conhecimento de tais abreviações ajuda a criar filtros que agilizam a busca do imóvel ideal. No fechamento da lição, o aluno reinveste o vocabulário aprendido por meio da produção escrita de um anúncio de imóvel e da descrição de sua casa.

ATIVIDADE 4

›› Nesta atividade o estudante é levado a aprender o vocabulário dos cômodos da casa por meio da análise da planta de um imóvel.

›› Deve-se pedir aos alunos que observem bem a planta do imóvel antes de responderem verdadeiro ou falso às afirmações da atividade.

›› Para ajudar os alunos, o professor pode perguntar onde fica a entrada, informação que ajuda os estudantes a perceberem se a planta é de uma casa ou apartamento.

🔑 *Correção 4: a. F; b. F; c. V; d. F; e. V; f. V; g. F.*

ATIVIDADE 5

›› Para verificar a compreensão do vocabulário dos cômodos da casa, os alunos devem fazer a segunda parte da atividade: associar para cada cômodo um ou mais verbos, isto é, ações que realizam em cada espaço. Este exercício também permite recuperar verbos estudados na Unidade 3 e introduzir verbos novos.

🔑 *Correção 5: **Sala de estar:** receber amigos, assistir à TV, ler, conversar, ouvir música; **Dormitório:** dormir, ler, trocar de roupa, ouvir música, estudar; **Cozinha:** comer, cozinhar, lavar a louça, guardar os alimentos, fazer as refeições, tomar café da manhã, almoçar, lanchar, jantar; **Lavanderia:** lavar e passar as roupas; **Banheiro:** tomar banho, escovar os dentes, se maquiar, se barbear, lavar as mãos, fazer xixi.*

ATIVIDADE 6

6. Qual é a diferença entre dormitório e suíte?

>>> Por meio da análise da planta, os alunos devem ser capazes de perceber a diferença entre "suíte" e "dormitório" e saber expressá-la por escrito.

🔑 **Correção 6:** *A suíte é um quarto ou dormitório com um banheiro dentro, ou com um banheiro próprio (agregado).*

❓ VOCÊ SABIA?

- Suíte é o quarto que tem um banheiro próprio.
- Cobertura é o imóvel que fica sobre o último andar de um edifício, ocupando uma grande área.
- Quando dizemos "vou pra casa", isso quer dizer "para o lugar onde moro", que pode ser uma casa ou um apartamento.

>>> A seção apresenta o conceito de "suíte" e "cobertura" e explica a expressão "vou pra casa", que quer dizer onde a pessoa mora, não necessariamente uma casa – expressão muito comum na fala dos brasileiros. O professor deve ler o texto com os alunos e explicar caso haja alguma dúvida. Vale a pena mostrar aos alunos imagens de suítes e coberturas.

✓ PALAVRA POR PALAVRA

>>> Apresenta as contas fixas de um imóvel, independentemente se ele é próprio ou alugado. Também concentra o vocabulário novo relativo aos cômodos da casa. O professor pode levar um exemplo de conta para mostrar ao grupo.

ATIVIDADE 7

7. Escute o diálogo "Na imobiliária" e responda:
a. A cliente quer (marque mais de uma opção):
☐ comprar ☐ alugar
☐ casa ☐ apartamento
b. Quantos quartos o imóvel tem que ter?
1☐ 2☐ 3☐
c. Quantos imóveis a agência oferece à cliente?
d. Qual a vantagem dos prédios antigos?
e. O apartamento tem que ter elevador?
☐ sim ☐ não
f. Como são os imóveis do centro?
g. Qual apartamento a cliente quer visitar? Por quê?

>>> Nesta atividade, o estudante tem a oportunidade de escutar um diálogo entre cliente e corretor de imóveis e praticar a compreensão oral. Este exercício demanda o reconhecimento dos novos vocabulários e expressões aprendidas até este momento na unidade.

🔑 **Correção 7: a.** *Alugar/apartamento;* **b.** *3;* **c.** *2;* **d.** *Os prédios antigos têm área maior;* **e.** *Não;* **f.** *São antigos, têm quartos e sala grandes, mas não têm vaga de garagem;* **g.** *A cliente quer visitar o apartamento no Bairro dos Lagos porque tem vaga de garagem.*

ATIVIDADE 8

a. O que significam as abreviações abaixo?
▶ coz. ▶ dce. ▶ banh.
▶ sls. ▶ pisc. ▶ gar.
▶ apto. ▶ vgs. ▶ lavand.
▶ dorms. ▶ arm. emb. ▶ cond.
b. Qual destes imóveis é mais interessante para você? Por quê?
c. Você mora em imóvel próprio ou alugado?
d. Como você encontrou seu imóvel?

>>> A atividade de compreensão escrita de classificados de imóveis representa um desafio para o estudante tentar associar as abreviações do texto aos nomes dos cômodos da casa. Pode ser feita em dupla ou individualmente. O mais importante é o estudante desenvolver estratégias de compreensão por meio do reconhecimento de partes de palavras e, dessa maneira, tentar construir os sentidos do texto. Ele deve ser capaz de compreender as abreviações da letra "a" da atividade. Cabe ao professor esclarecer as abreviações menos evidentes, como DCE (dependências completas de empregada), and. (andar), prop. (proprietário), mob. (mobiliado), m² (metro quadrado) e fiador. O professor, ainda, pode pedir a algum aluno que aceite o desafio de ler o anúncio em voz alta.

ATIVIDADE 8

🔑 **Correção 8: a.** *coz. = cozinha / sls. = salas / apto. = apartamento / dorms. = dormitórios / DCE = dependências completas de empregada / pisc. = piscina / vgs. = vagas / arm. emb. = armário embutido / banh. = banheiro / gar. = garagem / lavand. = lavanderia / cond. = condomínio;* **b., c., d.** *resposta pessoal.*

💬 FALE ASSIM

>>> Apresenta as perguntas mais frequentemente feitas pelo cliente ao corretor de imóveis. O professor deve lê-las com os alunos e esclarecer seus sentidos. É desejável que os alunos treinem a pronúncia e a entonação.

🔗 Neste momento, sugerimos que o professor abra o site de aluguel de imóveis e mostre o filtro de busca. Sugerimos o site do Quinto Andar: **https://bit.ly/3F7BBRB** (acesso em: 12 maio 2023), que funciona bem para a cidade de Belo Horizonte, e cujo filtro tem ótimas opções para debater o vocabulário com os estudantes.

ATIVIDADE 9

>>> A atividade é uma extensão da prática oral da seção *Fale assim*. Ela oportuniza a escolha de um imóvel para cada pessoa das imagens e a expressão da justificativa da escolha com base nas características da pessoa e do imóvel. O estudante deve ser capaz de descrever os dois.

🔑 **Correção 9:** *resposta pessoal.*

ATIVIDADE 10

>>> Esta atividade desafia o estudante a escrever um anúncio de classificados de imóveis para a casa representada na planta, servindo-se de todas as abreviações aprendidas nos exercícios anteriores. Em seguida, o estudante deve escrever a descrição de sua casa usando das mesmas abreviações.

🔑 **Correção 10:** *resposta pessoal.*

▶ **ESTE OU AQUELE?** 📄 **P. 100-101**

Esta lição, depois de compreendidos os anúncios de imóveis, convida o estudante a escolher seu imóvel ideal. Quais fatores são mais determinantes para a escolha de um imóvel: localização ou segurança? Lazer completo ou vista? Vista ou elevador? Enfim, entramos nos demonstrativos e no futuro do pretérito: Este ou aquele? Qual imóvel você alugaria?

Os estudantes também são convidados a, em grupo, sonharem juntos com a casa ideal e apresentá-la para a turma, descrevendo todas as suas características. É o momento de falarmos sobre a "casa dos sonhos" e, também, sobre o "sonho da casa própria" no Brasil. Vamos falar do programa "Minha casa minha vida" e do déficit habitacional. Em contraste com a definição de casa e, em uma abordagem intercultural, cada aluno também deve escrever sua definição de lar (Lar é...) e compartilhá-la com os colegas.

ATIVIDADE 11

>>> Nesta atividade, o professor deve ler com os alunos o texto de introdução e, em seguida, analisar com eles o infográfico que apresenta os fatores que influenciam no preço de um imóvel no Brasil.

>>> Trata-se de uma lição que aborda conteúdos socioculturais (valores dos brasileiros), permite ao aluno expressar suas preferências em relação a um imóvel e, por fim, abre o diálogo intercultural sobre o que é valorizado em um imóvel nos outros países.

>>> A atividade introduz, de forma discreta, o uso do futuro do pretérito (verbos regulares), por meio de perguntas como: "O que você gostaria de mudar na sua casa?", "Que tipo de imóvel você alugaria?".

🔑 **Correção 11: a.** A localização; **b., c., d., e., f.** Resposta pessoal.

VAMOS SISTEMATIZAR: FUTURO DO PRETÉRITO DO INDICATIVO

>>> Sistematiza o uso e a conjugação do futuro do pretérito dos verbos regulares. O professor deve destacar as terminações que são acrescidas ao verbo na forma infinitiva.

>>> Também pode-se escolher alguns verbos regulares para os alunos conjugarem no futuro do pretérito e formarem frases relacionadas ao contexto da unidade ou usadas no dia a dia, que expressem desejo, sugestão e polidez.

ATIVIDADE 12

>>> Em grupo, os alunos devem desenhar ou recortar de revistas as fotos de cômodos de casa ou de apartamento que considerem ideais, compor todos os cômodos de uma casa completa e descrever para os colegas as razões pelas quais consideram essa casa ideal.

>>> Num segundo momento, cada estudante deve compartilhar com o grupo seu conceito de "lar".

PONTO CULTURAL: O SONHO DA CASA PRÓPRIA

>>> A seção apresenta o Minha Casa Minha Vida, programa do governo que ajuda pessoas de baixa renda a adquirirem um imóvel próprio.

>>> Embora o programa apresente condições atrativas de financiamento, é importante destacar que, no Brasil, o déficit habitacional (número de casas que faltam para atender àqueles que precisam) é de 1/3 da população. Dentro dessa população, contam-se pessoas que não têm casa e pessoas que moram em situação extremamente inadequada.

>>> Para ilustrar o problema da moradia no Brasil, sugerimos aos alunos que assistam ao filme *Era o Hotel Cambridge*, dirigido por Eliane Caffé.

🔗 A ocupação do Hotel Cambridge, que abriga brasileiros e refugiados estrangeiros, existe no centro de São Paulo, na Rua Álvaro de Queiroz, nº 35. Trailer do filme, disponível no canal Vitrine Filmes, no YouTube: **https://bit.ly/3dX8zbr** (acesso em: 13 maio 2023).

❓ VOCÊ SABIA?

>>> A seção explica o conceito de "fiador" como condição para o aluguel de um imóvel no Brasil. O professor deve explicar que hoje, muitas imobiliárias trabalham com "seguro fiança" e outros produtos criados por seguradoras específicos para aluguel. É importante informar que existe também, legalizada no Brasil, a "caução", não podendo ser maior que três aluguéis segundo a Lei do Inquilinato.

ATIVIDADE 13

>>> A atividade, que visa a ensinar os pronomes demonstrativos em sua função de situar alguém ou alguma coisa no tempo, no espaço e no discurso, o faz por meio de uma tirinha sobre um diálogo que se passa entre um cliente e um corretor de imóveis. Acrescenta-se à lista de funções dos pronomes demonstrativos a de expressar concordância, manifestada na fala do corretor por meio da expressão: "Isso, isso!".

>>> O roteiro de perguntas da atividade foi elaborado com vistas a ajudar o estudante a perceber as diferentes funções dos demonstrativos no texto. A seção *Fale assim*, que acompanha a atividade, também ajuda muito na compreensão da função dêitica dos pronomes. Cabe ao professor também usar de exemplos na aula para, ao final da atividade, esclarecer qualquer dúvida.

🔑 ***Correção 13:** **a.** Ele vê os jantares, as festas, os churrascos e a família toda feliz; **b.** "Este apartamento é fantástico!" e "Isso! Isso!"; **c.** A maquete está perto, mas o sonho ainda não se realizou, portanto pode estar distante.*

🔗 VAMOS SISTEMATIZAR: PRONOMES DEMONSTRATIVOS + ADVÉRBIOS DE LUGAR

>>> Sistematiza os pronomes demonstrativos e apresenta sua contração com as preposições EM e DE. O professor pode ler com os alunos e pedir, por exemplo, que eles deem exemplos, como: Nós estudamos nesta sala aqui./ Aquele livro é de português ou inglês?/ Não gostamos desta casa aqui, preferimos aquela lá.

90   *SAMBA!* • Unidade 4

▶ ESTA CASA TAMBÉM É SUA 📄 P. 102-103

Nesta lição, chegamos ao interior da Casa Kubitschek, que pertence ao conjunto arquitetônico da Pampulha, Patrimônio Cultural da Humanidade pela Unesco e que serviu de inspiração para o projeto monumental de Brasília. Nessa casa-museu, vemos móveis das décadas de 1940, 1950 e 1960, auge da produção do design moderno brasileiro.

Num primeiro percurso, como um visitante, o estudante entra em contato com as regras de visitação da casa por meio de um documento autêntico, o guia de visitação. A leitura e a interpretação desse documento introduz o vocabulário relativo à mobília e às expressões de interdição.

Num segundo percurso, ao analisar a planta interna do local, em grupo, os estudantes são levados a identificar os cômodos da casa e a descrever os móveis e sua localização.

A lição termina com a apresentação da Casacor, presente há mais de 30 anos em São Paulo, nas principais capitais brasileiras e em mais seis países. A grande mostra de arquitetura, paisagismo e decoração recupera e preserva o patrimônio histórico, além de abrir a imaginação dos visitantes para novas experiências do morar.

ATIVIDADE 14

>>> A atividade apresenta o guia de visitação da Casa Kubitschek com todas as regras, isto é, informações, orientações e interdições.

>>> Além do conteúdo linguístico, é abordado o aspecto histórico e cultural do modernismo brasileiro, destacando-se nomes como Oscar Niemeyer e Roberto Burle Marx. O professor pode explicar aos alunos que Oscar Niemeyer é o arquiteto brasileiro mais reconhecido internacionalmente e responsável pela criação do projeto arquitetônico de Brasília. Pode também mostrar imagens de outros trabalhos do arquiteto e do paisagista.

>>> No percurso desta lição, primeiramente, o estudante deve ler o documento para responder às perguntas, que partem da compreensão geral à detalhada do texto.

>>> O professor pode esclarecer dúvidas de vocabulário, mas cabe ao estudante descobrir o que é a Casa Kubitschek e sua função hoje.

>>> O aluno também deve ser capaz de compreender algumas das regras sobre o que não se deve fazer na casa. Objetiva-se também que ele aprenda a expressar linguisticamente o significado das placas de interdição. Indicamos, para complementação cultural, o documentário *A vida é um sopro*, sobre a vida de Oscar Niemeyer:

🔗 https://bit.ly/3E6dVMb (acesso em: 15 maio 2023).

🔑 *Correção 14: O material apresenta...* um guia de visitação; **a.** *Porque é uma casa-museu pertencente ao patrimônio cultural da cidade de Belo Horizonte, do Brasil e do mundo;* **b.** *Podemos ver a arquitetura, a decoração e os jardins;* **c.** *Visitar, admirar, tirar fotos e agendar ensaios fotográficos e piqueniques;* **d.** *Não entrar com alimentos e bebidas/ Não tocar nos móveis e objetos/ Não assentar nos móveis/ Não colher flores do jardim/ Não jogar lixo fora dos locais apropriados.*

VAMOS SISTEMATIZAR: PERMISSÃO X INTERDIÇÃO

PERMISSÃO X INTERDIÇÃO
Permitido ≠ Proibido
Para expressar interdição/ proibição, podemos usar os verbos no infinitivo ou no imperativo.
Exemplo:
- Não *jogar* lixo neste local. (Infinitivo)
- Não *jogue* lixo neste local. (Imperativo)
- *Proibido* jogar lixo neste local.
- *Permitido* jogar lixo neste local.

Permitido/ Proibido + verbo no infinitivo

>>> Sistematiza as expressões de permissão e de interdição. O professor pode perguntar aos estudantes quais outras interdições eles conhecem, além das do guia de visitação.

VOCÊ SABIA?

>>> Traz informações complementares sobre a Casa Kubitschek.

ATIVIDADE 15

>>> A atividade, que visa a ensinar o vocabulário de móveis da casa, convida os alunos a "entrarem" na Casa Kubitschek por meio da análise de sua planta e da disposição dos móveis.

>>> Para aprenderem o vocabulário a respeito dos móveis, a atividade propõe que os alunos, em grupo, identifiquem um cômodo e o descrevam aos demais colegas; dessa maneira, os próprios alunos ensinam uns aos outros o vocabulário pesquisado. O professor deve fazer as correções necessárias e ensinar outras possibilidades de expressão na descrição dos cômodos. Todos os estudantes devem participar da apresentação.

>>> Sugerimos que o professor, caso tenha recursos, projete as imagens do interior da casa (facilmente encontradas na internet) para que os alunos identifiquem cada cômodo representado na planta. A atividade também permite o uso das expressões de localização estudadas na Unidade 2.

🔑 🔗 **Correção 15:** *Depende do cômodo escolhido. Sugerimos que o professor trabalhe o vocabulário da mobília da casa com os estudantes. Acesse o PowerPoint de apoio disponível em:* **https://bit.ly/3MqomBE** *(acesso em: 15 maio 2023).*

PONTO CULTURAL: CASACOR – ARQUITETURA/PAISAGISMO/DECORAÇÃO

>>> Apresenta a Casacor, maior mostra de arquitetura, decoração e paisagismo das Américas. O evento, que recupera patrimônios históricos e promove a sustentabilidade, começou em São Paulo e hoje está presente em mais seis países.

>>> O professor pode acessar o site da Casacor e projetar, se possível, imagens ou vídeos das últimas edições.

🔗 Site: **https://bit.ly/3F4MNOI** (acesso em: 15 maio 2023).

92   SAMBA! • Unidade 4

▶ PRÓS E CONTRAS DE MORAR SOZINHO 📄 P. 104-105

Nesta lição, é proposto um percurso que convida o estudante a refletir sobre as vantagens e os desafios de morar sozinho, além de discutir a forma de se precaver de problemas (como esquecer as chaves ou ficar doente). Para isso, são ensinadas as formas de expressar necessidade, os superlativos relativos e como reagir de forma simples em um fórum.

No aspecto sociocultural, discutimos o problema da "geração canguru", isto é, dos jovens que saem tardiamente de casa, fenômeno comum no Brasil. Esse é o momento de um debate intercultural e de cada estudante falar de sua experiência de morar e das formas como o processo de morar sozinho se dá em seu país de origem.

ATIVIDADE 16

>>> A atividade discute prós e contras de morar sozinho a partir de depoimentos originais, tendo sido alteradas apenas as identidades dos entrevistados.

>>> O estudante é convidado a ler e reagir aos depoimentos manifestando sua opinião sobre o tema de forma simples.

>>> O documento de abertura introduz os superlativos "melhor" e "pior", que o estudante deve utilizar no momento de reagir ao fórum. Depois de lidos todos os comentários do texto de partida, o professor deve pedir aos alunos que também façam seus comentários por escrito, não importa se o aluno já morou sozinho ou não, todos podem comentar. Os comentários devem ser compartilhados com a turma, tal como se dá em um fórum real. Cabe ao professor fazer as correções do texto e incentivar a discussão de forma que todos os alunos participem.

🗝 *Correção 16: resposta pessoal.*

✓ PALAVRA POR PALAVRA

>>> Apresenta as definições de "prós" e "contras".

🔀 VAMOS SISTEMATIZAR: O SUPERLATIVO

>>> Apresenta uma tabela que organiza os superlativos relativos de superioridade e de inferioridade. O professor pode pedir aos alunos que deem exemplos de afirmações que utilizem dos superlativos, tais como "O Brasil é o maior país da América Latina".

SAMBA! • Unidade 4

ATIVIDADE 17

>>> Depois de sistematizados e treinados os superlativos, o aluno recebe o desafio de formar o superlativo dos adjetivos e organizar a sintaxe das frases da atividade.

🔑 **Correção 17: a.** Esta é a casa mais bonita do bairro; **b.** Este é o menor imóvel da região; **c.** Eles estão no pior quarto da casa; **d.** Ele mora com o melhor amigo.

ATIVIDADE 18

>>> Nesta atividade o estudante recebe, por meio de um documento autêntico, cinco conselhos ou dicas para evitar problemas quando se mora sozinho. O professor pode pedir a cada estudante que leia uma parte e, em seguida, esclarecer o vocabulário novo. Depois de compreendido o texto, os alunos devem responder às questões. Todos devem ser encorajados a falar. A última questão da atividade abre o debate intercultural sobre sobre o momento e a condição para se morar sozinho.

🔑 **Correção 18: a.** O texto trata de conselhos para quem mora sozinho; **b.** É preciso ter caixa de remédios, uma agenda com números de telefones úteis, uma chave reserva com alguém de confiança, dinheiro trocado e internet móvel; **c., d., e.** Resposta pessoal.

ATIVIDADE 19

>>> Depois de cada aluno ter falado sobre a idade em que as pessoas vão morar sozinhas nos seus países, é a hora de apresentar a realidade brasileira, a "geração canguru". A atividade, além de treinar a compreensão oral, abre o debate intercultural sobre a realidade dos jovens no Brasil.

>>> O professor deve perguntar aos alunos se eles já ouviram a expressão "geração canguru" e se conhecem suas causas. Em seguida, os alunos devem ler o enunciado e as afirmações que serão verificadas por meio da compreensão do áudio. O áudio deve ser passado duas vezes antes da correção, e é interessante que os alunos leiam a transcrição depois que o professor terminar de corrigir.

🔑 **Correção 19:** V, F, F, V, V.

❓ VOCÊ SABIA?

>>> Apresenta o conceito de "dica".

ATIVIDADE 20

>>> Nesta atividade o estudante é convidado a reinvestir as expressões de necessidade; para tanto, deve fazer sua própria lista de dicas para quem mora ou pretende morar sozinho. O professor pode dar exemplos dessas dicas usando expressões de necessidade de caráter pessoal ou impessoal.

🔑 **Correção 20:** resposta pessoal.

VAMOS SISTEMATIZAR: EXPRESSÕES DE NECESSIDADE

>>> Sistematiza a forma e o uso das expressões de necessidade usadas ao longo das atividades anteriores.

▶ CUIDADOS COM A CASA 📄 P. 106-107

Esta lição, embora curta, é de extrema utilidade para estrangeiros que moram ou pretendem morar no Brasil. Trata de problemas do dia a dia de uma casa, tais como: vazamento de água, entupimento, falta de energia ou problemas elétricos, entre outros. Além disso, ensina o estudante a nomear o problema e identificar o profissional que pode resolvê-lo.

Em seguida, faz uma revisão das abreviações de anúncios de imóveis de forma lúdica e entra nos quintais brasileiros, herança da arquitetura colonial. A lição termina com a apresentação dos objetos típicos da casa brasileira.

ATIVIDADE 21

>>> A atividade desafia o aluno a tentar associar o nome do problema doméstico à imagem. Pode ser feita em grupo ou individualmente. A fim de realizá-la, é importante que os alunos usem estratégias de interpretação como a identificação de palavras-chave. Podem comparar e discutir as respostas antes da correção.

🔑 **Correção 21:** *A falta de energia (7), O vazamento de água (4), A pintura (6), A instalação (5), O entupimento (1), A substituição de lâmpada (2), A chave quebrada (3).*

✓ PALAVRA POR PALAVRA

>>> Lista os verbos associados aos reparos da casa. O professor pode explicá-los por meio de exemplos e ainda acrescentar outros, como "reparar", "substituir" e "instalar".

💬 FALE ASSIM

>>> Ensina como se expressar para descrever um problema em caso de necessidade de reparo na casa.

ATIVIDADE 22

>>> Utilizando-se do vocabulário e das expressões do *Palavra por palavra*, em dupla, os estudantes devem criar um diálogo, treiná-lo e encená-lo para a turma. Antes da apresentação, o professor pode, além de esclarecer dúvidas, verificar o trabalho de cada dupla e fazer correções.

SAMBA! • Unidade 4

95

VAMOS BUSCAR

ATIVIDADE 23

>>> Utilizando de ferramentas digitais, os alunos devem buscar e descobrir o nome dos profissionais que fazem os reparos domésticos relacionados aos problemas representados na atividade 21. O exercício pode ser feito individualmente ou em dupla.

🔑 *Correção 23: 1. Marido de aluguel ou empresa desentupidora; 2. Marido de aluguel/eletricista; 3. Chaveiro; 4. Encanador ou bombeiro hidráulico; 5. Marido de aluguel ou instalador; 6. Pintor; 7. Eletricista.*

HORA DO JOGO

ATIVIDADE 24

>>> A atividade pode ser feita individualmente, em dupla ou em grupo. Os alunos devem associar as abreviações às palavras que representam. Todos devem começar a atividade juntos, quem terminar primeiro e fizer todas as associações corretamente ganha o jogo.

🔑 *Correção 24 (seguindo a ordem vertical da coluna, da esquerda para a direita):* s, p, g, z, f, q, k, a, w, m, t, i, l, y, x, c, j, b, h, o, r, e, n, d, u, v.

PONTO CULTURAL: NOS QUINTAIS DO BRASIL

>>> Apresenta o conceito de quintal, sua origem e tradição na cultura brasileira. É interessante que o professor leia o texto com os alunos. A depender da nacionalidade e da(s) língua(s) falada(s) pelo estudante, o texto pode apresentar mais ou menos dificuldade. Também é um bom exercício de compreensão escrita e de pronúncia.

ATIVIDADE 25

>>> Esta atividade é um exercício de compreensão escrita que possibilita a aquisição de vocabulário, o aprendizado sociocultural e o debate intercultural.

>>> O professor pode pedir a cada estudante que leia uma parte do texto em voz alta e, depois, que cada um, a seu turno, diga o que caracteriza a casa das pessoas do seu país. O professor pode mostrar mais imagens de casas brasileiras onde esses objetos estão presentes.

🔗 Para a apresentação de uma casa brasileira que expressa conceitos discutidos na unidade, sugerimos a exibição do vídeo "Sônia Bridi mostra casa sustentável no Rio de Janeiro – Casa Brasileira", do canal Casa GNT, no YouTube: **https://bit.ly/3pGmUSs** (acesso em: 15 maio 2023).

🔗 Sugerimos também, para ilustrar ainda mais a arquitetura brasileira, o documentário *Zanine – Ser do arquitetar*, sobre o arquiteto baiano José Zanine Caldas, reconhecido

ATIVIDADE 25

internacionalmente como "Mestre da madeira": **https://bit.ly/3F5z0Yr** (acesso em: 15 maio 2023).

🔑 *Correção 25: resposta pessoal.*

🌐 POR DENTRO DA LUSOFONIA: OS AZULEJOS PORTUGUESES

» Apresenta a azulejaria portuguesa e seu histórico, além do Museu Nacional do Azulejo em Lisboa.

» No Brasil, a azulejaria portuguesa deixou suas marcas nos principais centros urbanos, como fachadas dos casarões na cidade de São Luís (Maranhão), e importantes edificações, como a Igreja do Outeiro da Glória (Rio de Janeiro), a Igreja da Ordem Terceira de São Francisco de Salvador (Bahia) e o Palácio dos Azulejos, em Campinas.

» É importante não se esquecer de citar o painel de azulejos da Igreja de São Francisco de Assis, no conjunto arquitetônico da Pampulha, em Belo Horizonte, pintado por Cândido Portinari. Com projeto de Oscar Niemeyer, é a primeira igreja em estilo modernista no Brasil.

» Sugerimos ao professor que tente ler o texto com os alunos, começando pela definição de azulejo, passando por Portugal e chegando a suas ocorrências no Brasil.

🔗 Sugerimos, para a visualização dos painéis de Cândido Portinari e da arquitetura de Oscar Niemeyer, a reportagem "Icônica Igrejinha da Pampulha, em Belo Horizonte, vai ser reaberta", do canal TV Brasil, no YouTube: **https://bit.ly/3DYQfZW** (acesso em: 15 maio 2023).

🔗 Para conhecer um pouco mais da azulejaria portuguesa e do Museu Nacional do Azulejo, recomendamos o vídeo "Visita ao Museu do Azulejo, em Lisboa" (a partir de 0:42 segundos), do canal Lusopress TV, no YouTube. Também é uma excelente oportunidade para se escutar a pronúncia do português europeu: **https://bit.ly/3J1OjDU** (acesso em: 22 dez. 2020).

💬 VAMOS TREINAR A PRONÚNCIA

» O professor pode, primeiramente, passar o áudio para a identificação dos fonemas **[t]** e **[d]** para, em seguida, fazer um pequeno ditado. A transcrição das palavras encontra-se no anexo de transcrição dos áudios.

🎬 VALE A PENA ASSISTIR: CASA DE AREIA

» O objetivo desta seção do livro é apresentar aos alunos produções audiovisuais nacionais. Encorajamos fortemente que o professor promova o trailer do filme em sala de aula, se possível, legendado.

SAMBA! • Unidade 4

UNIDADE 5

A GRANDE FAMÍLIA

🔊 **MÚSICA:** Boas vindas

🎬 **FILME:** 2 filhos de Francisco

PANORAMA DA UNIDADE

>> Esta unidade trata do tema das memórias e das histórias de família. As atividades permitem ao aluno falar de sua origem, refletir sobre o conceito de família, descrever a família, explorar as diversas configurações familiares, descobrir um pouco sobre a família brasileira hoje e narrar eventos no passado. Para tanto, vamos discutir a origem do povo brasileiro, a imigração e os encontros e os desencontros da adoção no Brasil. Esse percurso visa a construir uma reflexão sobre a identidade e os valores da família.

OBJETIVOS PRAGMÁTICOS	>> Falar da origem; descrever a família; falar sobre eventos passados.
OBJETIVOS LINGUÍSTICOS	>> **Gramática:** pronomes possessivos; o plural das palavras; verbos SABER x CONHECER; verbo VIR; verbos terminados em -cer; o pretérito perfeito de verbos regulares e de alguns verbos irregulares (VIR, ESTAR, TER, SAIR, IR, SER, QUERER). >> **Vocabulário:** as relações de parentesco, expressões para leitura de gráficos, números cardinais (centenas e unidades de milhar), gírias e expressões para caracterizar pessoas, tipos de família. >> **Fonética:** os fonemas [z] e [s].
OBJETIVOS SOCIOCULTURAIS	>> Conhecer as matrizes que compõem a origem do povo brasileiro. Observar o perfil das famílias no Brasil e as mudanças atuais. Saber um pouco sobre o sistema de adoção dentro do país. Explorar de forma humorada e caricatural a relação da mãe brasileira com os filhos e a apresentação do(a) namorado(a) à família.
GÊNEROS TEXTUAIS	>> Árvore genealógica, charge, infográfico, folder publicitário, capa de revista.

▶ PONTO DE PARTIDA P. 114-115

As imagens que compõem a abertura desta unidade têm um viés contrastivo do registro do retrato de família. A imagem na parte superior da página mostra uma família brasileira numa fotopintura, típica do meio rural; a segunda imagem, uma fotografia clássica em preto e branco; e, por fim, uma foto colorida de uma família contemporânea. As diferentes fotografias convidam os estudantes a uma reflexão sobre a passagem do tempo e a permanência da família. As imagens também apontam diferentes perfis de família; os tempos mudaram, assim como as configurações, o número de filhos e a relação entre pais e filhos.

O professor pode explorar nas imagens o número de crianças, o tipo de vestimenta, a textura da foto, os membros que aparecem no registro familiar e sua posição. Por fim, pode-se, ainda, questionar a expressão da figura masculina nos registros e o tipo de interação entre pais e filhos.

Para estudantes falantes de línguas distantes, o vocabulário a explorar pode ser menos específico, por exemplo: família, crianças, pai, mãe, antigo, moderno, etc.

🔊 TRABALHO COM A MÚSICA: "BOAS VINDAS"

>>> A música "Boas vindas", de Caetano Veloso, lançada em 1991, no álbum *Circuladô*, tem uma importância singular na unidade, pois apresenta o cantor – um dos maiores representantes da música popular brasileira – e permite o trabalho com dois tópicos importantes das lições da unidade: a relação de parentesco e os pronomes possessivos. Além disso, é uma música marcante da carreira do artista, que já declarou publicamente que ela foi composta quando seu filho Zeca nasceu; portanto, é como se ele cantasse para o filho. Isso pode ser mencionado para os estudantes como uma pergunta, por exemplo: "a quem vocês imaginam que o cantor se dirige ao dizer 'sua mãe e eu, seu irmão e eu...'?"; e depois, como curiosidade, o professor pode revelar que a música foi feita para o filho de Caetano e mostrar o vídeo atual em que ele canta com a família. Um outro detalhe interessante é que a música tem no ritmo o batuque de um prato e uma faca, desde sua gravação original, em que a lendária percussionista baiana Dona Edith do Prato fez uma participação especial. Esse elemento expressa uma atmosfera familiar em torno da mesa e é um pequeno detalhe que pode mostrar um pouco mais da cultura para os estudantes.

🔗 Link: **https://bit.ly/3E6G8T0** (acesso em: 14 maio 2023).

▶ DE ONDE A GENTE VEM P. 116-117

Apesar de não ser proposto como uma questão, o título da lição convida a uma reflexão sobre a origem. O povo brasileiro, físico e culturalmente mestiço, tem em sua formação 3 grandes matrizes: indígena, europeia e africana. No entanto, muitos estrangeiros não têm conhecimento sobre esse fato e, muitas vezes, projetam imagens estereotípicas sobre os brasileiros, por exemplo, quanto à cor, aos traços e até mesmo ao biotipo corporal. A imagem na p. 116, retrato de família, da fotógrafa Fifi Tong, evidencia como as matrizes do povo se harmonizam em uma só família brasileira.

ATIVIDADE 1

»» Neste exercício, o professor deve explorar a imagem juntamente com as questões aqui propostas. O objetivo principal é discutir sobre essa origem mista do povo brasileiro e conhecer também a origem dos estudantes da classe.

🔑 *Correção 1: a. Resposta pessoal. Esta questão deve ser feita sem que o professor necessariamente apresente as informações culturais já discutidas neste material e sem mencionar que se trata de uma família (bisavô, avô, pai e filha). É proposital verificar as respostas diversas para apreender o imaginário do grupo sobre a origem de cada membro da família fotografada. Sugerimos que o professor anote as respostas dos estudantes no quadro para posterior análise das hipóteses em grupo; b. Resposta pessoal. A questão deve ser discutida coletivamente, mas o professor pode dar um exemplo: o fato de não estarem sorrindo. Espera-se que os estudantes, a partir do exemplo, formulem outras observações; c. Resposta pessoal. O professor pode estimular com perguntas: são amigos? São modelos? São familiares?; d. Resposta: indígena, europeia, africana (ordem de povoamento a ser destacada). Nesse momento, vale a pena o professor explicar a questão da preexistência indígena na América e destacar que as civilizações que habitavam a região, onde atualmente é o Brasil, tinham caráter nômade, e que depois disso ocorreu a chegada dos europeus de origem portuguesa e, posteriormente, a vinda dos africanos como escravos. Essa explicação é interessante, mas deve ser feita a critério do professor, o qual deve verificar o desenvolvimento do grupo até este momento do curso e a adequação, ou não, para a ampliação do conteúdo; e. Resposta pessoal.*

»» Caso o professor deseje aprofundar seus conhecimentos sobre essa temática, indicamos a leitura do livro *O povo brasileiro*, de Darcy Ribeiro, e/ou a visualização do documentário que leva o mesmo nome. Os três primeiros capítulos do documentário tratam especificamente das matrizes tupi, portuguesa e africana.

🔗 O vídeo do link a seguir é uma versão com legenda em inglês do documentário *O povo brasileiro*, de Darcy Ribeiro. Sugerimos que seja apresentado até o minuto 2:50: **https://bit.ly/3GRn397** (acesso em: 14 maio 2023).

ATIVIDADE 2

»» A atividade visa a apresentar a fotógrafa de origem chinesa Fifi Tong e seu trabalho *Origem – retratos de família no Brasil*, através do qual a grande retratista busca propor um debate sobre o valor da família. O professor pode buscar na internet imagens de fotos do livro, a fim de discutir as origens, a diversidade e o valor da família na contemporaneidade.

»» Antes da execução do áudio, o professor deve ler o enunciado e as questões da atividade. É importante que os alunos identifiquem quais informações devem ser extraídas.

»» O áudio deve ser executado duas vezes. Para alunos falantes de línguas distantes, o professor pode administrar pausas na execução para ampliar a compreensão e possibilitar a tomada de notas.

🔑 *Correção 2: a. É a divulgação da exposição das fotografias de Fifi Tong; b. A fotógrafa é de origem chinesa; c. Podemos ver 50 retratos; d. Ela fotografa famílias de diferentes etnias, níveis sociais e regiões; e. No Museu da Imigração; f. Em 15 anos; g. Debater o valor da família, formar um banco de imagens e dados da família brasileira.*

✓ PALAVRA POR PALAVRA

>> Apresenta gentílicos relacionados aos continentes. O professor pode aproveitar para discutir com os estudantes as origens de suas famílias.

>> Neste momento, o professor pode falar um topônimo para os alunos identificarem o gentílico correspondente, retomando e ampliando o conteúdo apresentado na Unidade 4, na p. 97. Isso deve ser feito como um jogo. O professor diz o nome de uma cidade e os estudantes complementam com os gentílicos.

>> **Exemplo:** Clarice é de Paris – Ela é europeia, francesa e parisiense.

UM NOVO CONCEITO DE FAMÍLIA

>> Neste exercício de leitura, buscamos oportunizar uma discussão sobre as famílias que existem na sociedade. Para tanto, aproveitamos a campanha dos organizadores do *Dicionário Houaiss de língua portuguesa*, que decidiram convocar a população para contribuir para um verbete que tenha caráter mais inclusivo na definição da família atual.

>> É um tema a ser abordado principalmente para mostrar como os modelos atuais não se resumem à família nuclear. Para trabalhar esse tema, é importante que o professor situe os estudantes sobre essa questão política, informando que, no Brasil, em 2013, foi criado o Estatuto da Família, o qual até 2020 ainda não tinha sido votado. Recomendamos **ao professor** uma leitura mais detalhada da questão em alguns websites:

🔗 ONG Politize!: **https://bit.ly/33D5r2u** (acesso em: 14 maio 2023).
Texto mais contemporâneo à criação do estatuto.

🔗 *Gazeta do Povo*: **https://bit.ly/3p6z84l** (acesso em: 14 maio 2023).
Texto mais esclarecedor da questão, publicado em 2019.

>> Essa discussão política não deve ser abordada em detalhes com os estudantes falantes de línguas mais distantes, exceto se o professor for capaz de discutir com uma língua comum com todo o grupo, pois não buscamos trazer um debate político para estudantes que tenham tão pouca instrumentação linguística para fazê-lo. No entanto, essa é uma questão política e cultural muito interessante para ser apresentada. Para além da política, e já num contexto mais básico e inclusivo, buscamos apresentar as nomenclaturas adequadas para as famílias (com o exercício 15, na p. 133), a proposta de criação do verbete e também a discussão do tema transversal dentro do nível de discussão que a classe oportunizar.

>> Recomendamos a exibição, com legenda, do vídeo "O que é família? #todasasfamilias", da campanha do *Dicionário Houaiss*. O vídeo está no canal Todas as Famílias, no YouTube, e oferece o panorama necessário para a realização e contextualização do exercício crítico nesta atividade: **https://bit.ly/3IXINlz** (acesso em: 14 maio 2023).

>> Como sugestão de execução, o texto pode ser lido a primeira vez silenciosamente. Em seguida, o professor pode esclarecer dúvidas e contextualizar a lição com as informações que julgar apropriadas para o grupo, a partir do panorama oferecido neste guia.

SAMBA! • Unidade 5

ATIVIDADE 3

>>> Apesar de estar disposta na página após a leitura do texto, esta atividade pode ser trabalhada em duas etapas para promover direcionamento da leitura.

>>> Na primeira etapa, deve-se ler a pergunta da letra "a" com o objetivo de explorar as imagens do texto. Na segunda etapa, as perguntas "b" e "c" podem ser lidas previamente, a fim de direcionar o foco da leitura do texto da atividade. As respostas devem ser dadas coletivamente após a execução da leitura, ou como texto escrito para casa. Fica a critério do professor.

🔑 **Correção 3: a.** *São ambas com 3 membros, a foto da esquerda com duas mulheres e um bebê, a foto da direita com um homem, uma mulher e uma criança (os tipos de relacionamento entre os membros podem ser variados, cabe aos alunos discutirem);* **b.** *Todos os conceitos apontam para a conexão estabelecida pela relação de afetividade e amor entre os membros que a compõem;* **c.** *Porque a definição de família criada pelo Estatuto da Família no Brasil restringe o conceito à família nuclear.*

ATIVIDADE 4

>>> Nesta atividade, o objetivo é fazer com que o aluno simule sua participação na campanha do dicionário e crie o verbete "família". As repostas podem ser lidas coletivamente.

🔑 **Correção 4:** *resposta pessoal.*

🔗 Após a execução da atividade 4, sugerimos a exibição da definição que foi alcançada através da campanha e que hoje consta no *Dicionário Houaiss de língua portuguesa*: **https://bit.ly/3Mq3Y3i** (acesso em: 14 maio 2023).

❓ VOCÊ SABIA?

>>> Nesta leitura, o professor deve apresentar a curiosidade da herança nominal dos monarcas brasileiros para introduzir a atividade de pesquisa que será realizada na próxima seção.

🔍 VAMOS BUSCAR

ATIVIDADE 5

>>> Nesta seção, o objetivo é buscar os sobrenomes brasileiros mais comuns e discutir suas origens. Essa atividade pode ser feita em casa ou em sala de aula, a depender das condições de acesso às ferramentas digitais. Contudo, é importante que, além da checagem das respostas, o professor amplie a atividade para uma interface intercultural, de forma que os estudantes possam exemplificar e talvez até traduzir para o português os sobrenomes comuns de seu país de origem. É um certo entretenimento para o grupo, pois podem ser muito diferentes ou semelhantes os tipos de sobrenomes, os quais podem estar associados a profissões, religiões, tipos de plantas, árvores e até como marcas de grupos sociais.

102   *SAMBA!* • Unidade 5

ATIVIDADE 5

🔑 *Correção 5: 1º Sobrenome.* "Silva". Origem: portuguesa. Significado: acredita-se que surgiu no Império Romano para designar moradores de regiões de matas – "silva", em latim, é "selva".

(Fonte: https://bit.ly/32duliN. Acesso em: 14 maio 2023);

2º Sobrenome. "Santos". Origem: portuguesa. Significado: sua origem é religiosa: era dado, em Portugal, a quem nascia no dia 1º de novembro – o Dia de Todos os Santos.

(Fonte: https://bit.ly/32duliN. Acesso em: 14 maio 2023);

3º Sobrenome. "Oliveira". Origem: Portuguesa. Significado: o primeiro português a usar seria dono de uma vasta plantação de oliveiras, a árvore que produz a azeitona.

(Fonte: https://bit.ly/32duliN. Acesso em: 14 maio 2023).

▶ **FAMÍLIA: ONDE NOSSA HISTÓRIA COMEÇA** 📄 P. 118-119

A imagem de abertura desta lição é uma arvore genealógica e, com ela, busca-se representar diversos nomes das relações de parentesco. Neste percurso, vamos falar sobre a relação entre os membros da família; esse tema pode ser muito pessoal para algumas culturas, portanto, sugerimos que, ao começar a lição, o professor tenha uma conversa descontraída com os alunos, indicando como os brasileiros são curiosos sobre a origem das pessoas, uma vez que seu histórico é mestiço e diverso. Dessa forma, os estudantes podem se tornar mais abertos para compartilhar sobre a própria origem e estudar os tópicos relacionados a esse tema.

ATIVIDADE 6

⟫ Nesta atividade, a pergunta "de quem é a família representada na imagem?" tem por objetivo abrir a leitura e ensejar a exploração da árvore genealógica que abre a lição. O professor deve estimular a leitura da imagem.

⟫ Caso o estudante tenha dificuldade em descobrir que a família representada é a de Antônio e Pedro, o professor pode usar a imagem, perguntando quem está na raiz, ou seja, na origem da árvore. Em seguida fazer uma analogia dos galhos mais altos e mais baixos, indicando a proximidade na relação de parentesco.

🔑 *Correção 6:* A família é de Antônio e Pedro.

✅ **PALAVRA POR PALAVRA**

⟫ Neste quadro, o professor deve explorar o vocabulário complementar de que o aluno não dispõe na imagem da árvore genealógica. A fim de evitar a tradução, o professor pode acrescentar pessoas a árvore (por exemplo, desenhando) e indicar o parentesco, ou mesmo levar um exercício complementar com mais indicações. O importante é que o aluno, através da leitura da imagem, possa adquirir o vocabulário. A atividade 8 (p. 119) pode ser usada para ajudar a fixar o vocabulário, assim como o exercício n. 14 (p. 132).

SAMBA! • Unidade 5

103

ATIVIDADE 7

> 7. Responda verdadeiro (V) ou falso (F) de acordo com o texto:
> a. [ ] Pedro e Antônio têm 5 irmãos.   d. [ ] Pedro e Antônio têm dois tios.
> b. [ ] O pai de Pedro e Antônio tem 4 filhos. e. [ ] Os avós maternos são casados.
> c. [ ] A mãe de Pedro e Antônio tem 4 filhos. f. [ ] O avô materno tem 4 filhos.

>>> Nesta atividade, o aluno vai analisar as informações da leitura da árvore genealógica exercitando o léxico que foi previamente discutido nas atividades anteriores.

>>> Sugerimos que o exercício seja feito individualmente na sala e que as respostas sejam discutidas coletivamente e com apresentação da justificativa quando as alternativas forem falsas.

>>> Obs.: Nas letras **d.** e **f.** os estudantes podem interpretar a forma masculina das palavras "tios" e "filhos" como apenas do sexo masculino. Tal interpretação não consiste em erro, mas é importante discutir a interpretação da forma masculina plural como comum de dois gêneros neste tipo de afirmação.

🔑 **Correção 7: a.** *F – Justificativa: Ele só tem 2 meios-irmãos;* **b.** *V – Pedro, Antônio e 2 filhos com a madrasta;* **c.** *F – Ela só tem a Pedro e Antônio. Os filhos do marido são seus enteados;* **d.** *F – Têm apenas 1 tio e 2 tias. / Têm 3 tios;* **e.** *F – Eles são divorciados;* **f.** *V – Tem 3 filhas e 1 filho/ F – Tem apenas 1 filho homem.*

🔧 VAMOS SISTEMATIZAR: O PLURAL DAS PALAVRAS

>>> Nesta sistematização, um assunto com muitos detalhes será trabalhado: a forma plural das palavras. O quadro da seção tem por objetivo resumir e facilitar a distinção das regras, mas é desejável que em um curso regular o aluno tenha mais oportunidades de praticar as regras, para treinar.

>>> Portanto, sugerimos que o professor trabalhe o quadro por etapas, principalmente se os estudantes são falantes de línguas distantes do português.

>>> **Etapas sugeridas:**
- **1ª etapa** – Palavras terminadas em **vogal** + palavras terminadas nas **consoantes -z, -r** e **-m**;
- **2ª etapa** – Palavras terminadas em **-l**;
- **3ª etapa** – Palavras terminadas em **-s** e **-ão**.

>>> Para a **1ª etapa**, além do treinamento do plural, o professor pode aproveitar a oportunidade para revisar o aprendizado da identificação do gênero da palavra. Por exemplo, fazendo um ditado com palavras no singular e solicitando que os estudantes façam a forma plural acrescentando o artigo adequado, quando possível.

>>> **Como executar:**
O professor dita "cidade" ➡ O estudante deve escrever no plural, com o artigo adequado, "as cidades".

>>> Para a **2ª etapa**, é importante destacar as diferentes terminações que as palavras terminadas em **-il** podem receber (is/éis). Escolhemos dizer que a terminação **-éis** ocorre em palavras acentuadas, a fim de facilitar a memorização das palavras mais recorrentes, no entanto, pode ser necessário um maior detalhamento da regra para estudantes que desejam se aprofundar, ou discutir exceções, sobre o tema. Neste caso, pode ser detalhada a gramática.

>>> Na **3ª etapa**, a regra diz que proparoxítonas ou paroxítonas terminadas em **-s** são invariáveis no plural, no entanto, há algumas palavras terminadas em **-s** que são oxítonas e, nestes casos, a formação do plural será em **-es**. Ex.: país ➡ países / português ➡ portugueses / freguês ➡ fregueses.

>>> As palavras terminadas em **-ão** podem formar plural de três modos: **-ões**, **-ãos** ou **-ães**. Não há uma regra específica a seguir para se fazer este plural, pois ele pode variar entre os três modos e depende unicamente da origem da palavra.

>>> Sugerimos que o professor sinalize que a maioria das palavras terminadas em **-ão** faz plural com **-ões**. Ex.: balão, avião, canção, limão, estação, razão, etc.

>>> Outra sinalização que pode ser feita: quando a terminação **-ão** recai sobre a sílaba átona – sem tonicidade, pronunciada mais fracamente –, o plural obedece à regra básica: acrescenta-se "s" no final: mão, órgão, sótão, grão, etc.

>>> As palavras com plural **-ães** são poucas, mas algumas devem ser encorajadas à memorização: pão, alemão, cão.

➕ **Exercícios complementares**: p. 130, n. 1 e 2.

DE GERAÇÃO EM GERAÇÃO

>>> No início da p. 119, à direita, vemos uma imagem que mostra quatro gerações de uma família (bisavô/avô/pai/filho). A fim de explorar o título e a imagem, o professor deve solicitar que a turma tente associar o título à imagem. Esse tipo de discussão visa a preparar o estudante, desde os módulos iniciais, para o exame de proficiência de português do Brasil, o qual recorrentemente solicita esse tipo de exercício em suas provas de compreensão e produção oral.

>>> Em seguida, deve ser solicitado que os estudantes interpretem a árvore genealógica e façam a atividade 8.

ATIVIDADE 8

>>> Sugerimos que esta atividade seja feita individualmente, para que os estudantes possam de fato exercitar os nomes das relações de parentesco. A correção deve ser discutida coletivamente, e o professor, enquanto corrige, pode solicitar os nomes das relações de forma inversa, por exemplo: quando solicitado na letra a. "Mateus é sobrinho de Lucas e neto de dona Joana", o professor pode perguntar: "o que Lucas e dona Joana são de Mateus?". São tio e avó, respectivamente. Dessa forma, pode-se ampliar a discussão com o grupo.

🔑 **Correção 8: a.** sobrinho/ neto; **b.** esposa; **c.** irmã/ prima; **d.** primos/ irmão; **e.** tio; **f.** sobrinhos; **g.** avô/ avó; **h.** esposo/ cunhado; **i.** sogra; **j.** nora; **k.** genro.

ATIVIDADE 9

>>> A atividade de áudio pretende não só treinar a escuta, mas também a observação do contexto para inferir informações. Antes de executar o áudio, o professor deve fazer os estudantes observarem a foto. Peça para que descrevam o que está acontecendo e quais membros da família eles imaginam que estejam na foto.

ATIVIDADE 9

>>> Após essa discussão, peça que todos escutem o áudio e, ao mesmo tempo, observem a imagem para tentar identificar quem são as pessoas descritas (lembre-os de que os nomes estão disponíveis no quadro azul e, se necessário, trabalhe a pronúncia dos nomes antes da escuta).

>>> O áudio deve ser passado duas vezes. Se uma terceira escuta for necessária, sugerimos que seja feita com pausa.

>>> Após a correção da atividade relativa à imagem, o professor pode solicitar que os estudantes respondam coletivamente às questões de "a" a "e". O objetivo é fazer com que os alunos auxiliem uns aos outros para responderem com o máximo de detalhes sobre as informações solicitadas, e, para isso, o professor pode fazer outras perguntas que auxiliem nesse detalhamento. Por exemplo, na questão "a", a resposta é basicamente "domingo", mas o professor pode perguntar mais alguns detalhes, tais como: "Com que frequência a família almoça junto aos domingos?", "Qual a origem de Marie?", "Como Sara caracteriza João?", etc.

Correção 9: **a.** *Domingo;* **b.** *O chefe da família sentar-se na ponta da mesa;* **c.** *Marie e João;* **d.** *Marie é uma intercambista que mora com a família e João trabalha para o vovô Célio;* **e.** *Carlos, Pedro e Marie.*

>>> Após a compreensão, o professor pode fazer uma nova escuta do áudio com o acompanhamento da leitura da transcrição do diálogo, a fim de explorar os detalhes da escuta. Um dos pontos a destacar, além das dúvidas que os estudantes apresentarem, são algumas preposições de lugar que são citadas, como "ao lado" e "em frente", e também expressões como "de costas", "de frente", "na ponta". O professor pode revisar as preposições de lugar com a turma, reinvestindo o conhecimento que foi aprendido na Unidade 2.

▶ **VOCÊ É A CARA DE QUEM?** 📄 P. 120-121

Nesta lição, vamos explorar os laços da família quando os *pets* são considerados membros. A imagem de abertura já introduz o assunto e está associada à pergunta "você é a cara de quem?", a qual nos faz identificar certa semelhança entre a dona e seu animal de estimação. Além disso, vamos refletir um pouco sobre as intervenções externas e modernas que afetam a interação entre os membros da família.

IMAGEM DE ABERTURA

>>> A imagem de abertura da lição pretende explorar a semelhança do animal com o seu dono, seja ela comportamental ou física. Essa ideia foi baseada no elemento provocador 4 do exame Celpe-Bras de 2012/2, e o professor pode complementar a aula trazendo essa imagem para a discussão.

>>> Abaixo da imagem está a pergunta que deve dar início à exploração. Para isso, o professor pode anteriormente perguntar se os estudantes acreditam que possa haver semelhança entre animais e seus donos; se essas semelhanças podem ser físicas ou comportamentais; sobre a relação das pessoas com os animais em seu país de origem; e, caso já tenham visitado o Brasil, se eles têm alguma impressão sobre como é a relação dos brasileiros com os animais de estimação.

ATIVIDADE 10

10. Responda oralmente.
a. Você se parece com uma pessoa da sua família? Em que vocês se parecem?
b. Você acha que um animal de estimação pode se parecer com seu dono? Em que aspectos?
c. Para você, um animal de estimação é parte da família? Por quê?

>>> Nesta atividade, devem ser trabalhadas a relação de semelhança física e comportamental entre membros de uma família e a discussão sobre os animais serem ou não parte da família. O professor pode apresentar/retomar o elemento provocador 4 do Celpe-Bras 2012/2, mencionando a pesquisa da matéria divulgada pelo elemento. O objetivo é proporcionar a discussão e o engajamento para mostrar opinião. Como auxílio para o vocabulário da discussão, o professor pode apresentar alguns marcadores discursivos: "porque", "eu acho que", "eu concordo, pois...", "eu discordo, pois...".

🔑 **Correção 10:** *resposta pessoal para todas as questões.*

✓ PALAVRA POR PALAVRA

• dono = proprietário
• cara = rosto/ face

>>> O vocabulário "dono" e "cara" é importante aqui para aprendermos a expressão "ser a cara do dono".

💬 FALE ASSIM

Quando uma pessoa se parece muito com outra pessoa, dizemos que ela é a cara da outra. Ele é a cara da mãe. = Ele se parece com a mãe.

>>> Esta seção está complementando o que vai ser trabalhado pelo vocabulário em *Palavra por palavra*. O professor pode explorar a expressão "ser a cara de..." e solicitar que os estudantes falem com quem se parecem (pai ou mãe, parente ou mesmo que não têm a "cara" de ninguém da família). Com estudantes falantes de línguas próximas, ainda, é possível ampliar o alcance da expressão para além da semelhança física. O professor pode falar sobre o significado de ser compatível com a personalidade da pessoa, por exemplo: "esta blusa é a cara da Maria".

ATIVIDADE 11

>>> A atividade de áudio pretende não só treinar a escuta, mas também ampliar a discussão sobre a questão das mudanças nas relações familiares. Para o treino da escuta, o estudante deve compreender os dados fornecidos (informações pontuais); já para o trabalho de ampliação da discussão, o professor deverá trabalhar a transcrição do áudio (p. 238) após a compreensão auditiva.

SAMBA! • Unidade 5

ATIVIDADE 11

🔑 *Correção 11: a. Há mais cães; b. Estados Unidos e Japão; c. 44 – 36 – 12; d. Porque as mulheres têm um bom trabalho e preferem ter um número menor de crianças. Outro motivo é porque não querem perder a beleza física com a maternidade; e. Porque nos países menos desenvolvidos as mulheres são menos profissionalizadas.*

VAMOS SISTEMATIZAR: OS VERBOS TERMINADOS EM -CER

ATIVIDADE 12

≫ Neste quadro, o professor deve apresentar a distinção ortográfica que ocorre na primeira pessoa dos verbos terminados em **-cer**. A base da explicação pode ser retratada como uma adaptação fonética, uma vez que o propósito é manter o som da palavra com a desinência regular. O som de **c + o** não é capaz de manter a sonoridade de **"s"** conforme a forma infinitiva dos verbos terminados em **-cer**, por isso a cedilha é usada. Vale a pena marcar que a desinência regular dos verbos terminados em **-er** se mantém.

ATIVIDADE 13

≫ Dando continuidade aos objetivos da lição, vamos agora trabalhar com as intervenções da vida moderna na relação da família. Ao ler o título, o professor deve solicitar que os estudantes observem a imagem da charge.

≫ A fim de explorar o elemento, ele deve perguntar qual a relação da imagem com o título da charge. Se for difícil para o estudante formular uma frase para responder, o professor pode construir essa resposta de forma coletiva, justificando por que a imagem mostra a ideia de tempos modernos.

≫ Após a discussão proposta para a abertura da página, o professor deve realizar a atividade 13. O percurso pode ser invertido quando se trata de estudantes falantes de línguas mais distantes, uma vez que discutir a informação mais pontual/concreta para a informação mais geral/abstrata será uma estratégia mais prática para esse tipo de aluno.

🔑 *Correção 13: a. Dois adultos e três crianças (as relações de parentesco permitem diversas interpretações). Pai, mãe e filhos/ avós e netos/ tios e sobrinhos/ etc.; b. Eles estão em frente à TV e cada um está usando um tipo de aparelho eletrônico individual; c. Resposta pessoal. Ela deve ser semelhante à discussão que propusemos na abertura da página; d. Em geral, imaginamos o "momento em família" como uma atividade coletiva, mas, na imagem eles estão usando aparelhos eletrônicos individuais ao mesmo tempo – isso parece coletivo, mas não é. (A resposta pode ser de difícil formulação para estudantes falantes de uma língua distante; nestes casos fazer uma construção de resposta coletiva); e. Os momentos em família são "deles" ou, de acordo com o texto, "nossos" (neste momento, o professor deve chamar atenção para o uso do pronome no texto).*

🌎 PONTO CULTURAL: VOCÊ CONHECE O MUSEU DA IMIGRAÇÃO?

» A leitura do ponto cultural visa a abrir uma discussão que possibilite que a turma conheça mais da cultura do país.

🔗 O vídeo "Museu da Imigração conta com acervo de registros de imigração", do canal da TV Câmara São Paulo, no YouTube, mostra o museu e suas atrações com um pequeno *tour*. O professor pode usar o vídeo e explorá-lo como uma atividade extra: **https://bit.ly/3GVQaIv** (acesso em: 14 maio 2023).

🔠 VAMOS SISTEMATIZAR: PRONOMES POSSESSIVOS

ATIVIDADE 14

» Após a última pergunta da atividade 13, o professor deve explorar o tema gramatical dos pronomes possessivos.

» Sugerimos que as frases da seção sejam lidas e que o professor faça as perguntas da atividade 14 para primeiro discutir a referência do pronome ao **objeto** ou ao **possuidor**, pois, dependendo da posição do pronome possessivo ele vai concordar com um ou outro. **Exemplo:** quando antes do objeto o pronome concorda com o objeto; quando depois do objeto o pronome concorda com o possuidor. Essa explicitação será mais clara ao responder à letra "c" da atividade, e, a partir das respostas e inferências dos estudantes, o professor pode explicitar a regra gramatical.

» Para além dessa forma de explicitação da regra, o professor deve, ainda, explorar o recurso dos quadros, que mostram quando o pronome é variável e quando é invariável (na 3ª pessoa), com exemplos:

a. Maria, **você** esqueceu **seu** livro na sala.

b. Maria, **Joana** esqueceu **seu** livro na sala.

c. Maria, **Joana** esqueceu o livro **dela** na sala.

» No caso do exemplo "b", pode haver ambiguidade na oralidade, em um contexto no qual Joana tinha pego emprestado o livro de Maria; por isso, pode ser menos usual na fala usar os possessivos **seu(s)** e **sua(s)** em vez dos pronomes **dele(s)** e **dela(s)**.

➕ **Exercícios complementares**: p. 130, n. 3 e 4; p. 131, n. 7 e 8.

» Como atividade complementar para finalizar a lição, o professor também pode trabalhar uma música popular brasileira. Sugerimos: "Pela luz dos olhos teus", de Vinicius de Moraes, cantada por Tom Jobim e Miúcha, que é de fácil compreensão para trabalhar a pronúncia ou premiar o empenho dos alunos ao final da aula.

» Sugerimos que o autor e os cantores sejam apresentados e a letra trabalhada, para que os alunos percebam a doçura da relação do olhar e, por fim, treinem juntos e cantem a canção.

SAMBA! • Unidade 5

▶ A FAMÍLIA BRASILEIRA HOJE P. 122-123

Nesta lição, vamos falar sobre alguns índices relativos à composição e à estrutura das famílias do século XXI e sobre a questão da adoção no Brasil. Apresentaremos informações para que os alunos possam analisar e ser capazes de expressar opiniões. Para tanto, vamos trabalhar com a leitura e a interpretação de infográficos, expressar estatísticas e falar sobre as datas de realização das pesquisas por meio do uso de números cardinais da casa das centenas e unidades de milhar.

NOVAS FAMÍLIAS

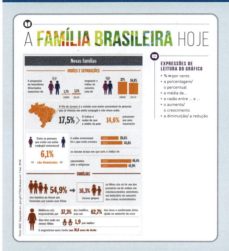

» É importante que seja feita uma reflexão sobre o título do infográfico para instigar o desejo de compartilhar a opinião e a produção oral dos estudantes. Dessa forma, o professor pode perguntar: "O que seriam essas novas famílias?", "Por que o infográfico recebe tal título?", "Esse título é adequado?".

» Essa reflexão pode ser feita no início ou ao final da interpretação, e cabe ao professor julgar se o grupo tem a capacidade de discutir o assunto antes da exploração dos dados e do vocabulário.

» À medida que exploramos o texto, podemos inserir o modo de expressar as informações apresentando as expressões do quadro *Fale assim*. O professor, a fim de instigar a produção, pode solicitar que cada estudante produza uma frase informativa sobre o texto usando as expressões.

 No vídeo "Conservadorismo, rupturas e novas configurações de família", do canal Casa do Saber, no YouTube, a professora Belinda Mandelbaum discute sobre a definição de família e sobre o Estatuto da Família e suas implicações. A pronúncia muito clara e a legenda bastante fiel (ainda que gerada automaticamente) favorece a exibição do vídeo, mesmo para estudantes que têm mais dificuldade na escuta. Vale a pena trabalhar o áudio para permitir que os estudantes tracem uma opinião sobre o tema. Link: **https://bit.ly/3E0656t** (acesso em: 14 maio 2023).

Ainda para ilustrar a família brasileira de hoje, sugerimos que o documentário *Em casa com os Gil* seja apresentado para a turma. Ele está disponível na plataforma Prime Video do Brasil e o trailer pode ser acessado em: **https://bit.ly/44X0WLg** (acesso em: 14 maio 2023)

ATIVIDADE 15

15. Leia o infográfico e responda.
a. O número de separações cresceu ou diminuiu no Brasil?
b. Qual é o estado com o maior percentual de pessoas separadas?
c. O que o infográfico mostra sobre o número de casamentos civis e religiosos?
d. Qual tipo de união mais cresceu?
e. Qual é o percentual de famílias que têm filhos?
f. O que você pode dizer sobre as uniões e separações no seu país?

» Após a leitura e interpretação coletiva, o professor deve solicitar que os estudantes respondam por escrito às questões desta atividade. Dessa forma, a turma poderá reinvestir o conhecimento na produção e na interpretação de forma escrita com o uso dos termos aprendidos.

🔑 *Correção 15:* **a.** *O percentual de separações cresceu no Brasil;* **b.** *O Rio de Janeiro é o estado com maior percentual de separações no Brasil;* **c.** *O número de casamentos civis e religiosos reduziu cerca de 6% de 2000 para 2010;* **d.** *A união consensual foi a que mais cresceu no Brasil;* **e.** *Quase 55% das famílias brasileiras têm filhos;* **f.** *Resposta pessoal.*

ENCONTROS E DESENCONTROS DA ADOÇÃO NO BRASIL

>>> O tema da adoção é de grande interesse para alguns estrangeiros, principalmente para quem já esteve no país, pois eles têm curiosidade sobre o sistema de apoio e assistência social.

🔗 Para sensibilizar o grupo, sugerimos o vídeo "A realidade da adoção no Brasil", do canal Pai em treinamento, no YouTube: **https://bit.ly/3BuQrBa** (acesso em: 14 maio 2023). Rafael Festa é pai de Kauan, seu filho adotivo. Rafael fez o vídeo para falar da adoção tardia ou necessária, a qual consiste em adotar crianças acima dos 5 anos (faixa etária limite mais procurada por pessoas que desejam adotar). A legenda é automática, mas bastante próxima da fala do *youtuber*, que apresenta o processo da adoção e dados bastante atualizados.

>>> Para os estudantes falantes de línguas mais distantes, sugerimos a exibição com legenda e o trabalho mais superficial de compreensão e exploração dos dados apresentados; já para estudantes falantes de línguas mais próximas, indicamos a exibição sem legenda e a exploração da compreensão aprofundada, com um trabalho mais crítico.

ATIVIDADE 16

16. Escute o áudio e marque verdadeiro (**V**) ou falso (**F**) para as afirmações abaixo.

( ) A questão racial é a principal dificuldade para a adoção no Brasil.
( ) 1 em cada 4 candidatos quer adotar crianças com 4 anos ou mais.
( ) 32% dos candidatos a adotar só aceita crianças brancas.
( ) 14,1% das crianças para a adoção têm menos de 4 anos.
( ) Mais de 1% dos candidatos querem adotar um adolescente.
( ) Poucos candidatos querem adotar mais de uma criança ao mesmo tempo.
( ) 76% das crianças possuem irmãos.

>>> Nesta atividade, podemos dar continuidade à sensibilização proporcionada pelo vídeo. Caso a exibição não ocorra, a exploração da imagem ao lado da atividade e o reinvestimento das habilidades de leitura de infográfico, adquiridas na página anterior, devem ser trabalhados.

>>> Além disso, antes de passar o áudio, é importante dar tempo para que a turma leia as afirmações, auxiliando-os quanto ao vocabulário. Para facilitar a compreensão, sugerimos também que o professor leia coletivamente as frases.

>>> O áudio deve ser executado duas vezes. Para alunos falantes de línguas distantes, o professor pode administrar pausas na execução, para ampliar a compreensão e possibilitar a tomada de notas.

>>> Após a escuta, o professor deve avaliar a compreensão geral dos estudantes, fazendo anotações das informações percebidas por eles. Em seguida, pode corrigir o exercício, sempre solicitando justificativa quando as afirmações forem falsas.

🔑 **Correção 16: F** *(a maior parte dos candidatos é indiferente em relação à questão racial)*; **V**; **V**; **F** *(apenas 4,1% tem menos de 4 anos)*; **F** *(MENOS de 1% dos candidatos quer adotar um adolescente)*; **V**; **V**.

VAMOS SISTEMATIZAR: NÚMEROS CARDINAIS – CENTENAS

>>> Esta seção trabalha os números cardinais a partir das centenas. Neste momento o professor deve aproveitar para treinar a pronúncia dos dados que já foram mencionados ao longo da lição e das datas (relembrando os dias e os meses).

>>> Além disso, é importante mostrar a variação de gênero que ocorre com os números a partir de 200 e sempre que usamos o número 1 ou 2.

>>> **Exemplo:** Um**a** cas**a** x um carr**o**/ D**uas** cas**as** x dois carr**os**/ Vinte e d**uas** cas**as** x vinte e dois carr**os**/ Cento e d**uas** cas**as** x cento e dois carr**os**/ Duz**entas** e vinte e d**uas** cas**as** x duzentos e vinte e dois carr**os**.

>>> Sugerimos que sejam executados exercícios de fixação, como a atividade 17, abaixo, e o exercício complementar n. 12, na p. 132. Se julgar necessário, o professor pode trazer para a aula mais exercícios extras.

ATIVIDADE 17

>>> Solicitar que o exercício seja feito após a explicação do *Vamos sistematizar*.

🔑 **Correção 17: a.** *O Brasil tem cerca de cinco mil e quinhentas crianças para adoção;* **b.** *Foram adotadas mil novecentos e oitenta e sete crianças nos últimos cinco anos;* **c.** *Mais de vinte e duas mil trezentas e uma famílias querem adotar crianças no Brasil.*

▶ **MÃE É TUDO IGUAL, SÓ MUDA DE ENDEREÇO...** 📄 P. 124-125

Nesta lição, vamos trabalhar aspectos da convivência com os membros da família. Destacamos a personalidade das mães e introduzimos um novo membro; e, para tanto, vamos estudar a caracterização da personalidade e trabalhar a situação comunicativa de se apresentar e/ou apresentar alguém para os familiares.

IMAGEM DE ABERTURA

🔗 A imagem é o cartaz de anúncio do filme brasileiro *Minha mãe é uma peça*, adaptado de uma peça de teatro que representa caricaturalmente a personalidade de uma mãe brasileira. O professor pode iniciar a lição exibindo o trailer do filme: **https://bit.ly/3p2Wl7b** (acesso em: 14 maio 2023).

>>> Peça que os estudantes observem o comportamento da protagonista, Dona Hermínia, e anotem quais atitudes dela são recorrentes no comportamento de outras mães. Em seguida, o professor pode fazer uma discussão com a turma sobre essas características, por exemplo: acordar os filhos, perguntar aonde vão, perguntar quem são os amigos, ter uma atitude protetora, etc.

⟫ Para estimular a produção oral, pergunte aos estudantes sobre quais comportamentos eles acham que "toda mãe" tem. Em seguida, discuta sobre a expressão que dá título à página. Pergunte como ela pode ser interpretada.

ATIVIDADE 18

> 18. Leia o documento acima e responda.
> a. O filme acima é…
>   ☐ um drama ☐ um documentário ☐ uma comédia
> b. Como é dona Hermínia?
> c. Como são descritas as outras personagens que convivem com ela?
> d. Você acha que mãe "é tudo igual"?
> e. Você conhece as características das mães descritas na publicidade abaixo?
> f. Com qual das mães abaixo sua mãe se parece?

⟫ Nesta atividade, o professor deve solicitar a leitura do texto e pedir que os estudantes respondam às questões para, posteriormente, serem corrigidas coletivamente.

⟫ Pode-se aproveitar o momento para trabalhar os adjetivos do texto e ampliar a atividade, pedindo que os estudantes caracterizem outros comportamentos caricaturais comuns nas famílias. Por exemplo, pode-se fazer um jogo com o grupo, de forma que os alunos completem a frase "toda família tem um parente…", e, assim, ir listando adjetivos diversos, como: avarento(a), curioso(a), arrogante, doce, carinhoso(a), tagarela, etc.

⟫ O quadro roxo *Fale assim* ao lado das questões pode ser explorado conjuntamente a esta atividade.

🔑 **Correção 18: a.** *Uma comédia;* **b.*** *Dona Hermínia é uma mulher de meia-idade, aposentada e sozinha;* **c.** *Os filhos: adultos/ vizinha: fofoqueira/ tia idosa: amiga e confidente;* **d., e., f.** *Resposta pessoal (trabalhar o vocabulário e seu significado).*

* O professor pode explicar a diferença de *sozinha* e *solteira*: sozinha pode ser uma pessoa separada, divorciada, viúva ou solteira.

ATIVIDADE 19

⟫ Nesta parte da lição, vamos fazer uma espécie de gincana na sala. Por isso o professor pode preparar um brinde ou "prêmio" para o estudante vencedor. A ideia é mostrar como funcionam os sorteios ou concursos de shoppings e lojas durante datas comemorativas, como Dia das Mães, Pais, Namorados, Mulheres, etc.

⟫ Após a leitura do texto de introdução, o professor pode discutir quando (e/ou se) essa data é celebrada nos países dos estudantes da turma. Pode pedir que cada um explique como é celebrado esse dia em sua cultura ou pela própria família (semelhantemente ao texto lido).

⟫ Em seguida, deve-se trabalhar o panfleto exposto na página, as características, o que solicita, quais as regras e prêmios. Pode, até mesmo, levar outros modelos para que os estudantes vejam a popularidade desse tipo de promoção no Brasil.

⟫ Após a análise e a discussão do gênero, o professor pode fazer a competição entre os estudantes de qual o melhor post. As mensagens podem ser escritas em um papel avulso e a eleição da melhor frase deve ser feita por dois juízes que não participam da classe (diretor, coordenador, outros brasileiros, etc.).

⟫ O ganhador vai levar o "prêmio" que o professor preparou para a atividade.

SAMBA! • Unidade 5

VOCÊ SABE SE COMPORTAR AO CONHECER A FAMÍLIA DO(A) NAMORADO(A)?

>> Nesta parte da lição, vamos explorar a apresentação de um "candidato" a membro da família. Aproveitando a situação comunicativa, o professor pode explicar sobre os tipos de relacionamentos contemporâneos nomeados pelos jovens e também aqueles que tem um caráter tradicional, *standard*, na sociedade. Explore o tema de acordo com a curiosidade do grupo, mas não deixe de falar sobre relacionamento casual, "ficar" e "estar ficando", namorar, noivar, morar juntos, casar-se, separar-se e divorciar-se, e como cada estágio pode ser interpretado a depender da faixa etária e de outros aspectos da dinâmica social.

>> Depois dessa abertura, o professor pode fazer uma leitura coletiva e discutir as expressões desconhecidas pelo grupo. Em seguida, deve solicitar que os estudantes, em duplas ou individualmente, respondam às questões da atividade 20.

ATIVIDADE 20

>> Para descontrair o grupo e provocar a discussão de alguns comportamentos caricaturais ligados à cultura brasileira, sugerimos que seja exibido o vídeo "Ponto de vista – conhecendo os pais da namorada ft. Christian Figueiredo", do canal Parafernalha, no YouTube, para depois ser feita a correção da atividade: https://bit.ly/3ehfpsx (acesso em: 14 maio 2023). O professor pode explorar os pontos de vista apresentados e comparar com o que os estudantes da turma julgam similar ou diferente na cultura de seu país.

>> O conteúdo das perguntas da atividade, de certa forma, complementa e amplia a discussão a partir da apresentação dos pontos de vista do vídeo.

🔑 **Correção 20:** *resposta pessoal para todas as questões.*

✓ PALAVRA POR PALAVRA

>> Nesta seção, o professor deve discutir o significado do verbo FICAR, no sentido de ter um relacionamento. Se tiver tempo, também pode debater sobre os demais usos desse verbo:

- **Cair bem:** "ficou bem para você".
- **Adiar:** "ficar para depois/amanhã/mais tarde".
- **Ser (estar situado):** "fica na rua/endereço/cidade...".
- **Tornar-se:** "os estudantes ficaram aptos para o curso b1".
- **Permanecer:** "gosto de ficar em casa".

🗂 VAMOS SISTEMATIZAR: A DIFERENÇA ENTRE SABER E CONHECER

>> Primeiramente, o professor pode apresentar o verbo SABER e sua conjugação no presente. Em seguida, pode relembrar os estudantes sobre o verbo CONHECER, estudado nesta unidade (p. 120).

>>> A diferença entre esses verbos é importante para falantes de línguas distantes do português, que em geral podem expressar com apenas um verbo o uso correspondente a SABER e CONHECER. Já para línguas próximas do português, a diferença se faz mais clara pelo fato de que, em quase todos os usos, existe correspondência direta para esses verbos. Diante desse fato, o professor deve verificar a necessidade de investimento neste treino. Para treinar, sugerimos expor os exemplos do livro e ainda acrescentar outros, pedindo que os estudantes classifiquem o significado dos verbos como:

- **Ter informação/conhecimento:** "Eu não sei onde moram os pais do meu namorado".
- **Ter uma habilidade:** "Ele sabe se comportar em qualquer situação".
- **Conhecer: pessoa/lugar/situação ou objeto:** "Conheço Maria: conheci sua cidade, sua história de vida e seu trabalho em 1970".

>>> Solicite que os estudantes façam a atividade 21 (p. 125), identificando o significado de saber e conhecer.

+ **Exercício complementar**: p. 132, n. 13.

ATIVIDADE 21

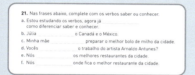

🔑 **Correção 21: a.** Sei; **b.** Conhece; **c.** Sabe; **d.** Conhecem; **e.** Conhecemos; **f.** Sabemos.

▶ **UM SÉCULO DE HISTÓRIA** 📄 P. 126-127

Nesta lição, vamos trabalhar com a introdução do pretérito perfeito, afinal, falar de família pressupõe relatar fatos do passado. Nessa introdução buscamos associar o tema da família ao período de intensa migração para o Brasil, momento tão importante que contribuiu para a diversidade do povo brasileiro. Vamos reinvestir o conhecimento das relações de parentesco, relatar fatos do passado e descobrir a história da origem de duas famílias de migrantes.

100 ANOS DA FAMÍLIA JONUSANG NO BRASIL

>>> Antes de iniciar o trabalho com o texto, o professor deve explorar com a turma a característica visual do gênero que se apresenta.

>>> Pergunte: "Que tipo de texto é esse? Como ele se chama?", "Que características nos levam a identificá-lo como tal?", "Onde podemos encontrar esse tipo de leitura?".

>>> Após o reconhecimento e/ou apresentação do gênero, leia o título e o subtítulo com a turma e peça que apontem o tipo de informação que imaginam encontrar. Essa exploração é importante para que eles aprendam a reconhecer as características do texto e, desde já, treinem para o exame de proficiência, que exige que o estudante seja capaz de reconhecer os gêneros textuais.

>>> O professor também pode pedir que os estudantes explorem a imagem e o título, buscando estabelecer uma relação entre eles para deduzir as informações que serão lidas no texto.

>>> Peça que os estudantes leiam o texto e destaquem os fatos que aconteceram com a família Jonusang. Deixe que o grupo faça uma leitura silenciosa para cumprir esse objetivo.

>>> Em seguida, coletivamente, construam uma linha do tempo com os principais acontecimentos.

>>> Tente fazer uma marca dos fatos pontuais, apenas para que os estudantes possam imaginar o cenário histórico: não é necessário colocar data em cada nascimento, apenas mostrar a passagem do tempo.

>>> Trabalhe as dúvidas de vocabulário e, em seguida, solicite que os alunos respondam às questões do texto em dupla por escrito. Corrija a atividade coletivamente.

ATIVIDADE 22

>>> Ao corrigir a atividade, escreva as respostas dos estudantes no quadro tal como eles apresentarem. Mostre que o valor da compreensão da informação é muito importante e que o uso adequado do tempo verbal é um complemento.

>>> Faça, em seguida, a correção gramatical, já apontando os verbos e o grupo regular (-ar/-er/-ir) ou irregular a que estes pertencem.

🔑 **Correção 22: a.** *O primeiro descendente da família Jonusang chegou ao Brasil em 1908;* **b.** *Eles chegaram ao Brasil de navio;* **c.** *Ele não teve muitas oportunidades na cidade de São Paulo;* **d.** *A família Jonusang desenvolveu a atividade de pecuária;* **e.** *Não. Os pais dele já morreram, o irmão dele foi para o Japão trabalhar como engenheiro e a irmã dele mora no Canadá;* **f.** *Resposta pessoal.*

ATIVIDADE 23

>>> Professor, peça que os estudantes leiam as frases da atividade. Se necessário, auxilie quanto à pronúncia e vocabulário. O áudio deve ser executado duas vezes. Para alunos falantes de línguas distantes, pode-se administrar pausas na execução para ampliar a compreensão e possibilitar a tomada de notas.

>>> Faça a correção solicitando justificativas quando as afirmações forem falsas.

🔑 **Correção 23:** *V, F, V, V, V, F, F, V.*

💬 FALE ASSIM

>>> Trabalhe com os estudantes a diferença entre a pronúncia de "avô" e "avó". Destaque a substituição para fazer a forma feminina. Neste momento pode ser interessante trabalhar a música da unidade.

➕ **Exercício complementar:** p. 132, n. 14.

116   *SAMBA!* • Unidade 5

VAMOS SISTEMATIZAR: O PRETÉRITO PERFEITO

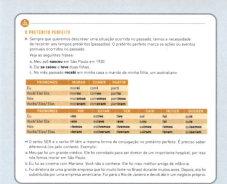

> Destaque para os estudantes os verbos e suas desinências regulares. Trabalhe também com as frases e os verbos irregulares apresentados.

Exercícios complementares: p. 131, n. 10; p. 132, n. 11.

> É importante destacar a conjugação idêntica de SER e IR e sua diferença de interpretação em contexto. Peça que os estudantes identifiquem a diferença nas frases abaixo do quadro de conjugação, letras "a", "b", "c". Aqui também pode ser trabalhada a diferença de IR e VIR.

Exercício complementar: p. 131, n. 6.

POR DENTRO DA LUSOFONIA: JOSÉ EDUARDO AGUALUSA

> A leitura deste texto pode ser feita em sala com a apresentação do escritor. Sugerimos o vídeo "José Eduardo Agualusa – A literatura para aproximar as pessoas", do canal Fronteiras do Pensamento, no YouTube, no qual o autor expõe sua opinião sobre como os livros aproximam as pessoas e sobre seu sonho de construir uma biblioteca: **https://bit.ly/3yEuwW3** (acesso em: 14 maio 2023).

VAMOS TREINAR A PRONÚNCIA

> A seção incentiva os estudantes a treinarem a identificação e a pronúncia de palavras com as consoantes "z", "s" e "s/z". A atividade é importante para todos os alunos, mas representa um desafio maior para hispanofalantes.

> O professor pode, primeiramente, passar o áudio para a identificação dos fonemas e, em seguida, fazer um pequeno ditado. A transcrição das palavras se encontra no anexo de transcrição dos áudios.

VALE A PENA ASSISTIR: 2 FILHOS DE FRANCISCO

> O objetivo desta seção do livro é apresentar aos alunos produções audiovisuais nacionais. Encorajamos fortemente que o professor promova o trailer do filme em sala de aula, se possível, legendado.

UNIDADE 6

BRASIL NA MESA

🔊 **MÚSICA:** Feijoada completa

🎬 **DOCUMENTÁRIO:** Queijo canastra

PANORAMA DA UNIDADE

>>> A unidade apresenta uma viagem gastronômica pelo Brasil e suas raízes.

>>> Em continuação à discussão da Unidade 5 sobre as origens do povo brasileiro, vamos mergulhar nas marcas deixadas pelas etnias indígena, africana e europeia na culinária do Brasil. Nessa viagem gastronômica vamos passar pelos pratos, alimentos e hábitos que representam o país, como o hábito do consumo da mandioca, que atravessa o país de norte a sul. Vamos descobrir a culinária baiana, influenciada pelas religiões de matriz afro no nordeste, os ingredientes e as práticas culinárias trazidos pelos portugueses e por estrangeiros de outras etnias, todos eles sincretizados no que conhecemos hoje como "gastronomia brasileira".

>>> Essa variedade de ingredientes e pratos típicos é tão grande quanto o Brasil e fortemente ligada às tradições desse imenso país mestiço e rural. Ao mesmo tempo, a gastronomia brasileira se moderniza e apresenta ao mundo grandes chefes da moderna cozinha de raiz.

>>> A cultura brasileira à mesa, no boteco e nos diferentes tipos de restaurante; a expressão de opinião sobre a comida; como fazer reclamações sobre os serviços de um restaurante; e a interpretação e produção de receitas também foram contemplados na unidade como ações relacionadas à alimentação no dia a dia.

OBJETIVOS PRAGMÁTICOS	>>> Identificar alguns pratos brasileiros e suas origens, fazer pedidos em um restaurante, opinar sobre as comidas, pagar as compras, ler e produzir receitas e ordenar elementos.

OBJETIVOS LINGUÍSTICOS	>>> **Gramática:** os números ordinais, os números fracionários, verbos em -ir, expressões de quantidade e verbo PREFERIR.
	>>> **Vocabulário:** tipos de alimentos, utensílios à mesa, partes de uma refeição, tipos de prato, tipos de embalagem, formas de pagamento, verbos e expressões usados em receitas.
	>>> **Fonética:** os fonemas [b] e [p].

OBJETIVOS SOCIOCULTURAIS	⟫ As raízes da culinária no Brasil, as relações entre a gastronomia brasileira e as religiões africanas, a culinária nas regiões do Brasil, a lenda da mandioca, os maiores chefs de cozinha do Brasil, a comida de boteco e o futebol, os pastéis de nata portugueses e os alimentos mais consumidos pelos brasileiros.
GÊNEROS TEXTUAIS	⟫ Fôlder, texto de blog, cardápio e receita.

▶ PONTO DE PARTIDA P. 134-135

Antes de iniciar a primeira atividade da unidade, o professor deve explorar com os alunos as imagens de abertura na p. 134 e, por meio delas, iniciar um diálogo sobre os hábitos alimentares de cada aluno no dia a dia, os alimentos mais consumidos no seu país de origem, o que os alunos gostam ou não gostam de comer, além das impressões que os estudantes trazem sobre os hábitos alimentares dos brasileiros. Esse percurso de abertura da unidade já coloca os alunos no centro da ação, promove interação, trocas, comparação de hábitos e começa a introduzir o vocabulário de alimentos. O professor pode perguntar aos estudantes, por exemplo, se eles reconhecem os ingredientes dos pratos, se já provaram alimentos do Brasil e quais suas hipóteses sobre os conteúdos a serem estudados nesta unidade.

🔊 TRABALHO COM A MÚSICA: "FEIJOADA COMPLETA"

⟫ A música "Feijoada completa", composta por Chico Buarque de Hollanda e lançada em 1978, no álbum que recebe o nome do compositor, foi escrita como uma celebração da volta dos amigos exilados pela ditadura. No samba, o marido dá orientações à mulher sobre como preparar uma feijoada para receber os amigos. A letra traz marcas da cultura brasileira que devem ser destacadas, tais como:

- A informalidade: "Não tem que pôr a mesa, nem dá lugar/ Ponha os pratos no chão, e o chão tá posto".
- O fato de a mulher cozinhar, obedecendo às orientações do marido: "Mulher/ Você vai fritar (...) Mulher/ Depois de salgar/ Faça um bom refogado (...)".
- Consumo da cerveja "estupidamente" gelada: "Salta cerveja estupidamente gelada prum batalhão".
- Orçamento limitado para o preparo da celebração e as estratégias para contornar o problema: "Diz que tá dura, pendura a fatura no nosso irmão/ E vamos botar água no feijão".
- Os acompanhamentos tradicionais de uma feijoada: arroz, farofa, pimenta malagueta, torresmo, laranja e couve mineira, além da linguiça como tira-gosto.
- Passo a passo para o preparo do prato.

⟫ Além dos aspectos culturais, o professor pode pedir aos alunos para identificarem os ingredientes e o modo de preparo do prato. Em seguida, pode comparar a "receita" escrita pelos alunos com uma "receita tradicional" retirada de algum livro ou site.

⟫ No trabalho com a língua, o professor pode perguntar aos alunos se o registro é formal ou informal, quais são as marcas de informalidade e de oralidade na letra, além de explorar o vocabulário desconhecido. Ao final do trabalho com a música, que deve ser feito no fim da unidade, o professor deve perguntar a razão de o título da música ser "Feijoada completa".

▶ SABORES DO BRASIL 📄 P. 136-137

Nesta lição, vamos discutir as bases da culinária brasileira, os alimentos que expressam nossa cultura e como a cultura do alimento é forte e revela muito mais do que os sabores do Brasil.

ATIVIDADE 1

>>> Nesta atividade, que abre a unidade, o professor e os alunos devem observar as imagens e tentar nomeá-las. Os estudantes provavelmente vão reconhecer a caipirinha (drink internacionalizado), a banana, o arroz, a salada e o bife. Outros podem reconhecer o cacau. No caso de alunos que moram no Brasil ou que já vieram ao Brasil, alimentos como a mandioca, o açaí, a tapioca e o acarajé também podem ser identificados.

>>> O professor deve, em seguida, pedir aos alunos que respondam oralmente às questões "a", "b" e "c" para compartilhá-las com o grupo.

🔑 *Correção 1: resposta pessoal para todas as questões.*

ATIVIDADE 2

>>> A atividade de compreensão oral, além de um exercício de escuta, permite aos alunos adquirirem informações sobre as raízes da gastronomia brasileira ou checarem seus conhecimentos ou hipóteses apresentados na atividade anterior.

>>> Nesta atividade, o aluno deve, antes de escutar o áudio, ler as frases a serem completadas. O áudio deve ser reproduzido duas vezes.

>>> Após a correção da atividade, os estudantes podem reescutar o áudio, acompanhado da transcrição (p. 239), e aprofundarem a discussão. O professor pode perguntar quais são as influências gastronômicas do país de cada estudante e quais pratos representam melhor o país de origem de cada aluno.

🔑 *Correção 2: a. Indígena, africana e europeia; b. História do Brasil e a formação do povo brasileiro; c. Indígena; d. Divindades africanas; e. Pães, bolos, biscoitos, vinho, azeite de oliva, frituras (citar 3 deles); f. Italiana, árabe e japonesa.*

COMIDA DE SANTO

>>> Em muitas culturas, existe uma relação estreita entre religião e alimentação, o que explica a origem de hábitos e tradições alimentares. No Brasil não é diferente. Come-se, tradicionalmente, em muitos países de matriz cristã, peixe e chocolate na Páscoa e peru no Natal, por exemplo. Além disso, tabus alimentares variam entre diferentes culturas; algumas não consomem carne de boi ou porco, outras consomem insetos, cães e gatos. A discussão sobre as diferenças entre os alimentos consumidos por diferentes povos não deve se pautar em termos de certo ou errado, mas sim sobre o relativismo cultural.

>>> De nossa longa cultura escravocrata, herdamos hábitos alimentares e religiões trazidos pelos escravizados africanos que trabalhavam, entre outros espaços, na cozinha. Mesmo que as religiões de matriz africana, amplamente combatidas ao longo da história, não sejam majoritárias no Brasil, as comidas de suas divindades sempre estiveram presentes de norte a sul no país. A lição "Comida de Santo" apresenta o candomblé no Brasil e alguns orixás, suas qualidades, cores representativas e pratos a eles associados, pois os orixás, assim como os humanos, comem.

>>> Em um primeiro percurso, o professor deve pedir aos alunos que façam uma leitura silenciosa do texto de introdução da lição. Essa leitura tem por objetivos sensibilizá-los quanto ao tema. Em seguida, o professor pode pedir a um ou mais alunos para fazerem uma leitura expressiva em voz alta e esclarecer dúvidas relativas ao texto. A leitura expressiva é uma excelente oportunidade de trabalhar questões relativas à pronúncia.

>>> Em um segundo percurso, o professor pode pedir a cada estudante que leia em voz alta o nome, as características e o prato de um orixá. Os alunos devem responder individualmente às perguntas da atividade ao final da página e compartilhar suas respostas com todos do grupo, a fim de identificarem semelhanças e diferenças pessoais e culturais.

>>> Outra forma de realizar a atividade é pedir que os alunos escrevam um pequeno texto de apresentação de suas características pessoais e hábitos alimentares. O professor lê para o grupo a apresentação sem revelar o nome do aluno. Os colegas então tentam adivinhar quem é e com qual orixá ele se parece.

? VOCÊ SABIA?

>>> Junto ao ícone *Você sabia?*, apresenta-se a definição da palavra "orixá".

>>> No que diz respeito aos aspectos linguísticos, a atividade, além do aporte cultural, permite estudar os substantivos, elencar os adjetivos e os verbos a eles associados, revisar as cores e enriquecer o vocabulário relativo a pratos e alimentos.

Muitos elementos da lição guardam profunda relação com temas linguísticos e culturais da Unidade 0.

SAMBA! • Unidade 6

121

3. Responda.
a. Com qual orixá você se identifica mais? Por quê?
b. O que o "seu" orixá come? Quais são os ingredientes da comida dele?
c. No seu país, as pessoas oferecem comidas a divindades, santos ou antepassados?
d. Que comidas você associa à religião ou às comemorações religiosas?
e. Quando essas comidas são oferecidas?

>>> Para o trabalho com a língua, sugerimos ao professor reproduzir no quadro da sala de aula o quadro abaixo (que serve de exemplo) e organizar os substantivos associados a cada orixá. Cabe aos alunos, em grupo, tentarem completar com os adjetivos e verbos correspondentes.

Substantivo	Adjetivo	Verbo
O amor	Amoroso/amorosa	Amar
A beleza	Belo/bela/bonito/bonita	Embelezar
A riqueza	Rico/rica	Enriquecer
A prosperidade	Próspero/próspera	Prosperar
A força	Forte	Fortalecer
A justiça	Justo/justa	Justiçar
O progresso	Progressivo/progressiva	Progredir
A educação	Educado/educada	Educar
A paz	Pacífico/pacífica	Pacificar
A paciência	Paciente	Pacientar
A pureza	Puro/pura	Purificar
A sinceridade	Sincero/sincera	---
A maternidade	Maternal	---
O dinamismo	Dinâmico/dinâmica	Dinamizar
A comunicação	Comunicativo/comunicativa	Comunicar
A fartura	Farto/farta	Fartar
A inteligência	Inteligente	---
A saúde	Saudável	* Observar que o verbo "saudar" não se aplica ao contexto de "ter saúde"
O pessimismo	Pessimista	---

🔗 Na cultura do candomblé, acredita-se que cada pessoa possui um orixá e traz consigo características físicas e psicológicas intrínsecas a ele, assim como preferências e intolerâncias alimentares. Para uma melhor compreensão do tema, recomendamos ao professor assistir ao documentário "Orixás no Brasil": **https://bit.ly/42WKs41** (acesso em: 15 maio 2023).

🔑 **Correção 3:** *resposta pessoal para todas as questões.*

▶ A CULINÁRIA NAS REGIÕES DO BRASIL 📋 P. 138-139

Em continuação à discussão sobre a diversidade do Brasil e suas influências, nesta lição vamos abordar o que os brasileiros comem nas diferentes regiões do país. Retomamos o mapa do Brasil, dividido em cinco regiões, a fim de identificar diferenças e pontos comuns, além de discutir as razões de tão grande diversidade. Trabalharemos com os estudantes a opinião sobre a comida e a lenda da mandioca, o alimento que é denominador comum de norte a sul.

122

SAMBA! • Unidade 6

TEXTO DE ABERTURA

- O professor deve solicitar aos alunos uma primeira leitura silenciosa do texto para, em seguida, passarem à leitura expressiva – que impõe um desafio devido à presença de palavras de origem indígena e africana – e ao esclarecimento de dúvidas de vocabulário e estruturas gramaticais.

- Dada a grande diversidade de ingredientes e influências, pode-se perguntar aos alunos se alguma região do Brasil apresenta alimentos que são comuns em seu país de origem. Alunos que estão no Brasil podem relatar o que comem no dia a dia.

- Caso o professor tenha a oportunidade, pode levar para a aula algum alimento ou prato típico ou sair com os alunos para comerem juntos comida brasileira. Essa atividade cria uma memória sensorial com o conteúdo e aproxima alunos e professores.

O professor deve ainda, se possível, enriquecer a aula por meio da exibição do vídeo "Eu sou alimento – Gastronomia Amazônica", que apresenta alimentos oriundos da floresta amazônica. No vídeo, vê-se, por exemplo, o cacau, o açaí e a farinha de mandioca, apresentados nas imagens da atividade 1: **https://bit.ly/3p4Wd7l** (acesso em: 15 maio 2023).

ATIVIDADE 4

- Como produção escrita e atividade intercultural, propõe-se que os alunos reinvistam os conteúdos estudados, compartilhando a cultura gastronômica do seu país por meio da criação de um fôlder.

- O gênero fôlder deve ser trabalhado para que o estudante possa criá-lo seguindo as orientações que o professor deseja avaliar. Sugerimos a especificação dos critérios para direcionar e, caso seja uma atividade avaliativa, oportunizar um critério de nota menos subjetivo.

- Aproveite esta tarefa para avaliar a exposição oral do estudante, pois ele será convidado a falar de um tópico de sua cultura que provavelmente outros estudantes e/ou o professor não conheçam. Mostre a importância de ser claro e explicar, conforme o texto lido anteriormente, indicando as regiões e/ou divisões do país e quais culturas de alimentos são mais populares nelas.

- A depender das condições da escola, é desejável fazer uma cópia do fôlder para cada aluno após a correção do professor. Os alunos também podem levar para a aula um prato ou alimento de seu país para uma degustação.

Correção 4: resposta pessoal.

HORA DO JOGO

ATIVIDADE 5

➤➤ Como uma extensão da atividade 4, esta apresenta oito alimentos de diferentes regiões do Brasil e, na forma de um jogo, pede aos alunos que identifiquem a região e o principal ingrediente. Introduz-se, ainda, a expressão de opinião sobre a comida realizada com os verbos GOSTAR e PROVAR. É interessante realizar a atividade em dupla. Aos alunos que estão no Brasil, ela permite identificar alimentos que eles ainda não provaram.

🔗 Ao final da atividade, caso seja possível, pode-se exibir o vídeo "Priceless Trancoso: Feijoada da Glória", do canal Mastercard Brasil, no YouTube: **https://bit.ly/3mfKD7I** (acesso em: 15 maio 2023).

🔑 **Correção 5: Feijoada.** *Região: Sudeste / ingrediente: feijão;* **Acarajé.** *Região: Nordeste / ingrediente: feijão fradinho, dendê e camarão;* **Açaí.** *Região: Norte / ingrediente: açaí;* **Pão de queijo.** *Região: Sudeste / ingrediente: polvilho e queijo;* **Churrasco.** *Região: Sul / ingrediente: carne de boi;* **Arroz de pequi.** *Região: Centro-Oeste / ingrediente: arroz e pequi;* **Moqueca.** *Região: Sudeste e Nordeste / ingrediente: peixe;* **Chimarrão.** *Região: Sul / ingrediente: erva-mate.*

❓ VOCÊ SABIA?

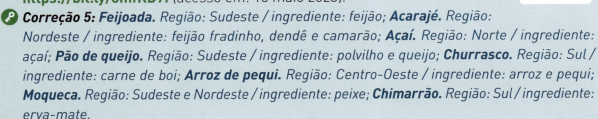

➤➤ Os alunos devem ler o texto a fim de discutirem a variação linguística no Brasil. Uma curiosidade sobre a mandioca, consumida em todo o país, é a diferença de nomes para designá-la a depender da região.

➤➤ É importante que o professor destaque, além da diversidade cultural, a variedade linguística no Brasil. O professor deve explicar que não existe um nome mais correto para a "mandioca", todos os nomes são corretos, sendo alguns mais empregados ou adequados à cultura local.

🌎 PONTO CULTURAL: A LENDA DA MANDIOCA

➤➤ Este *Ponto cultural* aprofunda as informações sobre a mandioca, a origem indígena de seu nome, seu consumo no mundo e sua importância na mesa dos brasileiros.

➤➤ A depender do tempo da aula, o professor pode pedir aos alunos para lerem o texto em casa e, por exemplo, formularem perguntas a respeito de seu conteúdo. Em sala de aula, eles podem fazer as perguntas aos colegas e discutirem as respostas. O professor pode destacar seus diferentes usos, como farinha, polvilho, tapioca, bolo, tucupi, entre outros.

>>> Como as atividades de compreensão oral devem ser trabalhadas, se possível, em todas as aulas, uma vez que o maior desejo dos alunos é alcançar fluência no português, sugerimos que o professor crie atividades complementares às que são propostas no livro do aluno, para desenvolver essa habilidade. Abaixo sugerimos alguns vídeos que podem ser uma excelente atividade de compreensão oral e que ilustram as informações apresentadas nos textos escritos.

🔗 "Mandioca: o alimento do Brasil", do canal Vai Se Food, no YouTube: **https://bit.ly/3sgkYzs** (acesso em: 15 maio 2023).

🔗 "Alimente-se bem: A história dos alimentos – Mandioca" do Canal Futura: **https://bit.ly/42EoXFt** (acesso em: 15 maio 2023).

🔗 "Mandioca, a rainha do Brasil" da comissão folclore espírito-santense: **https://bit.ly/3Pcg8Nx** (acesso em: 15 maio 2023).

🔗 Sugerimos também o documentário *História da alimentação no Brasil*, episódio 1, "A rainha do Brasil", disponível na plataforma Prime Video. Assista ao trailer para apresentar aos estudantes: **https://bit.ly/3ByJQWp** (acesso em: 15 maio 2023)

▶ CONHEÇA OS MAIORES CHEFES DE COZINHA DO BRASIL 📄 P.140-141

Nesta atividade, passamos do popular para a alta gastronomia brasileira, afinal, o Brasil reúne alguns dos melhores chefes de cozinha do mundo. Por essa razão, a atividade apresenta três grandes chefes e seu perfil profissional. Embora saibamos que o ranking dos melhores muda todos os anos, a lição tem por objetivo cultural apresentar um outro lado da gastronomia brasileira, a alta e moderna gastronomia, além de introduzir novas expressões e apresentar os números ordinais.

Antes de entrar na lição, o professor pode perguntar aos alunos o que é alta gastronomia, o que é comer bem; pode discutir com eles o lugar da gastronomia nas mídias hoje, perguntar se gostam de cozinhar ou se acompanham reality shows como o *MasterChef*.

>>> A atividade começa pela leitura do perfil de três chefes (Alex Atala, Helena Rizzo e Roberta Sudbrack) e não apresenta grandes desafios de compreensão, mas estimula a expressão oral de datas (números cardinais) e números ordinais.

>>> A critério do professor, pode-se pedir aos alunos que leiam o texto em silêncio e respondam as questões de compreensão escrita para, em um segundo momento, trabalhar a leitura expressiva e a pronúncia.

>>> Como trata-se também de uma produção escrita, o professor deve estar atento não somente às informações do texto, mas à redação das respostas dos estudantes, que deve ser objetiva e clara.

>>> É importante que se observe as duas ortografias para a palavra "chefe"/"chef" apresentadas na lição e esclarecer que, em português, as duas formas são aceitas. A palavra "chef", com "f" no final, vem do francês.

SAMBA! • Unidade 6 125

ATIVIDADE 6

🔗 Para incrementar a atividade, caso existam recursos e tempo, o professor pode exibir o vídeo, do canal Casa do Carbonara, no YouTube, "Retratos: Helena Rizzo", sem legendas, e trabalhar com os alunos a compreensão oral: **https://bit.ly/3yD6ZFe** (acesso em: 16 maio 2023).

>>> Após a exibição do vídeo, o professor pode perguntar: quem é Helena Rizzo? Como você pode descrever seus pratos? Como ela vê a gastronomia brasileira? Como ela relaciona a gastronomia tradicional e a moderna? Como você relaciona memória e gastronomia?

🔗 Uma outra boa sugestão para se trabalhar a compreensão oral, que apresenta a diversidade de influências, ingredientes e técnicas de preparo de pratos é o vídeo "A gastronomia que alimenta a alma – Faça parte de Trancoso, em casa", do canal MastercardBrasil, no YouTube. O vídeo apresenta a gastronomia de Trancoso, na Bahia, e o chefe brasileiro Alex Atala: **https://bit.ly/3E9nF8e** (acesso em: 16 maio 2023).

>>> O professor pode fazer perguntas aos alunos tais como: que visão de gastronomia Alex Atala apresenta no vídeo? Que pratos ou ingredientes você pode identificar no vídeo? Por que a feijoada vai além do feijão?

🔑 **Correção 6: a.** Os restaurantes ocuparam a 46ª, a 71ª e 6ª posição respectivamente; **b.** O restaurante está no ranking dos Top 50 há onze anos; **c.** O chef Alex Atala; **d.** Porque ela foi a primeira mulher a comandar a cozinha de um presidente da República no Brasil.

ATIVIDADE 7

>>> As atividades 7 e 7.1, "O que é mais importante para você em um restaurante?", permitem aos alunos apresentarem seus critérios para escolha de restaurantes em diferentes situações, além de reinvestir o uso dos números ordinais.

🔑 **Correção 7:** resposta pessoal.

🔑 **Correção 7.1.:** resposta pessoal.

ATIVIDADE 8

>>> A atividade de compreensão oral apresenta o ranking dos dez alimentos mais consumidos pelos brasileiros segundo o Instituto Brasileiro de Geografia e Estatística (IBGE). Os alunos devem tentar completar a lista por meio de duas escutas. A atividade permite o reconhecimento de nomes dos primeiros cinco alimentos e sua transcrição. No momento da correção da atividade, o professor deve escrever cada palavra no quadro para que os alunos verifiquem a ortografia.

🔑 **Correção 8:** 1º cafezinho; 2º feijão; 3º arroz; 4º sucos; 5º refrigerante.

ATIVIDADE 9

>>> Como uma extensão da atividade 8, os alunos devem elencar os dez alimentos que eles pensam ser os mais consumidos em seu país de origem. A atividade pode ser realizada individualmente

126   SAMBA! • Unidade 6

ATIVIDADE 9

ou por meio de grupos de alunos de mesma nacionalidade. Os resultados devem ser compartilhados com os colegas e comparados. A atividade oportuniza uma excelente discussão intercultural.

🔑 **Correção 9:** *resposta pessoal.*

❓ VOCÊ SABIA?

>>> O episódio 2 da segunda temporada da série *Chef's Table*, consagrado ao chefe de cozinha Alex Atala, é apresentado como proposta de atividade a ser realizada na escola ou em casa. Ele conecta os alunos ao tema da moderna gastronomia de raiz brasileira, apresenta o percurso de vida e a carreira do chefe e mostra belíssimas imagens da Amazônia e da cidade de São Paulo, onde se localiza o restaurante D.O.M.

🔗 Caso a escola tenha recursos, o professor pode exibir aos alunos o trailer da segunda temporada da série para motivá-los a assisti-la. "*Chef's Table* – temporada 2, trailer oficial": **https://bit.ly/3E4OuKI** (acesso em: 16 maio 2023).

🗂 VAMOS SISTEMATIZAR: NÚMEROS ORDINAIS

>>> Ao final da lição, o professor pode pedir aos alunos que analisem o quadro (p. 141) e comparem os números cardinais e ordinais, a fim de observar suas diferenças. Os alunos podem voltar ao texto de partida da lição para verificar o seu funcionamento no texto. O professor deve perguntar para que os números ordinais servem e como eles funcionam na frase.

>>> Para que os alunos reinvistam o conteúdo gramatical, o professor pode pedir que verifiquem na internet os rankings dos melhores chefes de cozinha do Brasil e do mundo hoje, o dos países campeões da última Copa do Mundo, o dos melhores restaurantes do mundo e em quais países eles se localizam, o das línguas mais faladas no mundo, entre outros.

>>> É importante que o professor explique que na designação de um século, de um papa, de um rei ou rainha ou de um capítulo, empregamos os ordinais de um a dez e os cardinais de onze em diante. Se um numeral anteceder um substantivo, será empregada sempre a forma ordinal. Para andares de edifícios e casas também usamos números ordinais.

>>> Ex.: Dom Pedro I (Dom Pedro primeiro); Luís XIV (Luís catorze); Capítulo 1 (capítulo primeiro ou primeiro capítulo); Capítulo 13 (capítulo treze ou décimo terceiro capítulo); Andar 7 (sétimo andar); Século 21 (século vinte e um).

➕ **Exercícios complementares:** p. 150, n. 2 e 3.

SAMBA! • Unidade 6

127

VAMOS SISTEMATIZAR: VERBOS IRREGULARES TERMINADOS EM -IR

>>> A lição também sistematiza a conjugação dos verbos irregulares terminados em **-ir**, como SERVIR, SENTIR, MENTIR, VESTIR e DIRIGIR, que apresentam radical diferente na primeira pessoa do singular, a regra vale para as formas derivadas. Os exercícios abaixo permitem o treino da conjugação para fixação:

+ Exercícios complementares: p. 150, n. 4; p. 151, n. 8.

▶ UM CAFÉ, POR FAVOR! P. 142-143

Esta lição introduz o tema da comunicação em cafés, bares e restaurantes. Para sensibilização ao tema e prática da oralidade, os alunos devem observar o documento e responder às perguntas oralmente. O professor pode perguntar qual das três fórmulas apresentadas no quadro os alunos utilizam no dia a dia. Se a fórmula empregada depende do ambiente, por exemplo, restaurante popular ou sofisticado. Se os alunos frequentam esses espaços e o que eles consomem e quanto eles pagam por um café.

ATIVIDADE 10

>>> Nesta atividade, é importante que os alunos pratiquem a oralidade não apenas respondendo às questões, mas também conversando sobre seus hábitos, dando dicas e compartilhando seus lugares preferidos na cidade.

🔑 **Correção 10: a.** *O quadro pode estar em uma cafeteria, lanchonete, bar, cantina de escola, restaurante ou padaria;* **b.** *O alimento anunciado é o café;* **c.** *O café pode custar R$1,20, R$1,00 ou R$ 0,65;* **d.** *O preço diminuiu porque o cliente foi mais educado, foi mais gentil;* **e.** *Aumentou a gentileza, a educação;* **f.** *Resposta pessoal;* **g.** *Bar ou boteco, lanchonete, cantina, café ou cafeteria.*

ATIVIDADE 11

>>> A atividade, que treina a compreensão oral, embora não apresente um documento autêntico, mostra uma situação autêntica de diálogo entre garçom e cliente.

>>> Ela permite observar um cardápio de restaurante brasileiro que introduz palavras como "carnes", "acompanhamentos", "saladas", "sobremesas" e "cortesia"; o tipo de comunicação que se passa entre cliente e garçom; o cálculo da conta e o pagamento pelo serviço.

>>> O professor deve fazer com que os alunos observem as informações do cardápio e as informações a serem extraídas do áudio antes de proceder à primeira escuta. O áudio deve ser executado duas vezes.

ATIVIDADE 11

⟫⟫ Após a correção da atividade, o professor pode realizar uma terceira escuta acompanhada da transcrição do áudio (p. 239), a fim de observar detalhes do diálogo, tais como: o ponto da carne, a ordem das bebidas e a pergunta do garçom se pode incluir o serviço.

⟫⟫ Embora a remuneração pelo serviço do garçom possa variar entre gorjeta, taxa de 10% ou nenhuma taxa, escolhemos para a atividade a forma da cobrança de 10%, por ser muito recorrente no país. É importante destacar que o pagamento dessa taxa, embora frequente, não é obrigatório.

⟫⟫ A cultura de restaurantes e bares pode variar muito entre os países, por essa razão é desejável que acompanhe a atividade um diálogo intercultural em que uma comparação do depoimento dos alunos permita a discussão de semelhanças e diferenças culturais.

🔑 *Correção 11: a.* Cartão de débito; *b. Carne.* R$98,00; *Acompanhamento.* R$15,00 + R$9,50 (salada) = R$24,50; *Bebidas.* R$3,50 + R$8,50 (o café é cortesia) = R$12,00; *Serviço.* R$13,45; *Total.* R$147,95.

ATIVIDADE 12

⟫⟫ Quando tratamos do tema de comunicação em restaurantes, bares e lanchonetes, não podemos nos esquecer de que fazer reclamações e apreciações sobre o serviço e a comida são competências necessárias.

⟫⟫ Na atividade, os alunos devem formular hipóteses sobre qual expressão se associa a cada imagem e se as frases expressam algo de positivo ou negativo. No momento da correção, o professor deve destacar a entonação exclamativa de cada expressão e fazer com que os alunos leiam as frases com a entonação correta.

⟫⟫ O professor também deve chamar a atenção para as expressões *"ter que"/"ter de" + verbo no infinitivo* como forma de expressar obrigação e dever, com o mesmo sentido de "precisar" ("Eu preciso reclamar").

🔑 *Correção 12:* c.; b.; a.

ATIVIDADE 13

⟫⟫ Para se aprofundar o tema da comunicação em bares e restaurantes, a atividade 13 demanda do estudante a associação entre as perguntas e as respostas em um contexto de restaurante. A atividade treina estratégias de compreensão e inferência de sentidos, pois apresenta vocabulário e expressões que não foram ensinadas, tais como: "Serve quantas pessoas?" e "Gostariam de levar para viagem?". Cabe ao professor checar se os alunos realmente compreenderam o sentido de cada frase e lembrar que muitos estabelecimentos não aceitam cartão de crédito ou débito. No momento da correção o professor também deve estar atento à correta pronúncia e entonação. A atividade ainda permite aos alunos trabalharem em dupla na encenação do diálogo.

🔑 *Correção 13:* h, k, b, g, e, a, j, c, d, i, f.

💬 FALE ASSIM

OPINAR SOBRE A COMIDA
- Está ótimo./ Está delicioso (a)!
- Que delícia!
- Falta sal./ Está sem sabor.
- Está um pouco = Está muito salgado/ doce/ quente/ frio/ apimentado.
- Eu não gostei muito.
- O tempero é muito forte.

》》 Expressar opinião sobre a comida é inescapável ao tema da unidade. O professor, para colocar os alunos no centro da ação, pode pedir que escolham cinco expressões da lista e associem a elas o nome de um alimento do Brasil ou do seu país de origem e compartilhem com o grupo. O professor pode explorar outras expressões de apreciação ou depreciação que sejam locais, caso o estudante esteja em contexto de imersão.

》》 É importante retomar o uso dos verbos SER e ESTAR na expressão de apreciação.

》》 **Exemplo:** O café é quente, mas pode estar frio / Um prato é ou está muito apimentado?

✓ PALAVRA POR PALAVRA

AS REFEIÇÕES
- o café da manhã
- o almoço
- o lanche
- o jantar
- a ceia

》》 Retoma o nome das refeições já estudadas na Unidade 3 ("Dia a dia"). Aproveite para pedir que os estudantes falem quais alimentos eles mais consomem nessas refeições. Ao compartilharem com o grupo, será feita uma ampliação do vocabulário. Outra forma de explorar é pedir uma descrição dos alimentos mais consumidos no país de origem do estudante, a fim de propor uma prática mais intercultural.

🇧🇷 PONTO CULTURAL: TIPOS DE PRATOS NO BRASIL/ SERVIÇOS DIFERENCIADOS

TIPOS DE PRATO NO BRASIL
- **Prato feito (PF):** arroz, feijão, carne e salada. O prato já vem servido. Você não pode escolher os itens. O preço é fixo.
- **Prato executivo:** o prato já vem servido, mas você pode escolher alguns itens do menu. O preço é fixo.
- **Self-service:** você se serve à vontade entre todos os itens do buffet. A comida é paga pelo peso.
- **À la carte:** você escolhe um prato do cardápio. Os preços são variados.
- **Rodízio:** o preço é fixo, mas você pode comer à vontade enquanto está no restaurante.

SERVIÇOS DIFERENCIADOS
- **Couvert:** pode ser o valor para entrar em um estabelecimento ou um serviço de entrada antes do prato principal.
- **Couvert artístico:** taxa de serviço destinada à apresentação artística num estabelecimento.
- **Taxa de serviço:** acréscimo de 10% no valor da conta destinado ao serviço do garçom.
- **Gorjeta:** valor opcional que pode ser dado em gratificação por algum serviço.
- **Consumação mínima:** valor mínimo que deve ser gasto em um estabelecimento.

Fonte: bit.ly/1iEq625 (Acesso em: 3 out. 2017. Adaptado.)

》》 Este ponto cultural é extremamente importante e deve ser bem explicado aos alunos. É fundamental que o professor mostre imagens de cada tipo de prato para que o estudante visualize e compreenda qual a diferença entre um "PF" e um "prato executivo" ou entre um serviço "self-service" e um "rodízio".

🔗 Como trata-se de um ponto cultural, a comparação entre culturas e o diálogo intercultural faz-se inevitável. O professor também pode aproveitar a ocasião para falar sobre a "comida de rua" no Brasil. A série da Netflix *Street Food: América Latina* apresenta, no segundo episódio, a cidade de Salvador, na Bahia. Abaixo o link para o trailer oficial da temporada: **https://bit.ly/3mfy1xb** (acesso em: 19 maio 2023).

》》 Para enriquecer e ilustrar ainda mais a unidade, listamos abaixo outros documentários sobre comida de rua em Salvador, em Belém e no Rio de Janeiro que podem ser assistidos com legenda em vários idiomas. Todos os documentários, além de apresentarem as comidas locais, apresentam belas imagens.

🔗 "Comida de rua afro-brasileira – Moqueca + acarajé, em Salvador Bahia, Brasil!": **https://bit.ly/33tnYy0** (acesso em: 19 maio 2023).

🔗 "Comida de rua no Brasil – Ultimate Rio de Janeiro: Comida brasileira + atrações no Rio, Brasil!": **https://bit.ly/3mdDGnk** (acesso em: 19 maio 2023).

- "Amazon Street Food in Belém – Unbelievable tacacá + 13 Lady's Cooked Lunch at Market in Brazil!": **https://bit.ly/3siWLIK** (acesso em: 19 maio 2023).
- "Unseen Superfood in Amazon Jungle – Real Way to Eat Açaí (You'll Be Surprised) in Belém, Brazil!": **https://bit.ly/3GRbr5T** (acesso em: 19 maio 2023).

▶ SALADA NO POTE P. 144-145

Após ter entrado no universo dos restaurantes, agora é a vez de entrar na cozinha. A atividade 14 retoma os números ordinais contextualizados na ordem dos ingredientes para montar uma salada no pote e dos passos de uma receita. Além de permitir mais um contato com os números ordinais, a lição também é rica em vocabulário de alimentos, apresenta verbos utilizados em receitas, apresenta o nome de alguns tipos de embalagem e introduz as expressões de quantidade para, ao final da segunda página, introduzir os números fracionários.

Como primeiro percurso, antes de entrar na leitura dos textos, o professor pode perguntar aos alunos se eles gostam de cozinhar ou se compram alimentos congelados no supermercado, o que costumam preparar quando cozinham, se gostam de pesquisar novas receitas, se já prepararam ou ouviram falar da salada no pote e como organizam a alimentação no dia a dia.

ATIVIDADE 14

›› Após falarem sobre seus hábitos e sua relação com a cozinha, os alunos devem ler os textos apresentados na lição e tentar explicar como preparar uma salada no pote. O professor deve perguntar quais as vantagens do preparo desse tipo de prato e quais cuidados devemos ter ao prepará-lo.

›› Em um segundo percurso, o professor pode distribuir aos alunos uma lista de vegetais com seus respectivos nomes e imagens para que cada estudante sublinhe na lista aqueles que consomem no dia a dia ou de que gostam mais.

›› Em grupo ou em dupla, os alunos devem discutir e tentar identificar os legumes e verduras mais pesados, os vegetais que não podem ter contato com a umidade, os vegetais mais leves e os grãos. Por fim, cada grupo deve discutir em qual camada da salada no pote poderiam acrescentar cada ingrediente.

›› Para agilizar a atividade, o professor pode distribuir os grupos ou duplas por camadas da salada no pote para que se ocupem de identificar os vegetais compatíveis com sua camada. Ex.: Grupo 1 (primeira camada), Grupo 2 (segunda camada)… até a sexta camada. Cada grupo ou dupla deve apresentar aos colegas os vegetais relacionados à sua camada.

›› Em um terceiro percurso, ainda em grupo ou em dupla, os alunos devem ler a receita da salada de grão-de-bico e responder às questões a fim de saber como organizá-la em um pote. Toda a atividade, embora longa, coloca os alunos ativos, trabalhando de forma cooperativa na execução das tarefas.

🔑 **Correção 14: a.** *Os ingredientes são: azeite de oliva, suco de limão, sal e pimenta;* **b.** *O frango pode ser colocado na terceira camada e as folhas na quarta camada;* **c.** *Resposta pessoal.*

ATIVIDADE 15

> 15. Crie uma sugestão de salada no pote e apresente aos colegas da turma.

>>> Esta atividade é uma extensão da atividade anterior. Ainda em grupo ou em dupla, é a vez de os alunos criarem uma sugestão de salada para apresentar aos colegas. O professor pode organizar um concurso para eleger o primeiro, o segundo e o terceiro lugar entre as propostas.

ATIVIDADE 16

>>> Depois de terem tido contato com uma receita escrita (atividade 14) e com seus ingredientes, quantidades e modo de preparo, os alunos devem escutar um áudio a fim de treinarem a compreensão oral e aprenderem a preparar um delicioso bolo de mandioca.

>>> Antes da execução do áudio, os estudantes devem ler todo o texto da atividade para identificarem as informações que devem extrair. Devem ser feitas duas escutas. Caso o professor queira exibir o vídeo da receita para que os alunos vejam os procedimentos, basta acessá-lo no endereço abaixo:

🔗 "Bolo de Mandioca/Aipim/Macaxeira", do canal Cook'n Enjoy, no YouTube: **https://bit.ly/3sf6xf1** (acesso em: 15 set. 2021).

🔑 **Correção 16: a.** *Bolo de mandioca;* **b.** *Mandioca ralada; ovos; açúcar; sopa de manteiga; leite de coco;* **c.** *2, 3, 4, 1, 5;* **d.** *180, 50;* **e.** *cknj.com.br.*

VAMOS SISTEMATIZAR: EXPRESSÕES DE QUANTIDADE, NÚMEROS FRACIONÁRIOS E UNIDADES DE MEDIDA

>>> Este conteúdo deve ser checado e explicitado para os alunos. É importante que o professor destaque que as expressões de quantidade, em sua maioria, acompanham a preposição "de".

>>> Sobre os números fracionários é importante mostrar a concordância de gênero na expressão de ½ (meio/meia). Com outras frações, expressa-se o numerador com um número cardinal e o denominador com um número ordinal. Ex.: 3/5 (três quintos).

>>> Apenas o número cardinal "1" faz concordância de gênero (um/uma) e apenas o número fracionário ½ faz concordância de gênero (meio/meia). O emprego das expressões de quantidade pode ser observado na receita de grão-de-bico e na receita de bolo de mandioca. Os alunos devem tentar lê-las em voz alta.

>>> Um ponto não apenas gramatical, mas cultural, a ser sistematizado diz respeito às unidades de medida usadas no Brasil. O professor deve explicar que "Kg" é a sigla internacional utilizada para a palavra "quilograma" que, em português, escreve-se com **qu-**.

➕ **Exercícios complementares:** p. 151, n. 7; p. 152, n. 11, 12 e 14.

✓ PALAVRA POR PALAVRA

ATIVIDADE 17

›› Esta atividade desafia o aluno a tentar relacionar os nomes de seis tipos de embalagem à embalagem correspondente. Embora pareça simples, é um desafio para alunos que nunca estudaram o tema. O professor deve expandir o vocabulário para outras embalagens, a depender das necessidades dos alunos.

🔑 *Correção 17 (da esquerda para a direita):* **5, 3, 6, 2, 1, 4.**

▶ **SALADA NO POTE, BOLO NA CANECA** P. 146-147

Nesta lição continuaremos a trabalhar o gênero receita com a tradicional receita de bolo de cenoura feita em uma caneca. Vamos aprofundar o conhecimento de como ler e redigir o passo a passo, conhecer a cultura da comida de boteco e descobrir curiosidades relacionadas a cultura e consumo de alimentos no Brasil.

ATIVIDADE 18

›› A atividade tem por objetivo ampliar o vocabulário de verbos relativos a receitas. Por meio das imagens, o aluno pode compreender as ações realizadas na cozinha a fim de identificar as ações necessárias para o preparo do tradicional bolo de cenoura na caneca. A receita funciona, é fácil de ser preparada e os ingredientes podem ser encontrados em diversos países.

🔑 *Correção 18: Ralar/ misturar/ acrescentar/ derreter**
   * Este verbo não está na lista ao lado, mas se faz necessário.

ATIVIDADE 19

›› Após conhecer a lista de ingredientes, as expressões de quantidades e os verbos de ações na cozinha, é a vez de o aluno escrever o passo a passo de preparo do bolo. Como os alunos ainda não conhecem a formação do imperativo, os procedimentos de preparo do bolo devem ser escritos na forma infinitiva, tal como nas receitas de salada de grão-de-bico e bolo de mandioca. A turma deve escrever o "modo de preparo" em 10 passos e na ordem em que devem ser executados.

🔑 *Correção 19 (é possível a variação da ordem de algumas ações):* **1º** Derreter a margarina dentro da caneca no micro-ondas; **2º** Acrescentar a farinha, o açúcar e o fermento químico; **3º** Bater o ovo; **4º** Acrescentar o ovo e o leite; **5º** Acrescentar a cenoura ralada; **6º** Misturar todos os ingredientes; **7º** Assar no micro-ondas por 3 minutos; **8º** Derreter o chocolate; **9º** Cobrir o bolo depois de assado; **10º** Servir.

SAMBA! • Unidade 6

133

✓ PALAVRA POR PALAVRA

PALAVRAS E EXPRESSÕES
- acrescentar/ colocar
- picar/ cortar/ fatiar
- refogar/ dourar
- misturar/ mexer
- descascar
- bater
- fritar
- assar
- enrolar
- rechear

>>> Apresenta uma lista de verbos de ações na cozinha. É importante sua leitura, porque amplia a lista de verbos das atividades 18 e 19.

PONTO CULTURAL: COMIDA DE BOTECO E FUTEBOL

>>> A leitura do ponto cultural "Comida de boteco e futebol" não deve ser negligenciada na unidade, pois trata de um outro aspecto relacionado à alimentação no Brasil: a cultura de bar.

>>> Sabe-se que os brasileiros gostam de futebol e, se não gostam de jogar, muitos gostam de assistir aos jogos com os amigos, em casa ou nos bares. É muito difícil separar futebol, amigos, cerveja e comida de boteco (tira-gosto, porções e petiscos).

>>> Dada a importância da cultura de bares no Brasil, os mineiros criaram, em 2000, o evento Comida di Buteco, hoje presente em 20 cidades.

>>> Para que os sentidos do texto sejam bem explorados, os alunos devem fazer uma primeira leitura silenciosa. Em seguida, deve ser realizada uma leitura coletiva, com a ajuda do professor, para o esclarecimento de expressões pouco evidentes, detalhamento da cultura de bar e incentivo ao diálogo intercultural. Caso os alunos estejam no Brasil, o professor pode perguntar sobre as comidas que eles costumam consumir nos bares.

>>> **Pode-se** explorar com uma atividade de compreensão oral o vídeo "Belo Horizonte mantém a tradição de ser a capital da comida de boteco", no canal da TV Brasil, no YouTube, e também mostrar a comida de boteco da cidade de origem do festival: **https://youtu.be/fIg6Q10m5I0** (acesso em: 19 maio 2023).

⊙ VAMOS BUSCAR

ATIVIDADE 20

20. Utilize suas ferramentas digitais para descobrir as informações abaixo.
a. Qual é a capital mundial dos bares?
b. Dê o nome de cinco frutas nativas do Brasil.
c. Qual é o tipo de pão mais consumido pelos brasileiros?
d. Quais são os pratos estrangeiros mais consumidos no Brasil?
e. Qual é a cidade brasileira em que mais se consome pizza?
f. O brasileiro consome mais cerveja ou cachaça?
g. O que é "café colonial"? Onde ele é mais tradicional?
h. Quantos sushis são produzidos por dia em São Paulo?
i. Qual é o estado brasileiro em que mais se consome pizza? Por quê?

>>> Organizados em duplas ou grupos, os alunos devem utilizar suas ferramentas digitais para responder questões variadas sobre cultura brasileira e alimentação. O professor faz a mediação no momento da correção para decidir pela resposta mais correta; como as respostas podem mudar de um ano para outro, o professor deve se atualizar a cada vez que for fazer a atividade.

POR DENTRO DA LUSOFONIA: PASTEL DE NATA

PASTEL DE NATA
Os **pastéis de nata** ou pastéis de Belém são uma das mais populares especialidades da doçaria portuguesa. Embora se possam saborear pastéis de nata em muitos cafés e pastelarias, a receita original é um segredo exclusivo da Fábrica dos Pastéis de Belém, em Lisboa. Aí, tradicionalmente, os **pastéis de Belém** são servidos ainda quentes, polvilhados de canela e açúcar em pó.

O Pastel de Belém foi eleito em 2011 uma das 7 Maravilhas da gastronomia portuguesa.

Atualmente, na maioria dos cafés de Portugal, é possível comprar pastéis de nata, de fabrico próprio, mas apenas os originais podem ser denominados Pastéis de Belém.

Como um doce português, o pastel de nata é também encontrado no Brasil. Os pastéis de nata são muito populares na China, onde chegaram através de Macau, no tempo da presença portuguesa.

Fonte: bit.ly/2YmoDhp (Acesso em: 28 ago. 2016. Adaptado.)

>>> No *Por dentro da lusofonia* da unidade, vamos às mesas portuguesas apresentar o pastel de nata e o original pastel de Belém (uma das 7 maravilhas da gastronomia portuguesa).

>>> Como a unidade é muito densa no que diz respeito ao conteúdo, a depender do tempo, os alunos podem fazer a leitura expressiva do texto em aula (com a ajuda do professor) ou em casa.

>>> É importante que, além da exploração dos sentidos do texto, o professor esteja atento à pronúncia. A leitura de textos em voz alta é um importante exercício de expressão oral. Os erros de pronúncia são extremamente produtivos em sala de aula e permitem a explicitação de detalhes da fonética do português úteis a todos os alunos.

Para ilustrar o tema, treinar a compreensão oral e a comparação da pronúncia do português europeu e brasileiro, sugerimos a exibição do vídeo "Conheça os autênticos pastéis de Belém" do canal Hoje Tem, no YouTube: **https://bit.ly/3FaZHL9** (acesso em: 19 maio 2023).

VAMOS TREINAR A PRONÚNCIA

Escute as palavras e marque se você escuta [b] baço ou [p] passo.

	1	2	3	4	5	6	7	8	9	10
[b] baço										
[p] passo										

>>> A atividade propõe a distinção entre os fonemas **[b]** e **[p]**, como em "baço" e "passo", pouco evidente para falantes de línguas tonais, como o mandarim. O professor, antes da execução do áudio, deve produzir os fonemas e fazer com que os alunos o repitam para que se conscientizem da diferença. Em seguida, o áudio deve ser passado duas vezes. A depender do tempo, pode-se utilizar a atividade como um ditado para a associação do fonema à ortografia. Nesse caso, o professor deve pausar o áudio a cada palavra para que os alunos possam escrever.

VALE A PENA ASSISTIR: QUEIJO CANASTRA

QUEIJO CANASTRA
2014. DOCUMENTÁRIO. 30M
O queijo canastra é uma herança da culinária portuguesa. Na Serra da Canastra, o homem do campo ainda preserva a receita original. As tradições seculares mantiveram-se guardadas lá, como em um velho baú repleto de lembranças. Sem saber quantas gerações vivenciarão esses costumes herdados, imprimiu-se um retrato no filme documentário.
DIREÇÃO: Wagner Indaiá
PRODUÇÃO: Miquéias Diniz
ROTEIRO: Wagner Indaiá
IMAGENS: João Lima
PRODUTORA: Savanna Filmes

Fonte: bit.ly/2OMRLds. Acesso em: 29 jul. 2019. Adaptado.)

>>> O objetivo desta seção do livro é apresentar aos alunos produções audiovisuais nacionais. Encorajamos fortemente que o professor promova o trailer do documentário em sala de aula, se possível, legendado.

SAMBA! • Unidade 6

135

UNIDADE 7
SAÚDE EM DIA

🔊 **MÚSICA:** Zé Meningite

🎬 **FILME:** Nise: O coração da loucura

PANORAMA DA UNIDADE

>>> Nesta unidade, vamos falar de cuidados com a saúde e dicas para uma vida mais saudável. Vamos refletir sobre práticas que melhorem nosso bem-estar e nossa qualidade de vida.

>>> O que podemos melhorar em nossa saúde?

>>> Os hábitos alimentares dos brasileiros serão retomados do ponto de vista nutricional, e, ao falar de esporte, vamos analisar também os índices do sedentarismo no Brasil. Vamos conhecer o Sistema Único de Saúde (SUS) e as campanhas governamentais de promoção de hábitos saudáveis, além de aprender os sintomas de algumas doenças tropicais e como evitá-las.

>>> Vamos conhecer a história de pessoas que superaram grandes desafios, tais como um transplante ou uma grande perda de peso, ler o depoimento de quem virou vegetariano e aprender um pouco sobre a medicina popular em Moçambique. Por fim, vamos aprender a expressar sintomas e sensações físicas, a compreender orientações médicas e adotar atitudes que facilitem a consulta para manter a saúde sempre em dia.

OBJETIVOS PRAGMÁTICOS
>>> Falar dos seus cuidados com a saúde, saber explicar seu estado físico em uma consulta médica, compreender orientações médicas e prescrições de medicamento.

OBJETIVOS LINGUÍSTICOS
>>> **Gramática:** comparativos II (igualdade, superioridade e inferioridade), preposições POR x PARA, preposição POR + artigo, preposições SEM x COM, verbos DAR e DOAR, expressões para dar conselho e orientações.
>>> **Vocabulário:** verbos relativos aos hábitos de saúde, categorias de alimentos, partes do corpo, sintomas e algumas doenças, verbos usados em descrições de tratamentos, tipos de medicamentos, verbos usados na descrição de sintomas e nomes de algumas plantas medicinais.
>>> **Fonética:** os fonemas [f] e [v].

OBJETIVOS SOCIOCULTURAIS
>>> Sistema de saúde no Brasil; sedentarismo no Brasil; vegetarianismo; doação de órgãos no Brasil; dengue, zika e chikungunya; plantas medicinais e a medicina popular em Moçambique.

| GÊNEROS TEXTUAIS | »> Campanha comunitária, site, infográfico, depoimento, petição digital, panfletos, prontuário médico, reportagem. |

▶ **PONTO DE PARTIDA** P. 154-155

Antes de iniciar a primeira atividade da unidade, o professor deve explorar com os alunos as três imagens da página de abertura para introduzi-los ao tema (p. 154). Eles devem ser capazes de descrever cada imagem, expressar o que elas representam e tentar relacioná-las de forma a descobrirem o tema da unidade.

🔊 TRABALHO COM A MÚSICA: "ZÉ MENINGITE"

»> A letra do divertido samba "Zé Meningite", do Grupo Revelação, lançado em 2002 no álbum *Ao vivo no Olimpo*, é composta quase completamente por nomes de doenças. A música, que tem rico vocabulário, lista todas as doenças que afligiram Zé Meningite e fala da força e resistência desse homem que dava medo à própria morte.

»> Na primeira execução do samba, o professor não deve dar nenhuma dica sobre o tema da música, deixando que os alunos descubram sozinhos que a letra é uma lista de doenças de um homem chamado Zé Meningite.

»> Na segunda escuta, o professor pode pedir aos alunos para identificarem o nome de seis doenças e explicarem como eles as reconheceram em meio a outras palavras. Em seguida, deve-se pedir que relacionem o nome da música à letra, isto é, expliquem por que a música tem por título o nome Zé Meningite.

»> O professor deve perguntar, enfim, qual destino os alunos imaginam para Zé Meningite. Ele morreu ou ainda está vivo? No campo linguístico, pode-se apresentar os sufixos **-ite** e **-ose** (que provavelmente serviram de pista para a identificação de nomes de doenças na letra da música), o primeiro indicando doença ou inflamação e o segundo uma doença crônica, condição ou estado.

▶ **BEM-ESTAR BEM** P. 156-157

O professor deve iniciar a lição perguntando aos alunos como eles compreendem a expressão "saúde em dia" e que ações associam a ela. Será que estamos sendo responsáveis com a nossa saúde e a mantemos em dia? Por que falar do tema saúde pode ser delicado? Afinal, o que é ter saúde? Por que falar de saúde é fácil para algumas pessoas e difícil para outras? Vamos descobrir os conteúdos da unidade, seus objetivos pragmáticos e como cuidar bem da saúde estando no Brasil.

ATIVIDADE 1

»> Para começar a falar de bem-estar e ações que trazem benefícios para a saúde e aumentam a qualidade de vida, além de incentivar a reflexão sobre nossos cuidados com o corpo e a mente, a atividade propõe a associação de verbos e substantivos relativos à saúde. Os alunos são convidados a avaliarem suas práticas e devem, cada um a seu turno, fazer um breve depoimento de suas ações para

SAMBA! • Unidade 7

ATIVIDADE 1

alcançar o bem-estar no dia a dia. A troca entre os alunos permite a todo o grupo identificar semelhanças e diferenças de hábitos.

🔑 **Correção 1:** (3) comer; (6) meditar; (4) relaxar; (5) sono; (7) respirar; (8) alinhar-se; (1) movimentar; (2) massagear.

🔑 **Correção 1.1.:** resposta pessoal.

DIA MUNDIAL DA SAÚDE

ATIVIDADE 2

>>> Depois de elencados os elementos e as ações que podem trazer saúde e bem-estar, é hora de avaliar os hábitos saudáveis por meio de seis parâmetros básicos de uma clínica de saúde.

>>> Os resultados da avaliação acompanham comentários que expressam um elogio, um incentivo, uma advertência, uma opinião e um conselho.

>>> Por meio de perguntas, o professor deve fazer com que os alunos leiam os comentários da atividade e percebam essas diferentes nuances de expressão.

>>> Em seguida, sozinhos ou em dupla, os estudantes devem discutir e identificar os elementos linguísticos que provocam, em cada comentário, os diferentes sentidos: elogio, incentivo, advertência, opinião e conselho. Para fins didáticos, sugerimos que o professor faça um quadro, como no modelo abaixo:

Comentário 1	Elogio	"Parabéns, continue assim!
Comentário 2	Incentivo	"...Tem boas práticas, mas ainda pode melhorar!"
Comentário 3	Advertência	"Cuidado..."
Comentário 4	Opinião/avaliação	"Suas práticas estão abaixo do mínimo..."
Comentário 5	Conselho	"Você precisa... É importante...

🔑 **Correção 2:** resposta pessoal.

ATIVIDADE 3

>>> Para terminar a primeira lição da unidade, depois de avaliar seus cuidados com a saúde, o estudante é convidado a definir, segundo seus critérios, o que é "qualidade de vida", quais bons hábitos ele cultiva e quais cuidados com a saúde precisa introduzir ou aprimorar. As reflexões e respostas incitadas ao longo de toda a primeira lição são importantes para que o aluno avalie sua saúde e identifique pontos a melhorar.

🔑 **Correção 3:** resposta pessoal para todas as questões.

ATIVIDADE 4

>>> A atividade, que tem como título a pergunta "O que você quer?", apresenta uma página do site Saúde Brasil, do Ministério da Saúde. O site oferece orientações sobre cuidados com a saúde para diferentes objetivos: parar de fumar, ter peso saudável, se alimentar melhor e se exercitar.

ATIVIDADE 4

>>> A partir da leitura do documento, o aluno deve identificar de que trata o site Saúde Brasil, o que ele oferece e a quem se destina. É importante que os alunos leiam todas as informações, identifiquem a fonte e observem os ícones de cada parte do menu. A atividade pode apresentar vocabulário novo para alguns alunos.

>>> Em seguida, cada aluno pode identificar qual das seções lhe interessa, justificar sua resposta, compartilhar com o grupo e identificar quais colegas têm interesses e/ou objetivos comuns ao seu.

>>> O professor também deve perguntar a qual seção do menu está relacionada a imagem exibida na página do site e quais intensidades de exercícios físicos são apresentadas.

🔗 Caso os alunos tenham acesso à internet, podem acessar o Saúde Brasil e apresentar aos colegas, a cada semana, uma orientação nova ou dica de saúde que aprenderam no site: **https://bit.ly/3p5bTHL** (acesso em: 19 maio 2023).

🔑 **Correção 4: a.** *Um site institucional;* **b.** *Orientações sobre cuidados com a saúde;* **c. 1.** *Eu quero me exercitar,* **2.** *Eu quero ter peso saudável,* **3.** *Eu quero parar de fumar,* **4.** *Eu quero me alimentar melhor;* **d.** *Resposta pessoal.*

ATIVIDADE 5

>>> A atividade apresenta um vídeo do site Saúde Brasil, da seção "Eu quero ter peso saudável". O vídeo trata do depoimento de Flávia Zonaro, advogada, que perdeu 60 quilos com a mudança de hábitos alimentares e atividades físicas.

🔗 Para alunos falantes de línguas muito distantes do português, caso o áudio seja muito rápido, pode-se executar o vídeo com a velocidade reduzida para 0.75. Reduzir a velocidade não é a melhor solução para desenvolver a compreensão oral dos alunos, no entanto, um áudio incompreensível é inútil para qualquer atividade de compreensão oral. Cabe ao professor avaliar o nível de dificuldade para o seu grupo. Os alunos devem fazer duas escutas: **https://bit.ly/3WjbikG** (acesso em: 19 maio 2023).

>>> Para um trabalho mais detalhado das expressões do texto, pode-se exibir a legenda em português após terminadas as duas escutas e corrigidas as questões da atividade. Esse tipo de exercício demanda a extração de muitas informações. O treino de seleção das informações relevantes e sua anotação deve fazer parte de toda atividade de compreensão oral. É importante que os alunos treinem sempre a anotação das informações durante a exibição de um áudio ou vídeo, especialmente aqueles que desejem fazer o exame Celpe-Bras.

🔑 **Correção 5: a.** *39 anos;* **b.** *Advogada;* **c.** *60 Kg;* **d.** *140 Kg;* **e.** *"Não tenha pressa. Paciência. A gente vai mudar uma coisinha por vez";* **f.** *Ela passou a fazer mais coisas, a ser mais ativa;* **g. 1.** *Anotar o que come ao longo do dia,* **2.** *Diferenciar o "eu preciso" do "eu quero";* **h.** *Na seção "Eu quero ter peso saudável".*

SAMBA! • Unidade 7   **139**

▶ **COMO ANDA SUA ALIMENTAÇÃO?** 📄 P. 158-159

Aqui, a pergunta que abre a atividade convida os alunos a refletirem sobre seus hábitos de alimentação e a compará-los com os hábitos de seus colegas. A lição apresenta, em sua abertura, uma pirâmide alimentar como documento motivador das análises e comparações, a qual apresenta nomes de categorias de alimentos, quantidades recomendadas e número de refeições que devem ser feitas ao longo do dia. Muitos alunos certamente já viram uma pirâmide similar. O objetivo da atividade, portanto, é induzi-los a usarem estruturas comparativas do português enquanto refletem sobre semelhanças e diferenças entre suas práticas alimentares.

ATIVIDADE 6

>>> As respostas às perguntas da atividade levam os alunos a, necessariamente, compararem seus hábitos alimentares àqueles sugeridos na pirâmide alimentar e aos hábitos de seus colegas. O professor deve revisar com os alunos os hábitos dos brasileiros estudados na Unidade 6, os tipos de refeição no Brasil, além de fomentar a discussão intercultural.

>>> A explicitação das regras de uso dos comparativos deve ser feita ao final de toda a lição, momento em que deve ser dada especial atenção aos detalhes que os alunos não puderam inferir ao longo da atividade.

🔑 **Correção 6:** *resposta pessoal para todas as questões.*

ATIVIDADE 7

>>> A atividade apresenta uma transmissão da Rádio UFMG chamada *Saúde com ciência* e tem por objetivo treinar a compreensão oral e fornecer aos alunos dicas para uma alimentação saudável.

>>> Os estudantes devem ler todas as questões da atividade antes da primeira escuta. O áudio deve ser executado duas vezes. O professor pode realizar uma terceira escuta acompanhada da leitura da transcrição do áudio (p. 241), a fim de explorar o vocabulário e as estruturas do texto.

🔑 **Correção 7: a.** *(2) os maus hábitos na hora de comer, (1) as características da dieta brasileira, (3) o problema da obesidade infantil, (4) a composição de um cardápio saudável;* **b.** *Mais da metade da população brasileira está acima do peso;* **c.** *Um prato saudável deve ser rico em alimentos in natura (que foram minimamente processados), deve ter muitos vegetais e ser sempre variado. É bom comer uma fruta após as refeições;* **d.** *Frutas, verduras, castanhas, ovos e feijão;* **e.** *O consumo de alimentos ultraprocessados,* **f.** *Porque eles são fonte de açúcar e sódio, estimulam as pessoas a comerem mais do que precisam e estão relacionados ao ganho de peso.*

ATIVIDADE 8

>>> Nesta atividade, vamos comparar os hábitos esportivos de pessoas de diferentes regiões do país e em diferentes faixas etárias. Vamos descobrir os números do sedentarismo no Brasil e comparar também as modalidades de esporte preferidas por homens e mulheres que se exercitam regularmente. Do ponto de vista linguístico, a atividade leva o aluno a refletir sobre as estruturas utilizadas na expressão de comparações.

ATIVIDADE 8

>>> O professor, para iniciar a atividade, pode dar alguns exemplos pessoais comparando as práticas esportivas de pessoas da sua família, identificando algumas que são mais ativas e outras mais sedentárias.

>>> Os alunos devem ler as informações do documento em silêncio e responder às perguntas por escrito. Durante a correção da atividade, é importante o professor estar atento não somente às estruturas linguísticas empregadas, mas também à habilidade de interpretação de dados de um infográfico por parte dos alunos (essa competência depende do nível de escolarização e do contato com esse gênero textual).

>>> O professor deve explorar as diversas formas possíveis de expressar relações de igualdade, superioridade e inferioridade. Muitas respostas são possíveis. É desejável o debate sobre as causas do sedentarismo e as formas de revertê-lo em uma vida ativa e cheia de energia. Cada aluno pode, por exemplo, dar um conselho para o abandono do sedentarismo e uma vida mais ativa.

>>> Para mais um treino de compreensão oral, reflexão sobre o que é realmente uma limitação física e motivação dos alunos à prática esportiva, sugerimos a exibição do vídeo de Paola Antonini, "Nada é impossível!": **https://bit.ly/3F1Ix2u** (acesso em: 20 maio 2023).

🔑 **Correção 8: a.** *É o índice de pessoas que afirmam não fazer qualquer atividade física regular ou exercitam-se menos de uma hora por semana;* **b.** *A região Centro-Oeste é a menos* ativa *ou a mais* sedentária; **c.** *A região Norte é a mais* ativa *ou a menos* sedentária.

🔑 **Correção 8.1.: a.** *As mulheres praticam musculação* tanto quanto *os homens. / As mulheres praticam* tanta *musculação* quanto *os homens;* **b.** *As mulheres praticam* mais *caminhada* (do) que *os homens. / Os homens praticam* menos *caminhada* (do) que *as mulheres;* **c.** *"Tanto quanto", "tanta… quanto", "mais (do) que" e "menos (do) que". Resposta pessoal a depender do comparativo escolhido pelo aluno(a) para cada frase.*

ATIVIDADE 9

>>> A atividade propõe o trabalho em dupla para a comparação de hábitos, promovendo a explicitação de diferenças e semelhanças entre os estudantes. Isso aproxima os alunos uns dos outros, aumenta a consciência identitária, pode despertar a curiosidade sobre o outro e ampliar o conhecimento de diferentes culturas. Por meio do bate-papo e da descoberta de curiosidades sobre os hábitos de cada colega, os alunos reinvestem os comparativos.

🔗 VAMOS SISTEMATIZAR: A FORMA COMPARATIVA

>>> O primeiro quadro da seção vai trabalhar com a forma comparativa de superioridade, a qual é irregular para alguns adjetivos. Isso deve ser destacado posteriormente. Note que a disposição do quadro é apenas um ajuste da diagramação da página.

>>> O segundo quadro, na parte inferior da seção, contém o resumo da forma comparativa quando usamos adjetivos, substantivos e verbos.

SAMBA! • Unidade 7

>>> Este é um tema que pode ser bastante complexo para os estudantes (principalmente para falantes de línguas distantes), por isso, sugerimos que ele seja trabalhado em três etapas.

>>> O professor pode ensinar um tipo de comparação (igualdade/ superioridade/ inferioridade) por aula, ou trabalhar com um tipo de classes de palavras (adjetivos/ substantivos/ verbos) nas três formas de comparativo por aula. Fica a critério do que ele achar mais interessante para seus estudantes.

➕ **Exercícios complementares:** p. 171, n. 4, 5, 6 e 7. Obs.: Sugerimos que sejam feitos após a explicação completa do quadro.

▶ **POR VOCÊ, PELO PLANETA E PELOS ANIMAIS** 📄 P. 160-161

Em continuação ao incentivo para a aquisição de bons hábitos, esta lição traz à pauta da saúde campanhas pelo vegetarianismo e pelo antitabagismo. Vamos discutir para quais ações elas querem nos mobilizar e por que são atitudes necessárias para o futuro.

ATIVIDADE 10

>>> Primeiramente, os alunos devem ler os três documentos e observar que ambos buscam promover uma mudança de comportamento. Em seguida, devem identificar quais comportamentos as campanhas buscam reduzir ou eliminar, por qual razão e por quem.

>>> No aspecto linguístico, além da compreensão dos documentos e da identificação de objetivos comunicativos, os alunos devem refletir sobre o uso das preposições POR e PARA e sobre as mudanças de sentido que cada preposição causa na frase. A compreensão das diferenças deve acontecer por contraste e por meio da comparação dos documentos.

>>> Caso o professor tenha tempo e recursos, sugerimos a exibição do vídeo abaixo para o enriquecimento da discussão. Trata-se de uma ótima atividade de compreensão oral. O vídeo é uma reportagem de telejornal.

🔗 "Israel: maior país vegetariano vegano do mundo – povo saudável desde a Antiguidade", do canal Maranata 7, no YouTube: **https://bit.ly/3F7YfJo** (acesso em: 20 maio 2023).

🔑 *Correção 10: a. O objetivo de promover a mudança de comportamento da sociedade; b. O hábito de comer carne e o hábito de fumar; c. Porque prejudicam a saúde, os animais e o planeta; d. Por si mesmo, pelos animais ou pelo planeta; e. Resposta pessoal. Sugestão: Porque ambas as ações poluem a terra, o ar e a água, provocam o desmatamento de áreas verdes, produzem muito lixo que não pode ser reciclado, fazem mal às pessoas e aos animais....*

🔶 **VAMOS SISTEMATIZAR:** A PREPOSIÇÃO POR

>>> Apresenta a preposição POR e sua forma contraída com artigos definidos. É importante o professor explicar que as preposições relacionam dois termos e sempre demandam um complemento.

Uma mesma preposição pode denotar diferentes sentidos, o que será mais visível na atividade 11.

ATIVIDADE 11

>>> A atividade apresenta seis frases com cinco diferentes preposições e propõe a associação de frases que têm o mesmo sentido. Os alunos podem fazer o exercício individualmente ou trabalhar em dupla para discussão de suas escolhas.

>>> Após a correção, o professor pode mostrar outros exemplos e pedir que os alunos criem mais frases a partir de suas práticas no dia a dia. É importante que se destaque que muitas vezes a escolha de uma preposição depende da regência nominal ou verbal. Ex.: "ter tendência de/a/para", "ser nocivo a", "ser fácil de/para", "pensar em", "gostar de", "sonhar com", etc.

Correção 11: c, e, f, d, a, b.

ATIVIDADE 12

>>> A atividade desafia os alunos a escolherem as preposições que devem entrar em cada parte do texto para que ele faça sentido. Mesmo tratando-se de atividade estrutural, o exercício de testar as diferentes preposições em diferentes posições no texto e verificar que sentido produzem ajuda na compreensão desse tema tão difícil para estudantes nativos e estrangeiros.

Correção 12: para a, com, sem, sem, para, para o.

ATIVIDADE 13

>>> A atividade treina a compreensão escrita e a redação de respostas objetivas e claras. O professor deve observar com os alunos a estrutura de um depoimento escrito e compará-lo ao depoimento oral (como o de Flávia Zonaro, na atividade 5). É importante que os alunos identifiquem os marcadores temporais que organizam a ordem dos eventos no texto.

>>> Primeiramente, os estudantes devem fazer uma leitura silenciosa do texto e respondê-lo individualmente. Antes de o professor fazer a correção coletiva da atividade, os alunos podem fazer uma leitura expressiva do texto para treinar a pronúncia e esclarecer alguma palavra ou expressão desconhecida. O professor pode fazer com que cada um leia uma parte do depoimento.

>>> Em seguida, no momento da correção, é importante que o professor escute as respostas de diferentes alunos e as discuta com o grupo, pois há questões objetivas e outras de resposta pessoal, sendo que as últimas dependem das inferências do aluno e de sua experiência de vida.

>>> Para explorar todo o potencial da atividade, os alunos podem identificar os marcadores temporais para organizar a ordem cronológica dos eventos na narrativa ("há quase 20 anos", "no ano passado", "desde os 18 anos", "hoje").

Correção 13: **a.** *A dieta dele baseia-se em verduras, legumes e peixes;* **b.** *Paulo Zulu segue uma dieta pescovegetariana e optou por viver fora dos grandes centros urbanos;* **c.** *Resposta pessoal.* **Sugestão:** *A morte precoce do pai devido aos maus hábitos alimentares;* **d.** *Resposta pessoal.*

SAMBA! • Unidade 7

ATIVIDADE 14

>>> A atividade propõe uma tarefa de redação de comentário na web a partir de uma petição on-line para a inclusão de uma opção de sanduíche vegano no menu da rede Subway de lanchonetes. O aluno deve se posicionar frente à petição e justificá-la.

>>> Na atividade, o documento autêntico da petição vem acompanhado de outro documento que fornece dados de uma pesquisa da Universidade de Oxford no Reino Unido. O segundo documento serve como mais um argumento para a realização da tarefa de redação do post.

>>> Em um primeiro percurso, o professor deve explorar com os alunos as características dos gêneros petição on-line e abaixo-assinado, a fim de identificar seus objetivos comunicativos. É interessante observar que o abaixo-assinado é mais informal e direcionado à população comum, enquanto a petição costuma ser mais formal e direcionada a uma autoridade. Não é objetivo da atividade a redação de uma petição ou abaixo-assinado, mas sim a identificação de algumas das características dos gêneros. A tarefa do aluno é a redação de um outro gênero textual, um comentário na web.

>>> O professor pode perguntar aos alunos se eles já assinaram alguma petição ou abaixo-assinado, o que era requisitado e qual foi o resultado. Caso a escola tenha recursos, é interessante a leitura de comentários e reações de internautas a outras petições. Ao final da atividade, sugerimos que o professor exiba o vídeo que apresenta o resultado da petição para a opção vegana do Subway.

🔗 "Lançamento SubVeg #OpçãoVegana – Março 2020": **https://bit.ly/3seFgth** (acesso em: 20 maio 2023).

▶ **DESCOBRINDO O CORPO HUMANO** 📄 P. 162-163

Esta lição inaugura o tema da comunicação em uma consulta médica, a começar pela apresentação dos nomes das partes do corpo. Também é apresentado o tema da doação de órgãos e o Sistema Único de Saúde (SUS).

ATIVIDADE 15

>>> A atividade propõe uma divertida descoberta de expressões idiomáticas em português que utilizam nomes de partes do corpo humano. Cabe aos alunos encontrarem os sentidos relacionados a cada expressão.

>>> Esta atividade, além de contextualizar o vocabulário, oportuniza uma ótima discussão intercultural, pois muitas culturas também utilizam de expressões semelhantes ou correspondentes.

>>> O professor deve ler as partes do corpo apontando para cada uma delas. Os alunos devem repetir o novo vocabulário para memorizá-lo e treinar sua pronúncia. Em seguida, podem fazer a atividade individualmente, em dupla ou em grupos para a discussão do significado de cada expressão.

🔑 *Correção 15:* e, f, c, g, b, d, a.

ATIVIDADE 16

16. Entre as expressões idiomáticas no exercício anterior, há exemplos que se assemelham a expressões do seu país? Elas têm o mesmo sentido que as expressões brasileiras? Quais delas fazem sentido para você? E quais não fazem? Converse com os colegas.

>>> A atividade é uma continuação da atividade anterior. Como algumas expressões idiomáticas do português são comuns às expressões de outros países ou apresentam formas correspondentes, convidamos os alunos a fazerem trocas de expressões e bate-papo. Eles devem responder às perguntas sugeridas na atividade. O professor pode ampliar o conteúdo perguntando que outras expressões os alunos conhecem em português.

🔑 **Correção 16:** *resposta pessoal.*

🌎 PONTO CULTURAL: O SISTEMA DE SAÚDE NO BRASIL

>>> Este ponto cultural trata da questão do acesso à assistência de saúde no Brasil. Os alunos devem fazer a leitura em silêncio ou coletivamente. É importante o professor explicar que o SUS é um sistema público de saúde universal, que atende a todas as pessoas gratuitamente, inclusive estrangeiros. Embora tenha muitos problemas, como falta de medicamentos, médicos e equipamentos, fornece vacinas, alguns remédios e acompanhamento médico a muitas pessoas que não poderiam pagar por esse tipo de serviço.

🔗 Caso a sala tenha recursos, o professor pode exibir o vídeo "Os princípios do SUS", do canal SerieSUS, no YouTube, que apresenta importante conteúdo linguístico e cultural, além de ser uma atividade de compreensão oral. No vídeo, os princípios doutrinários do SUS são explicitados: Universalidade, Integralidade, Participação Popular, Controle Social e Equidade: **https://bit.ly/32fpNy9** (acesso em: 20 maio 2023).

ATIVIDADE 17

>>> Nesta atividade, vamos tratar de um tema delicado: a doação de órgãos. Vamos assistir a mais uma história de superação, refletir sobre o assunto e descobrir a posição do SUS entre os programas de doação de órgãos no mundo. Você sabe a diferença entre DAR e DOAR? Essa questão deve ser norteadora da discussão.

>>> O professor deve orientar os alunos a fazerem uma primeira leitura silenciosa do texto de partida e investigar quais conhecimentos eles têm sobre o tema. A sequência da atividade propõe a exibição do vídeo de uma paciente transplantada de pulmão que testemunha sobre seu percurso da descoberta do problema à superação. Esse vídeo aprofunda as reflexões sobre a doação de órgãos, além de treinar a compreensão oral por meio de um documento autêntico.

🔗 Vídeo "Campanha de doação de órgãos 2015 – Depoimento da atleta Liège Gautério", do canal Ministério da Saúde: **https://bit.ly/43blpcv** (acesso em: 20 maio 2023).

SAMBA! • Unidade 7

ATIVIDADE 17

🔑 **Correção 17:** *V, F, V, F, V.*

🔑 **Correção 17.1.:** *as pessoas devem se declarar doadoras.*

🔑 **Correção 17.2.:** *as pessoas devem avisar os familiares sobre o desejo de doarem seus órgãos.*

🔗 A legislação do Brasil ainda exige a autorização da família. O Instituto Gabriel (**https://bit.ly/3E4NxCe**) cadastra pessoas para serem doadoras e cria um banco de doadores. Traz informações esclarecedoras para quem ainda não se sente seguro para ser um doador.

ATIVIDADE 18

›› A atividade tem por objetivo fazer os alunos refletirem sobre as diferenças de sentido entre os verbos DAR e DOAR. Os estudantes devem compreender o contexto de uso de cada verbo e perceber a razão pela qual eles não são sinônimos e não podem ser usados indistintamente.

›› Para o sucesso da atividade, é importante que os alunos identifiquem as palavras-chave que diferenciam os sentidos de cada verbo no verbete.

›› **Exemplo:** Doar ➡ "Fazer uma **transferência legal** sem pedir nada em troca" / Dar ➡ "Oferecer algo a alguém sem pedir nada em troca, **oferecer como presente**".

🔑 **Correção 18:** *resposta pessoal.*

❓ VOCÊ SABIA?

›› A seção apresenta um dado interessante sobre a assistência à saúde pública no Brasil. Segundo o Instituto Gabriel, apesar de muitas deficiências, "o Brasil possui a maior política pública do mundo na área de transplante de órgãos, pois cerca de 95% dos transplantes são realizados por meio do SUS – Sistema Único de Saúde". Além disso, o Brasil também é o segundo maior transplantador de órgãos do mundo.

🗂 VAMOS SISTEMATIZAR

›› Apresenta as conjugações dos verbos DAR e DOAR no presente e no pretérito perfeito. É muito importante que o professor conjugue os verbos em voz alta e explicite a pronúncia das vogais, especialmente nas formas "eu doo" e "você doou".

▶ **O QUE VOCÊ ESTÁ SENTINDO?** 📄 P. 164-165

A lição introduz o tema das doenças tropicais, em especial: a dengue, a zika e a chikungunya. Antes da leitura do texto, o professor deve perguntar aos alunos se eles conhecem a expressão "doenças tropicais" e se podem dar exemplos. O principal objetivo da lição é informá-los sobre a existência dessas doenças e conscientizá-los dos cuidados e das formas de prevenção. No que se refere aos aspectos linguísticos, a lição introduz a expressão de sintomas e sensações físicas.

ATIVIDADE 19

⟫ A atividade de compreensão oral treina a escuta de expressões de sintomas que podem estar presentes na dengue, na zika e na chikungunya dentro do contexto de uma consulta médica. Não é objetivo da lição ensinar ou incentivar o autodiagnóstico ou a automedicação; o professor deve esclarecer que, no caso da suspeita de doenças, o aluno sempre deve consultar um médico. Também deve-se recomendar o uso de repelentes.

⟫ Antes da escuta do áudio os alunos devem ler o quadro que descreve os sintomas de cada doença e identificar aqueles que diferenciam uma da outra. O quadro apresenta expressões novas que devem ser esclarecidas pelo professor.

⟫ Seguida à comparação dos sintomas de cada doença, os alunos devem fazer duas escutas e marcar no quadro os sintomas descritos pelo paciente. Os alunos devem identificar qual a suspeita da médica.

🔑 **Correção 19:** *Febre: alta e de início imediato. Quase sempre presente; Dores nas articulações: Dores intensas e presentes em quase 90% dos casos; Manchas vermelhas na pele: Manifestam-se nas primeiras 48 horas. Podem estar presentes; Vermelhidão nos olhos: Pode estar presente;* **A doença é: Chikungunya.**

ATIVIDADE 20

⟫ A atividade retoma o vocabulário das partes do corpo, as expressões "estar com + substantivo" (estudadas na unidade 1) e ensina a localização dos sintomas, dores ou sensações físicas.

⟫ É importante destacar a diferença de sentidos entre "dor na cabeça" e "dor de cabeça" e quando podemos usar as duas formas. A preposição "em" é muito utilizada em localizações de lugares físicos (ex.: em Curitiba, no Brasil, na universidade, no centro da cidade, no hospital...), localização no tempo (ex.: em 1980, na próxima semana, na quarta-feira, no dia 12 de fevereiro...) e na localização de partes do corpo (ex.: dor nas costas, dor no joelho...).

🔑 **Correção 20:** *Imagem A.* Dor nas costas; *Imagem B.* Dor de/no estômago ou dor de/na barriga; *Imagem C.* Dor de cabeça; *Imagem D.* Dor no joelho; **a., b.** Resposta pessoal.

VAMOS SISTEMATIZAR: USO DE ESTAR + COM PARA EXPRESSAR SINTOMAS

⟫ O professor pode explicar o uso das preposições que são destacadas (COM/ DE/ EM) associadas ao verbo ESTAR para indicar os sintomas. Vale, ainda, destacar as variantes locais, no caso de estudantes em imersão. O professor pode buscar um material complementar que indique as variantes do nome de sintomas para apresentar aos estudantes e promover o exercício do verbo ESTAR + COM + sintoma.

SAMBA! • Unidade 7

💬 FALE ASSIM

- Eu **tenho/ tive** febre e dores no corpo.
- Eu **estou/ estive** com febre e dores no corpo.
- Tive febre alta > 38° (graus)
- Tive febre baixa = 37°/ 38° (graus)

>>> Apresenta como expressar os sintomas contrastando o uso dos verbos ESTAR x TER. Sugerimos o exercício dessa forma de comunicar associada ao vocabulário e práticas do quadro *Vamos sistematizar*.

✓ PALAVRA POR PALAVRA

Para expressar a intensidade de uma dor, usamos as expressões: **leve** < **moderada** < **forte** < **intensa**

>>> Apresenta expressões de intensidade de dores ou febre.

ATIVIDADE 21

>>> A atividade de compreensão escrita, além de treinar a leitura e interpretação de texto, traz importantes informações sobre a cultura brasileira em ambiente médico/hospitalar.

>>> O professor deve, para cada recomendação, discutir com os alunos o que ela significa e observar que essas orientações facilitam o diagnóstico da doença. Os estudantes podem fazer uma leitura coletiva do texto, discutindo cada uma das 11 orientações. Ainda em grupo, os alunos devem dar sugestões de como proceder quando se é estrangeiro, não fala bem português e necessita de atendimento médico no Brasil. O professor deve escrever os conselhos no quadro.

🔑 **Correção 21:** *resposta pessoal.* **Sugestão:** *Levar um acompanhante que fale português, verificar a tradução do que você gostaria de falar para o médico, checar o vocabulário com antecedência, não sair do consultório com dúvidas, ter algum tipo de dicionário ou tradutor à mão no momento da consulta.*

ATIVIDADE 22

>>> O estudo das doenças tropicais continua a ser aprofundado nesta atividade, que demanda a criação de um texto para um panfleto contra a dengue. Nesta atividade, os alunos aprendem como evitar a doença, fazem perguntas e trocam dicas.

>>> Para a realização da tarefa de produção escrita, primeiramente, o professor deve apresentar o gênero textual "panfleto" e discutir com os alunos suas características. Para essa discussão, os alunos devem ler os documentos da atividade e identificar quais são os objetivos comunicativos, o slogan, o público-alvo e o suporte. Qual a importância das imagens? O texto verbal é extenso ou curto? Por quê?

>>> Depois de analisado o gênero, em dupla, os alunos devem criar um panfleto contra a dengue ou contra o mosquito *Aedes aegypti*. É importante que realmente produzam o panfleto contendo um slogan, imagens e informações. Pode ser feita uma votação para decidir qual é o panfleto mais criativo.

🔑 **Correção 22:** *resposta pessoal.*

VAMOS SISTEMATIZAR: EXPRESSÕES PARA DAR CONSELHO

>>> Ao final da lição, são sistematizadas as fórmulas recorrentes para dar conselho. O professor deve mostrar as fórmulas impessoais (começadas pelo verbo SER) e as fórmulas pessoais (começadas por nome ou pronome).

>>> O professor pode pedir aos alunos que transformem as orientações da atividade 21 em conselhos e observem o efeito que foi produzido. As informações são as mesmas, porém o texto ficou mais suave, menos duro.

▶ VOCÊ SABE A DIFERENÇA ENTRE GRIPE E RESFRIADO? 📄 P. 166-167

Nesta lição, vamos iniciar falando sobre a gripe e o resfriado, que são muito comuns em todos os países. Mas o que caracteriza uma doença e outra? Os alunos vão continuar a trabalhar com o gênero panfleto, descobrir como responder a uma anamnese, discutir sobre os tratamentos caseiros e a medicina popular em Moçambique.

>>> Os alunos devem ler em silêncio o panfleto da atividade. Antes que o professor esclareça o novo vocabulário, os estudantes devem discutir quais são os sintomas de uma doença e de outra e qual o possível significado do vocabulário novo.

>>> O vocabulário desta atividade é mais técnico, porém as experiências de gripes e resfriados permitem que eles façam inferências sobre os sentidos do texto. Essa atividade é muito boa para desenvolver estratégias de compreensão em língua estrangeira. Os alunos devem tentar responder às questões oralmente.

 Correção 23: a. A gripe é mais comum no inverno; **b.** A congestão nasal (nariz entupido); **c.** A cabeça, a garganta e o nariz. Na gripe, há dores musculares por todo o corpo; **d.** A gripe; **e.** É sempre importante consultar um médico no caso de febre, dores e cansaço. Apenas o médico pode prescrever um tratamento e medicamentos adequados. No caso de um resfriado, a ingestão de líquidos, uma boa alimentação e descanso podem ser suficientes.

✓ PALAVRA POR PALAVRA

>>> Apresenta verbos usados na descrição de sintomas e verbos usados na descrição de tratamentos, fundamentais para uma boa compreensão de orientações médicas e prescrições medicamentosas.

ATIVIDADE 24

>>> A atividade apresenta um modelo de prontuário médico e propõe a simulação de um atendimento em um pronto-socorro, quando é necessário responder a perguntas sobre o estado de saúde.

>>> Em dupla, os alunos devem imaginar as perguntas para cada tópico do prontuário médico e as possíveis respostas. Além de fazer os alunos reinvestirem o conteúdo estudado, introduz mais vocabulário novo. Os diálogos elaborados em dupla podem ser encenados para todo o grupo.

🔑 *Correção 24: resposta pessoal.*

❓ VOCÊ SABIA?

>>> Apresenta a cultura de dizermos "saúde" sempre que alguém espirra.

ATIVIDADE 25

>>> Ainda em dupla, os alunos devem ler o documento da atividade – retirado de um material autêntico sobre dicas de saúde e bem-estar – e compartilhar seus hábitos em caso de gripe ou resfriado.

>>> A atividade permite a revisão de grande parte do vocabulário relacionado à saúde e a utilização de comparativos. Os estudantes, além de compararem seus cuidados pessoais, podem compartilhar com o grupo os seus hábitos comuns e fazerem trocas de boas práticas de saúde durante quadros de gripe e resfriado. Esses momentos de trocas e bate-papos espontâneos geralmente enriquecem muito o vocabulário da lição. O professor deve anotar no quadro as palavras e as expressões novas que surgem durante a conversação.

🔑 *Correção 25: resposta pessoal.*

🔍 VAMOS BUSCAR

ATIVIDADE 26

>>> O uso de plantas medicinais para o tratamento ou o alívio de sintomas é muito antigo e comum em muitos países. Cada cultura utiliza ervas e plantas variadas da flora local. O uso de uma mesma planta pode variar entre os países. Ex.: uma planta usada como chá no Brasil pode ser um tempero ou ter outro uso em outro país.

150 SAMBA! • Unidade 7

ATIVIDADE 26

≫ A atividade visa a apresentar o nome de algumas plantas usadas pelos brasileiros no dia a dia e suas propriedades medicinais. É importante observar que os nomes populares atribuídos às plantas variam enormemente a depender da região do Brasil. Essas diferenças de usos das plantas fomentam boas trocas interculturais em sala de aula.

🔑 **Correção 26: 1. Boldo.** *Estimulante digestivo, usado contra a azia e má digestão, usado como tônico hepático. No Brasil, é muito usado para curar a ressaca;* **2. Alecrim.** *Estimulante contra o esgotamento físico e mental, bom tônico capilar, também usado como tempero;* **3. Citronela.** *Repelente de insetos, calmante, antitérmica e bactericida. Boa para repelir o mosquito Aedes aegypti vetor da dengue, zika e chikungunya;* **4. Manjericão.** *Bom contra tosse, dor de garganta, problemas digestivos, falta de apetite, náuseas, ansiedade e insônia. Muito usado na culinária;* **5. Guaraná.** *Energético e estimulante, melhora o humor, a falta de energia e o cansaço excessivo.*

POR DENTRO DA LUSOFONIA: A MEDICINA POPULAR EM MOÇAMBIQUE

≫ Apresenta a importância da medicina popular em Moçambique e o lugar das plantas medicinais e dos curandeiros na assistência à saúde da população. O texto amplia a discussão sobre as plantas medicinais iniciada na atividade anterior e enriquece o repertório intercultural. Os alunos podem fazer uma leitura coletiva, e o professor pode fazer perguntas sobre o texto para motivar a discussão. Cada aluno pode testemunhar sobre o lugar das plantas medicinais na sua vida privada e na cultura de seu país de origem.

HORA DO JOGO

ATIVIDADE 27

≫ O jogo de palavras-cruzadas proposto na atividade tem por objetivo revisar as partes do corpo humano por meio de uma atividade lúdica. É desejável que os alunos tentem encontrar as palavras usando a memória. Em sala de aula, a atividade pode ser feita em duplas. Ganha a dupla que terminar primeiro.

🔑 **Correção 27: 1.** *Pescoço;* **2.** *Coração;* **3.** *Olho;* **4.** *Mão;* **5.** *Boca;* **6.** *Cabeça;* **7.** *Braços;* **8.** *Abdome.*

SAMBA! • Unidade 7

🗨 VAMOS TREINAR A PRONÚNCIA

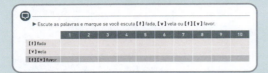

▶▶▶ A atividade visa a treinar a distinção entre os fonemas **[f]** e **[v]** e sua pronúncia. Os dois fonemas são produzidos com o encontro do lábio inferior e os dentes superiores, no entanto, é importante o professor destacar a diferença de vibração entre o **[f]** e o **[v]**.

▶▶▶ Os alunos devem treinar a produção dos fonemas antes de fazer duas escutas. O áudio pode ser usado também como ditado.

🎬 VALE A PENA ASSISTIR: NISE: O CORAÇÃO DA LOUCURA

▶▶▶ O objetivo desta seção do livro é apresentar aos alunos produções audiovisuais nacionais. Encorajamos fortemente que o professor promova o trailer do filme em sala de aula, se possível, legendado.

UNIDADE 8

COM QUE ROUPA?

 MÚSICA: Com que roupa?

 **FILME:** Amor.com

PANORAMA DA UNIDADE

>> Esta unidade associa diversos temas, tais como compras, serviços, comportamentos sociais, vida privada e clima, a fim de fornecer aos estudantes as ferramentas necessárias para projetar seu estilo de vida e evidenciar seu pensamento a respeito do consumo. É uma unidade densa de vocabulário, mas também cheia de oportunidades acionais para praticar seu emprego. Vamos discutir estilos, aprender a pechinchar, analisar o clima x tempo, e expressar desejos ou possibilidades.

OBJETIVOS PRAGMÁTICOS	>> Descrever e analisar roupas; aprender a comprar e a pechinchar; compreender a previsão do tempo; falar sobre hábitos de consumo; expressar desejo ou possibilidade.
OBJETIVOS LINGUÍSTICOS	>> **Gramática:** verbos LEVAR e TRAZER, futuro do pretérito II, sufixos -ismo/-ista. >> **Vocabulário:** vestuário; convenções de tamanhos e medidas; tipos de estilo; expressões sobre consumo; expressões sobre o clima. >> **Fonética:** os fonemas [k] e [g].
OBJETIVOS SOCIOCULTURAIS	>> Descobrir a moda e os estilos, aprender sobre a dinâmica do consumo e os comportamentos consumistas. Discutir sobre a cultura da tatuagem no Brasil, sobre o evento Fashion Week em São Paulo e Portugal, sobre os brechós e as novas formas de reutilizar produtos. Por fim, tratar da análise do clima e suas implicações para escolhas de destinos e preparação da bagagem.
GÊNEROS TEXTUAIS	>> Tabela de medida, blog, gráfico, infográfico, teste de revista, reportagem, depoimento, cartaz, previsão do tempo.

▶ PONTO DE PARTIDA P. 174-175

As imagens que compõem a abertura desta unidade buscam harmonizar os temas: moda, estilo de vida e consumo. Diante desta tríade, o professor pode trabalhar com os estudantes a construção de um mapa mental inspirado no que veem. A imagem de maior destaque mostra uma produção elaborada para um desfile de moda, enquanto a imagem mais à esquerda destaca uma mulher com tatuagens e acessórios que valorizam o contraste da pele. Já a imagem mais à direita, mostra uma arara com roupas aparentemente simples e pouco organizadas, fazendo uma inferência a essa ideia de reutilização. Essas três vão indicar as discussões que são apresentadas ao longo da unidade.

🔊 TRABALHO COM A MÚSICA: "COM QUE ROUPA?"

» O samba "Com que roupa?" do sambista, compositor e cantor carioca Noel de Medeiros Rosa, conhecido como Noel Rosa, foi lançado em 1930.

» Noel Rosa foi importante na história da música popular brasileira e ganhou em 2016, postumamente, o título de grão-mestre da Ordem do Mérito Cultural do Brasil. Ele fez a ponte entre o samba do morro e a classe média e compôs 259 canções.

» No livro foi escolhida a versão original da música **https://bit.ly/3oh5Zpr** (acesso em: 20 maio 2023), gravada pelo próprio Noel Rosa, para apresentar aos alunos uma versão histórica do samba que pode ser comparada às versões gravadas por artistas contemporâneos. Pode-se observar, por exemplo, entre a versão original e as contemporâneas, uma diferença nos arranjos musicais.

» Em um primeiro percurso, o professor pode apresentar aos alunos a versão original de Noel Rosa e perguntar: De que trata a música? O "eu lírico" é um homem ou uma mulher? Por quê? Aonde o "eu lírico" vai? Por que ele/ela não sabe com que roupa ir ao evento?

» O professor deve explorar aspectos da música tais como a falta de dinheiro e como se vestir frente a um convite inesperado. Além disso, o professor pode apresentar a letra da música aos alunos, a fim de identificar o vocabulário desconhecido e o sentido das expressões idiomáticas e figuras de linguagem. Muitas expressões são usadas até hoje.

» Em seguida, pode-se mostrar a versão contemporânea da canção, de Caetano Veloso cantando com Zeca Pagodinho, e perguntar qual versão eles acham que é mais moderna e por quê. O professor pode fazer uma votação para descobrir qual a versão preferida.

» "Zeca Pagodinho – Com que roupa?": **https://bit.ly/3GTJ33i** (acesso em: 20 maio 2023).

▶ CAIU COMO UMA LUVA P. 176-179

Nesta lição, vamos iniciar a discussão falando sobre os tipos de estilos. Aproveitamos o popular programa de Gabi Amarantos para propor uma reflexão sobre o estilo de cada um e como isso pode afetar a primeira impressão. É comum escutar o relato de vários estrangeiros sobre a aparência dos brasileiros, que quase sempre enfatizam como percebem o culto ao corpo e à beleza no país, o que percebem, inevitavelmente, pelo grande número de academias de ginástica e salões de beleza. Vamos, ainda, trabalhar com um diálogo para fazer compras e a conversão das tabelas de medidas.

ATIVIDADE 1

>>> Neste momento, o professor deve explorar a imagem juntamente com as questões propostas. Elas vão direcionar a descoberta do programa e de seu objetivo. Depois de trabalhadas as questões, o professor pode exibir um trecho do programa. Sugerimos dois vídeos, ambos do canal Discovery Home & Health Brasil:

🔗 "Mãe e filha se desafiam a mudar de look – Troca de Estilos com Gaby Amarantos": **https://bit.ly/3p3ZSCg** (acesso em: 20 maio 2023) e "Experimentando novas peças de roupas – Troca de Estilos com Gaby Amarantos": **https://bit.ly/3p68Sa6** (acesso em: 20 maio 2023).

>>> Estes vídeos são do programa da imagem à direita da nossa lição (p. 176), em que mãe e filha vão trocar de estilos. No primeiro vídeo, é mostrada a crítica mútua ao estilo. No segundo, mostra-se como elas vão experimentar a sugestão de estilo feita de uma para a outra. A partir dessa exibição, o professor pode pedir a opinião do grupo sobre o programa, solicitar que eles relatem se já experimentaram crítica dos pais quanto à forma de se vestirem. Pode também perguntar sobre qual faixa etária em geral, nos países deles, o estilo é mais distinto ou destacado, e se isso afeta a interação entre as pessoas em situações específicas (trabalho, escola, entre familiares, vizinhos, locais religiosos, etc.).

🔑 **Correção 1: a.** São imagens de um tipo de programa de TV sobre troca de estilos; **b., c., d.** Respostas pessoais; **e.** A expressão idiomática é usada em situações em que se pode observar um encaixe ou ajuste muito adequado de uma roupa para o corpo ou de uma situação para o momento. Essa referência é assim feita por alusão ao encaixe da luva à mão.

ATIVIDADE 2

>>> Nesta atividade, o professor pode pedir que os estudantes façam a associação e digam outros estilos que possam conhecer. Existem 7 estilos que são considerados universais: (1) natural esportivo, (2) tradicional, (3) refinado, (4) romântico, (5) criativo, (6) sexy e (7) dramático urbano. Escolhemos os da lista abaixo por serem mais populares na comunicação do dia a dia, mas ainda existem inúmeros, como vintage, *geek*, moderno, *punk*, *rocker*, etc. Se o grupo tiver interesse, o professor pode fazer uma atividade complementar, solicitando que eles escolham fotos que ilustram estilos muito tradicionais ou populares do país de origem para apresentar aos colegas.

🔑 **Correção 2: 1.** Hippie; **2.** Clássico; **3.** Esportivo; **4.** Hipster; **5.** Despojado; **6.** Casual.

ATIVIDADE 3

>>> Professor, peça que os estudantes leiam as frases da atividade. Se necessário, auxilie quanto à pronúncia e ao vocabulário. O áudio deve ser executado duas vezes. Para alunos falantes de línguas distantes, pode-se administrar pausas na execução para ampliar a compreensão e possibilitar a tomada de notas. Após a escuta e a correção coletiva, a transcrição do áudio pode ser consultada para que os estudantes vejam mais detalhes do diálogo.

🔑 **Correção 3: a.** Um vestido; **b.** Cinza; **c.** M e G; **d.** G; **e.** À vista em dinheiro; **f.** Os 10% de desconto; **g.** Preta; **h.** Porque o vestido cinza ficou curto.

💬 FALE ASSIM   ✓ PALAVRA POR PALAVRA

>>> Essas duas seções podem ser discutidas conjuntamente, uma vez que o vocabulário do quadro azul é importante para a expressão oral do quadro roxo. Para trabalhá-los, sugerimos que o professor peça aos estudantes para criar um diálogo semelhante ao que ouviram utilizando as expressões dos quadros.

ATIVIDADE 4

>>> Nesta atividade, o professor pode trabalhar com os estudantes o vocabulário de medidas. Além disso, as partes do corpo podem ser relembradas nessa oportunidade.

>>> A partir da tabela de conversão de calçados, o professor pode ensinar expressões para que os estudantes expliquem aos vendedores se sentem conforto ou precisam de um número diferente, por exemplo: está apertado dos lados, este calçado é muito justo, o sapato está pequeno, está largo, preciso de um número maior/menor, etc.

ATIVIDADE 5

>>> Nesta atividade, as questões são apenas o início da exploração do tema de moda e estilo e também dos gêneros textuais ligados ao tema, como texto de blog, matéria de site, texto de apresentação, testes, entrevistas, etc. O professor deve explorar a ideia do site e, se possível, acessar e mostrar as matérias disponíveis no dia da aula: **https://fashionistando.uai.com.br/** (acesso em: 20 maio 2023). Na aba "turista", as jornalistas responsáveis pelo site apresentam dicas sobre a cidade de Belo Horizonte e matérias associadas às experiências de viagem.

SAMBA! • Unidade 8

ATIVIDADE 5

🔗 Sugerimos, ainda, o texto complementar "Na onda do estilo piriguete": **https://bit.ly/3e2qmxQ** (acesso em: 20 maio 2023). Nesse texto é discutido o estilo "piriguete". A moda de usar roupas que exibem as curvas e partes do corpo com maior destaque. Vale a pena a leitura para tratar não apenas da expressão, que muitos escutam e não compreendem, mas também para desmitificar preconceitos associados ao estilo.

🔑 **Correção 5: a.** *Moda/ Beleza/ Moda de rua/ Casamento/ TV/ Turista/ Radar;* **b.** *Respostas possíveis: moda de rua/ programas de TV/ eventos sociais/ celebridades/ conselhos estéticos/ estilo/ noivas/ beleza;* **c.** *Resposta pessoal. É bom que o professor se oriente para essa resposta, caso o estudante questione.*

🔗 O vídeo "TV Etiqueta entrevista: Moda x estilo com João Braga", do canal TV Etiqueta, no YouTube, pode ser uma boa referência para explicar essa distinção e trabalhar a compreensão auditiva: **https://bit.ly/3yDXxkB** (acesso em: 20 maio 2023).

➕ HORA DO JOGO

VESTUÁRIO

»» O professor deve agora trabalhar o vocabulário da página com o grupo. Em seguida, fechar o livro e executar o jogo conforme as instruções. Uma sugestão para animar a brincadeira é levar acessórios de festa/carnaval, como chapéus, echarpes, luvas, perucas coloridas, colares de pena/flores, óculos coloridos e distribuir para que, ao descreverem o vestuário, os estudantes trabalhem com mais acessórios e também com as cores.

➕ **Exercícios complementares:** p. 190, n. 1, 2 e 4.

»» Uma atividade complementar, para relembrar as cores, pode ser o jogo das cores com o Efeito Stroop. Em psicologia, existe o estudo sobre o Efeito Stroop, quando ocorre um atraso no pensamento e no tempo de reação.

 🔗 Faça com que os estudantes assistam aos vídeos "Teste seu cérebro – Efeito Stroop": **https://bit.ly/43gyAtE** (acesso em: 20 maio 2023) e "Jogo das Cores!": **https://bit.ly/464Rbue** (acesso em: 20 maio 2023), que apresentam uma sequência de palavras. O desafio é dizer em voz alta e no menor tempo possível a cor em que cada palavra está escrita.

ATIVIDADE 6

»» Professor, peça que os estudantes leiam as perguntas da atividade. Se necessário, auxilie quanto à pronúncia e ao vocabulário. O áudio deve ser executado duas vezes. Para alunos falantes de línguas distantes, o professor pode administrar pausas na execução para ampliar a compreensão e possibilitar a tomada de notas.

🔑 **Correção 6: a.** *Eles vão jantar no próximo sábado;* **b.** *Ele vai levar Marina ao novo restaurante da cidade;* **c.** *O restaurante é elegante, tem bela decoração, cardápio brasileiro no estilo gourmet, mais sofisticado;* **d.** *Jorge vai buscar Marina às 19h;* **e.** *A reserva foi marcada às 19:30;* **f.** *Jorge tem algo importante para falar a ela.*

ATIVIDADE 7

>>> O professor deve solicitar que os estudantes escolham o look que julgarem adequado, mas, ao final, deve discutir com os alunos aqueles que não seriam adequados. Essa é também uma oportunidade de fazê-los descrever todos os looks. Aqui pode ser feito um trabalho intercultural, solicitando que cada um comente sobre o estilo de vestir nessas ocasiões na cultura de seus países.

🔑 *Correção 7: resposta pessoal.*

ATIVIDADE 8

>>> Nesse momento, o professor vai solicitar que os estudantes criem um texto narrativo e descritivo. Portanto, pode ser mais adequado solicitar como atividade para casa. Caso o grupo na aula seguinte não tenha feito, pode ser realizada uma produção de texto coletiva, em aula.

🔑 *Correção 8: resposta pessoal.*

>>> Ao corrigir o texto, busque sinalizar para os estudantes a importância de marcar o tempo ao usar o pretérito perfeito. Nas situações em que for necessário o uso do imperfeito, o professor pode tentar sugerir outra forma com o pretérito perfeito ou indicar o verbo no imperfeito e explicar seu uso de forma suscinta.

🌎 PONTO CULTURAL: O BIQUÍNI MADE IN BRAZIL

>>> A leitura é uma breve descrição da história do surgimento do nome biquíni como peça de vestuário e de como o Brasil contribuiu para a criação de diversos modelos existentes na moda atual. O professor pode fazer uma leitura coletiva e discutir com a turma sobre o livro em questão.

🔗 Há uma entrevista feita com a autora Lilian Pacce, pela rádio Jovem Pan, a qual pode vir a ser trabalhada com a turma se o ajuste de tempo do curso possibilitar. O professor pode fazer exploração do áudio ou vídeo da entrevista: **https://bit.ly/3ei1PFj** (acesso em: 20 maio 2023).

▶ QUE TIPO DE CONSUMIDOR VOCÊ É? 📄 P. 180-181

Nesta lição, exploraremos a ideia de consumir. Vamos discutir os tipos de consumidores e como eles se comportam, e também apresentar uma ideia inovadora para a circulação da moda com os guarda-roupas compartilhados. Por fim, vamos testar se comprar é uma obsessão. Nesse percurso, trabalharemos a leitura e interpretação de dados, bem como expressões e vocabulários importantes para tratar do tema e os sufixos **-ista** e **-ismo**.

SAMBA! • Unidade 8

ATIVIDADE 9

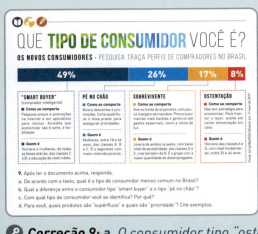

>>> O professor pode pedir que os alunos leiam o texto para conhecer os perfis de compradores no Brasil e que, em seguida, reflitam sobre qual perfil pode ser encontrado no seu país de origem. Após a manifestação de cada estudante e os esclarecimentos sobre o vocabulário e as expressões que os alunos venham a questionar, deve ser solicitada a realização da atividade 9.

>>> Expressões do texto: ostentação/ faixa etária/ supérfluos/ orçamento/ margem de manobra/ pé no chão (use o recurso da seção *Você sabia*).

🔑 **Correção 9: a.** O consumidor tipo "ostentação"; **b.** O consumidor "smart buyer" é o comprador inteligente que pesquisa preços, mesmo quando tem dinheiro. O tipo "pé no chão" economiza por necessidade e corta supérfluos; **c., d.** Resposta pessoal.

❓ VOCÊ SABIA?

>>> Esta seção deve ser discutida conjuntamente ao momento de exploração do texto. Peça que os estudantes criem uma frase utilizando a expressão, para verificar se compreenderam bem seu uso.

ATIVIDADE 10

>>> Professor, peça que os estudantes leiam as frases da atividade. Se necessário, auxilie quanto à pronúncia e vocabulário. Passe o vídeo duas vezes. Sugerimos que a exibição seja sempre direta. Entre a primeira e a segunda exibição, dê aos estudantes alguns minutos para checarem as frases da atividade. Para alunos falantes de línguas distantes, o professor pode administrar pausas durante a exibição para ampliar a compreensão e possibilitar a tomada de notas.

>>> Após a segunda exibição, discuta as questões e solicite que os estudantes justifiquem as alternativas falsas. Sempre abra espaço para opinarem sobre o conteúdo. Sugestões de perguntas: "Você participaria desse tipo de iniciativa?", "Você concorda que isso é uma forma de ser mais ecológico?", "De que outra maneira poderíamos evitar o consumo de roupas ou ter um consumo mais consciente?", etc.

🔑 **Correção 10: a.** V; **b.** V; **c.** F (até 10 dias); **d.** V; **e.** V; **f.** F (são cerca de 300 peças); **g.** V; **h.** V/F (se falso, o estudante deve justificar que há opção de pagar taxa extra para lavagem na loja); **i.** F (com 200 podem ser retiradas 3 peças).

🔗 O vídeo da reportagem "Conheça a roupateca, o novo serviço de aluguel de roupas", do telejornal *Balanço Geral*, pode ser acessado no YouTube por meio do link: **https://bit.ly/3r9g6xQ** (acesso em: 1 agosto 2023).

>>> Nesta atividade, o professor deve solicitar uma leitura coletiva e propor uma discussão sobre o tema do consumo compulsivo. Para isso, pode-se pedir que, inicialmente, os estudantes discutam se as propagandas influenciam os hábitos de comprar compulsivamente?".

>>> Depois da discussão, os alunos devem fazer o teste e compartilhar se o acharam eficiente. Eles também podem compartilhar os resultados e discutir se concordam que responder a pelo menos 5 questões positivamente realmente é um sinal de alerta, conforme indicado pelo teste.

>>> Para ampliar a produção oral, o professor pode trazer alguns Elementos Provocadores do Celpe-Bras para trabalhar com a turma, selecionando as perguntas mais relativas à temática. Sugerimos os Celpe-Bras: 2015/1 (Elemento 17); 2017/1 (Elemento 4); 2017/2 (Elemento 3); 2019/2 (Elemento 7).

VAMOS SISTEMATIZAR: PALAVRAS EM FAMÍLIA

>>> O professor vai trabalhar o conceito e treinar com os estudantes.
➕ **Exercícios complementares:** p. 192, n. 9; p. 193, n. 10.

▶ VAMOS ENCONTRAR O DESTINO CERTO? 📄 P. 182-183

Nesta lição, vamos aprofundar a discussão sobre medidas conscientes quanto ao consumo. Iniciaremos tratando do tema desapego. Como fazemos o descarte de roupas que não usamos com frequência? Qual a melhor maneira de nos desapegar? Em seguida, vamos nos engajar para conhecer e talvez promover uma "trocaria". Por fim, falaremos de um dos maiores eventos de moda do Brasil, o São Paulo Fashion Week (SPFW).

DIAGRAMA DO GUARDA-ROUPA

>>> Neste infográfico, o professor vai discutir com os estudantes o destino adequado para roupas de que devem se desapegar. A turma deve analisar coletivamente os possíveis destinos, e, enquanto o fazem, o professor deve auxiliar, explicando as diversas expressões usadas no texto, por exemplo: "apego", "ter jeito", "ajeitar", "caber", "doar", etc.

>>> Uma outra possibilidade é dividir a turma em três grupos e pedir que os estudantes façam o diagrama invertidamente: um para **jogar fora**, outro para **doar** e outro para **pendurar**; dessa forma, cada grupo pode depois apresentar um caminho para o restante da sala e dizer que tipo de roupa era inicialmente: roupa íntima? Roupa que não servia? Roupa de apego emocional? Roupa velha? Suja?

➕ **Exercício complementar:** p. 193, n. 14.

ATIVIDADE 12

12. Pense em uma roupa que há muito tempo você não usa. Faça o percurso proposto pelo diagrama a seguir e descubra se você deve pendurar, jogar fora ou doar. Em seguida responda às perguntas abaixo.
   a. Para você, o que é apego emocional?
   b. O que é "ajeitar" uma roupa?
   c. Quais são as condições para uma roupa ser jogada fora?
   d. Em que condições uma roupa deve ser doada?
   e. Em que condições uma roupa deve ser pendurada?

>>> A depender da atividade de introdução feita anteriormente, o professor pode pedir que o estudante faça o percurso do exercício ou responda diretamente às questões.

>>> Essa atividade pode ser solicitada para que os estudantes trabalhem em dupla e apresentem repostas redigidas, pois na atividade eles devem analisar, conceituar e apresentar opinião, o que é interessante para exercitar a escrita.

🔑 **Correção 12: a.** *Resposta pessoal;* **b.** *Ajeitar é o mesmo que fazer ajuste;* **c.** *De acordo com o infográfico: quando é roupa íntima ou quando está rasgada, manchada ou desbotada e/ou não é possível ajustar;* **d.** *De acordo com o infográfico: limpa;* **e.** *De acordo com o infográfico: quando temos apego emocional e/ou usamos no último ano e quando fazemos ajustes nas roupas.*

❓ VOCÊ SABIA?

▶ No Brasil, é muito comum levar as roupas na costureira para consertar e fazer ajustes. Muitas pessoas também compram tecidos e pedem para a costureira fazer uma roupa sob medida.

🔗 Para que os estudantes conheçam mais sobre essa cultura de conserto de roupas, o professor pode exibir o vídeo "Crise faz aumentar procura por serviços de consertos de roupas e calçados", do canal TV Unesp, no YouTube: **https://bit.ly/32cb0cr** (acesso em: 20 maio 2023). Este vídeo mostra a oferta do serviço de conserto de roupas e os motivos que levam as pessoas a procurar o ajuste de peças. Pode ser explorado para uma atividade ou simplesmente para que os estudantes vejam como são acessíveis esses serviços no Brasil.

❓ VOCÊ SABIA?

▶ O presente do indicativo é frequentemente usado com valor de imperativo (oralmente).

>>> O professor deve destacar o uso do tempo verbal – presente do indicativo – no diagrama do guarda-roupa (documento autêntico) para expressar ordem ou conselho, isto é, com valor de imperativo. É desejável que sejam apresentados também outros exemplos. Esse uso é mais frequente na oralidade.

🗂 VAMOS SISTEMATIZAR: EXPRESSÕES DE CONDIÇÃO

EXPRESSÕES DE CONDIÇÃO
- **Se** a sua roupa está em bom estado e **se** não serve mais em você, doa!
- **Se** sua roupa custou caro e você usou no último ano, pendura!
- **Se** você tem muitas roupas no guarda-roupa que não são usadas, você pode usar o diagrama do guarda-roupa para saber o que fazer: **se** pendura, **se** joga fora ou **se** doa.

>>> Nesta seção, o professor vai discutir o uso de SE para indicar uma condição. Vale a pena explorar a forma como as frases são apresentadas (mostram a oralidade do dia a dia dos brasileiros). A informalidade se nota pelo uso do indicativo com valor de imperativo nas palavras "doa" e "pendura". A turma pode explorar esse recurso com outros exemplos e essa experiência será interessante porque na próxima unidade o imperativo será estudado.

TROCARIA

>>> O texto apresenta uma sugestão de regras para a organização de uma "trocaria" e seus objetivos. Trata-se de um documento autêntico que pode ser utilizado para a elaboração de um projeto de "trocaria" em sala de aula. Esse projeto pode envolver os alunos na discussão das regras de funcionamento, dos objetos que serão trocados, da data e do horário de realização do evento, além da elaboração de panfletos ou cartazes para a divulgação na escola, tal como proposto na atividade 14. O professor deve ler o cartaz de divulgação da trocaria com a turma, explorando suas características estruturais e expressões desconhecidas ("vinis", "curadoria", "arara", "inteirar com dinheiro", "etiquetas", "dinheiro trocado", "caridade", "pechinchar", entre outras); e, em seguida, deve solicitar que eles respondam às questões da atividade 13.

ATIVIDADE 13

>>> Nesta atividade, os estudantes devem responder às questões explorando o cartaz.

🔑 *Correção 13:* **a.** *Desapegar é desistir de manter um objeto que você tem e não usa ou não deseja mais ter;* **b.** *Segundo o cartaz, trocaria é um evento para trocar objetos de desapego entre os participantes do evento;* **c.** *As pessoas podem renovar o guarda-roupas e se desfazer de roupas e objetos que não desejam mais. Além disso, no caso do evento do cartaz, haverá uma ação beneficente para uma instituição de caridade;* **d., e.** *Resposta pessoal;* **f.** *Negociar um preço mais barato;* **g.** *Arara pode ser o animal ou um tipo de suporte para exibição de roupas;* **h.** *Resposta pessoal.*

❓ VOCÊ SABIA?

>>> Nesta seção, o professor deve apresentar o evento SPFW aos alunos. Sugerimos a exibição do vídeo "Festival SPFW+: saiba tudo sobre o 2020 do #SPFW", do canal SPFW, no YouTube: **https://bit.ly/3e2sd5M** (acesso em: 21 maio 2023). Neste vídeo, o criador do SPFW, Paulo Borges, fala do projeto SPFW que busca dar protagonismo ao mercado brasileiro. E do SPFW+, que celebrou em 2020 a criatividade da moda nas ruas de SP de forma digital diante da restrição de eventos do período.

ATIVIDADE 14

>>> Com base no cartaz estudado, o professor deve propor que os estudantes criem o texto que seria exibido em um cartaz para divulgação de uma trocaria. Discuta com o grupo os elementos essenciais para esse texto e solicite a produção. Sugerimos a seguinte organização do texto: **1.** Título do evento; **2.** Convite para participar (local, data, horário); **3.** Instruções para participar (mostre a forma de organizar com o uso dos verbos no infinitivo); **4.** Regras; **5.** Propósito do evento/ mensagem dos benefícios de participar

SAMBA! • Unidade 8

▶ **VAI DAR PRAIA HOJE?** 📄 P. 184-186

Nesta lição, vamos trabalhar com a previsão do tempo, com a leitura e a interpretação de gráfico indicador de temperatura e pluviometria de acordo com a estação do ano. Vamos, ainda, discutir sobre a preparação para uma viagem, desde a escolha do período em que viajar até a composição da mala.

IMAGENS DE ABERTURA

>>> O professor deve ler com a turma os indicadores do tempo representados no quadro enquanto trabalha expressões ligadas a eles.

>>> **Exemplo:** Ensolarado ➡ Dia de sol, céu claro e limpo, etc.

>>> Depois de expandir o vocabulário, é interessante que, antes do exercício, o professor pergunte quais informações eles podem dizer sobre o tempo no Brasil do mapa apresentado.

Mencione os termos "litoral", "centro", e demais pontos cardeais para relembrá-los do que estudaram na Unidade 2 do livro. Em seguida, solicite que façam a atividade 15.

ATIVIDADE 15

🔑 **Correção 15: a.** Rio de Janeiro, 32ºC; **b.** Chuva com raios; **c.** Recife, 26ºC; **d.** Brasília, 18ºC. São Paulo, Porto Alegre e Santa Maria, 19º; **e.** Parcialmente nublado em Brasília e Porto Alegre, e ensolarado em Santa Maria. Não existe previsão de chuva; **f.** Rio de Janeiro, no Sudeste; Salvador, Recife e Fortaleza, no Nordeste; Foz do Iguaçu, no Sul; **g.** Na região Sul, pois há temperaturas altas e não há previsão de chuva; **h.** Resposta pessoal; **i.** O tempo é um medidor variável diário das condições climáticas; já o clima é um fator ligado à posição geográfica na terra, que caracteriza uma região a partir das linhas do Equador e trópicos, sendo não variável, com características constantes.

✓ PALAVRA POR PALAVRA

>>> Esta seção pode ser trabalhada juntamente com a imagem de abertura da página, que traz as leituras de indicadores do tempo. O professor deve usá-la para explorar expressões utilizadas para descrever o tempo.

➕ **Exercício complementar:** p. 192, n. 7.

ATIVIDADE 16

>>> O áudio deve ser executado duas vezes. Para alunos falantes de línguas distantes, o professor pode administrar pausas na execução para ampliar a compreensão e possibilitar a tomada de notas.

🔑 **Correção 16:** São Paulo, 17ºC/32ºC; Fortaleza, 24ºC/35ºC; Belo Horizonte, 23ºC/27ºC; Florianópolis, 16ºC/24ºC; Salvador, 24ºC/31ºC.

DESTINOS PARA INVESTIR EM CADA ESTAÇÃO

>>> O professor deve promover a leitura coletiva do texto conjuntamente à leitura das médias de variação da chuva no território brasileiro. Sugerimos que, ao ler cada estação, seja observada no mapa cada região e analisada a média de chuvas. Discuta com os estudantes essas informações de prós e contras para viajar durante as estações do ano. Vale a pena destacar:

- **No verão:** as chuvas frequentes mesmo com altas temperaturas e a vantagem de viajar para a região Nordeste neste período, pois há menor registro de chuvas.
- **No outono:** é um período de baixa temporada, portanto menos custos em geral; também é o momento de cheia na região Norte.
- **No inverno:** período em que a temperatura das cachoeiras é mais fria, e com muita chuva no litoral nordestino, o que despenca as passagens e preços de hotéis para lá, mas com um motivo bem claro: atrair turistas mesmo com as chuvas. Período de férias escolares (alta temporada).
- **Na primavera:** a estiagem do Nordeste compromete as piscinas naturais dos Lençóis Maranhenses e demais áreas com dunas. (Baixa temporada).

🔗 Vídeo "Top 10 melhores lugares para viajar no Brasil – Melhores destinos nacionais", do canal Viagens Cine no YouTube, com informações de 10 destinos interessantes e os melhores períodos para visitá-los: **https://bit.ly/3E5NMwV** (acesso em: 21 maio 2023).

➕ **Exercício complementar:** p. 191, n. 6.

ATIVIDADE 17

>>> Nesta atividade, a turma deve analisar as informações de leitura do gráfico coletivamente. Em seguida, o professor deve solicitar que respondam à questão.

🔑 **Correção 17: a.** Resposta pessoal.

ATIVIDADE 18

>>> A atividade 18 deve ser executada antes da 17, pois se refere ao texto da abertura da página. Ela vai explorar os elementos da discussão anterior.

🔑 **Correção 18: a.** O verão, porque tem altas temperaturas e menos chuvas, apesar dos custos mais altos; **b.** O verão; **c.** Várias possibilidades de respostas a depender do argumento; sugerimos o outono, pela média de chuva mais baixa, o baixo custo pelo período e a constância das altas temperaturas; **d.** Janeiro e julho. Porque são os meses de férias escolares; **e.** A região Norte.

QUE ROUPA LEVAR DE ACORDO COM A TEMPERATURA

>>> Esta página continua a lição das páginas 184 e 185, dando foco ao destino de viagem e à análise do clima para decidir como preparar a mala de viagem. O professor pode ler o texto com a turma e pedir que eles analisem se as escolhas propostas são adequadas e o que mais seria desejável levar que não é mencionado no texto.

➕ **Exercício complementar:** p. 191, n. 5.

>>> Em seguida, o professor deve solicitar que os estudantes façam a atividade 19.

ATIVIDADE 19

19. Após ler o texto, responda.
a. Você gosta de fazer as malas? Por quê?
b. O que você leva em conta para organizar sua mala?
c. O que você sempre leva quando vai viajar?
d. Qual dos destinos acima você prefere? Por quê?
e. Você sabe em qual estado brasileiro fica a cidade de Paraty?
f. Quais roupas você levaria para Paraty?
g. O que você levaria do Brasil para seu país?

>>> Todas as questões têm uma resposta pessoal, portanto o professor pode solicitar que os estudantes realizem a atividade em dupla, a fim de que durante a correção compartilhem o que o colega respondeu.

🔑 **Correção 19:** *resposta pessoal para todas as questões.*

❓ VOCÊ SABIA?

A expressão "levar em conta" é o mesmo que "considerar".

>>> O professor pode explicar a expressão "levar em conta" e pedir que os estudantes tentem fazer uma frase com o emprego adequado para, em seguida, discutir as frases coletivamente.

VAMOS SISTEMATIZAR: VERBOS TRAZER X LEVAR

>>> Nesta seção, são apresentados os verbos TRAZER e LEVAR. O professor deve apresentar a conjugação e discutir o referencial para o uso de cada uma. Use o quadro laranja com a ilustração e os referenciais de localização AQUI e LÁ.

➕ **Exercício complementar:** p.190, n. 3.

ATIVIDADE 20

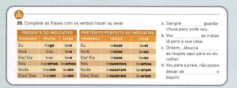

>>> Peça que os estudantes façam o exercício para treinar o uso dos verbos.

🔑 **Correção 20:** a. Levo; b. Levar; c. Trouxe; d. Levar.

▶ **VOCÊ FARIA UMA TATUAGEM?** 📄 P. 187

O próprio título da lição já introduz a temática que será explorada. O professor pode escolher se inicia ou fecha a discussão com essa pergunta para o grupo. Nesta lição, vamos falar sobre tatuagens, um tema cultural de muito interesse para os estrangeiros. Boa parte deles se surpreende ao ver quão comum é para os brasileiros ter uma tatuagem. Vamos discutir um infográfico que analisa esse comportamento e ver a história de uma jovem e de sua família que têm a cultura de se tatuar.

IMAGEM DE ABERTURA E DEPOIMENTO

» O professor deve solicitar que a turma leia o depoimento e comente sobre o comportamento dessa família. Em seguida, pode pedir que os estudantes expressem uma opinião sobre como é a visão da tatuagem para sua cultura.

ATIVIDADE 21

» Esta atividade é uma continuidade da leitura anterior. Ela traz um infográfico que apresenta informações sobre quem são os tatuados do Brasil.

» Peça que os estudantes leiam o infográfico e depois façam as questões de "a" a "f".

» Pouco mais de 80 mil pessoas responderam a essa pesquisa. Não eram todos tatuados, e os que se declaravam tatuados informavam o número de tatuagens que tinham feito (por isso mais de 150 mil).

É importante destacar que os dados em vermelho representam os números/porcentagens comparados à população brasileira; já os dados em azul, comparados à população brasileira tatuada (dentre os 80 mil entrevistados). **Eles não são dados que se cruzam.** Portanto leia-se:

- 51% dos brasileiros são mulheres;
- 59,9% dos tatuados entrevistados são mulheres;
- Aproximadamente 9% da população brasileira têm entre 19 e 25 anos;
- Aproximadamente 48,2% dos tatuados entrevistados têm entre 19 e 25 anos;
- 14,8% dos brasileiros são formados no ensino superior;
- 61,2% dos tatuados entrevistados são formados no ensino superior;
- 8% dos brasileiros não têm religião;
- 43,5% dos tatuados entrevistados não têm religião.

🔑 *Correção 21: a. As mulheres; b. A avó; c. Porque a mãe dela dizia que era melhor esperar até 18 anos; d., e., f. Resposta pessoal.*

❓ VOCÊ SABIA?

» Veja curiosidades sobre o precursor da tatuagem moderna no Brasil no vídeo "Do porto à pele: a história da tatuagem profissional no Brasil": **https://bit.ly/3p4AtZ8** (acesso em: 21 maio 2023).

» Neste documentário, da Universidade Federal de Santa Catarina, conta-se a história da tatuagem do Brasil, mencionando Lucky e sua ação precursora de tatuador no país.

SAMBA! • Unidade 8

167

VAMOS SISTEMATIZAR: FORMAÇÃO DO FUTURO DO PRETÉRITO

>>> Nesta seção, vamos estudar o futuro do pretérito II com a apresentação dos verbos irregulares (terminados em **-zer**): FAZER, DIZER, TRAZER. A título de revisão o professor pode voltar à p. 100, na qual o futuro do pretérito é apresentado pela primeira vez.

POR DENTRO DA LUSOFONIA: PORTUGAL FASHION

>>> Nesta seção, é apresentado o Portugal Fashion, um importante evento de moda que foi criado em 1995 e afirmou-se como um dos maiores eventos de moda ibéricos. O professor deve apresentá-lo aos estudantes.

VAMOS BUSCAR

>>> O professor pode propor que a turma faça a busca em sala e descreva as características dos microclimas das regiões brasileiras.

🔑 *Correção:*

- **Equatorial.** Regiões: Norte (com algumas exceções), porção norte de Mato Grosso e oeste do Maranhão. Características: quente e muito úmido durante todo ano. As chuvas são frequentes e bem distribuídas. A temperatura média fica entre 25 °C e 27 °C.

- **Tropical.** Regiões: Centro-Oeste, porções dos estados de São Paulo, Minas Gerais, Tocantins, Bahia, Piauí e Ceará. Características: verão chuvoso e inverno com seca ou poucas chuvas. Verões quentes, invernos brandos no Sul e nas áreas de serra. Temperatura média de 22 °C.

- **Tropical de altitude.** Regiões: áreas serranas dos estados de São Paulo, Minas Gerais, Rio de Janeiro, Espírito Santo e Paraná. Características: Apresenta temperaturas entre 17 °C e 23 °C e chuvas intensas, em especial durante o verão.

- **Subtropical.** Regiões: Sul e a porção sul do estado de São Paulo. Características: possui as estações do ano bem definidas, com verão quente e inverno muito frio. A temperatura média é de 17 °C, sendo que no inverno podem ocorrer geadas e nevascas.

- **Tropical atlântico.** Regiões: faixa litorânea que se estende do Rio Grande do Norte ao Paraná. Características: na Região Nordeste, as chuvas ocorrem no inverno; no Sudeste, as precipitações pluviométricas (chuvas) são mais intensas durante o verão. A temperatura varia entre 18 °C e 26 °C.

(Fonte: https://bit.ly/30AqOAc. Acesso em: 21 maio 2023).

💬 VAMOS TREINAR A PRONÚNCIA

▶▶▶ A seção treina a identificação e a pronúncia de palavras com as consoantes "k" e "g". O professor pode, primeiramente, passar o áudio para a identificação dos fonemas e, em seguida, fazer um pequeno ditado. A transcrição das palavras se encontra no anexo de transcrição dos áudios.

🎬 VALE A PENA ASSISTIR: AMOR.COM

▶▶▶ O objetivo desta seção do livro é apresentar aos alunos produções audiovisuais nacionais. Encorajamos fortemente que o professor promova o trailer do filme em sala de aula, se possível, legendado.

SAMBA! • Unidade 8

RESPONSA-BILIZE-SE

 **MÚSICA:** Bichos do mar

FILME: Xingu

PANORAMA DA UNIDADE

>> A responsabilidade que temos pelo meio ambiente no Brasil e no mundo é o tema que fecha o primeiro volume da coleção **Samba!**

>> Nesta unidade, que nos convida a refletir sobre nossas atitudes frente às questões ambientais, vamos partir à descoberta da Amazônia e de sua importância no cenário mundial, além de discutir as ações que realmente impactam o meio ambiente. Tudo isso a fim de decidir se vamos transformar o que jogamos fora em lixo ou recurso.

>> Vamos conhecer os biomas e os principais parques nacionais do Brasil, o Projeto Tamar e suas ações de proteção às tartarugas, o ecoturismo em Cabo Verde e os Jogos Mundiais dos Povos Indígenas. A unidade também nos convida ao engajamento. Sabe-se que cada gota de água conta no planeta, que a coleta seletiva e os números da reciclagem no Brasil podem ser ainda melhores – só depende de nós.

>> A preservação dos recursos hídricos e das florestas não são uma preocupação exclusiva de ecologistas e indígenas, devem estar na pauta de todas as pessoas sem exceção. Contudo, a luta contra a desigualdade social, a educação ambiental e o desenvolvimento sustentável são um desafio e também as chaves para um progresso real no Brasil e no mundo. Por esse motivo, responsabilize-se!

OBJETIVOS PRAGMÁTICOS	>> Discutir questões ambientais, falar sobre ações para a proteção do meio ambiente, compreender panfletos e orientações e propor soluções.
OBJETIVOS LINGUÍSTICOS	>> **Gramática:** verbos PÔR e HAVER, modo imperativo e pronomes indefinidos. >> **Vocabulário:** palavras e expressões relativas ao meio ambiente, tipos de materiais e lixo, verbos de ações para a proteção ambiental, números cardinais a partir de um milhão. >> **Fonética:** os fonemas [ʎ] e [l].

OBJETIVOS SOCIOCULTURAIS	≫ A Amazônia, lixo e reciclagem no Brasil, créditos de carbono, Jogos Mundiais dos Povos Indígenas, Vik Muniz e o documentário *Lixo extraordinário*, biomas do Brasil e de parques nacionais, recursos hídricos no Brasil, ecoturismo em Cabo Verde, cidades brasileiras mais arborizadas e o Projeto Tamar.
GÊNEROS TEXTUAIS	≫ Infográfico, publicidade, campanha comunitária, panfleto, texto de apresentação, mapa.

▶ **PONTO DE PARTIDA** 📋 P. 194-195

A unidade começa pela apresentação das imagens das páginas de abertura, que abrem a discussão sobre o tema central e os conteúdos do capítulo. O professor deve pedir aos alunos para relacionarem as imagens ao título da unidade ("Responsabilize-se") e perguntar o que cada uma representa. Esse exercício de "quebra-gelo" é importante para checar o vocabulário dos alunos e seu conhecimento prévio sobre ecologia e proteção ambiental. O professor deve escrever no quadro todas as palavras propostas e, em seguida, perguntar quais ações eles relacionam ao meio ambiente. É importante exemplificá-las. Ao final, pode-se proceder a uma leitura coletiva dos conteúdos da unidade e de seus objetivos.

🔊 TRABALHO COM A MÚSICA: "BICHOS DO MAR"

≫ Em 2014, o Projeto Tamar, dentro do Movimento Tamarear, reuniu no evento "Juntos pelos bichos do mar" mais de 20 artistas, pesquisadores e amigos pela causa das tartarugas.

≫ Tamarear é um neologismo, criado pelo Projeto Tamar, cujo significado seria toda ação em defesa da natureza e das tartarugas marinhas.

≫ A música "Bichos do mar", de autoria de Chico Martins e Guy Marcovaldi, interpretada pelo cantor Lenine, é um reggae que tem como "eu lírico" uma tartaruga que conta o que viu ao longo de sua vida. A música fala de problemas ambientais como a ameaça à fauna marinha e de ações para a proteção do meio ambiente na visão da tartaruga.

≫ A letra da música também traz muitos nomes de animais marinhos e o modo imperativo.

≫ O professor pode pedir aos alunos para identificarem os verbos que estão no modo imperativo. É importante observar que há versos escritos no presente do indicativo com valor imperativo. O professor pode, ainda, perguntar quem é o "eu lírico" da música, quais problemas ambientais são mencionados e quais ações são sugeridas. Sugerimos o trabalho com a música ao final da unidade, quando os alunos já terão estudado o modo imperativo.

SAMBA! • Unidade 9

▶ A AMAZÔNIA DEPENDE DE NÓS 📄 P. 196-197

ATIVIDADE 1

>>> A atividade tem por objetivo checar os conhecimentos dos alunos sobre a Amazônia com vistas a desencadear outras discussões que serão abordadas ao longo da unidade e introduzir vocabulário novo. É uma excelente oportunidade de produção oral e trocas.

>>> Os alunos devem observar as imagens e dizer quais elementos identificam. É possível que os estudantes não saibam expressar em português os nomes dos animais. Neste momento, as intervenções dos alunos, mesmo em língua materna ou de uso, são bem-vindas para a discussão. A pergunta polêmica "Na sua opinião, a Amazônia depende de nós ou nós dependemos dela?", além de instigar a reflexão, fomenta a expressão de opinião e o discurso argumentativo. É importante que o aluno justifique sua resposta.

🔑 **Correção 1:** *resposta pessoal para todas as questões.*

▶ VAMOS ASSISTIR

ATIVIDADE 2

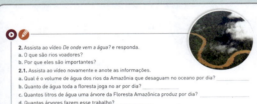

>>> A atividade de assistir ao vídeo *De onde vem a água?* exercita a compreensão oral, incrementa os conhecimentos dos alunos sobre a Amazônia para além dos clichês e introduz os números cardinais da grandeza dos bilhões.

>>> A atividade deve ser feita em dois percursos, que demandam duas exibições do vídeo: no primeiro percurso (primeira exibição) são exploradas questões de compreensão geral; no segundo percurso (segunda exibição), as questões de compreensão detalhada.

>>> Antes da execução do vídeo, os alunos devem ler as questões da atividade e esclarecer dúvidas de compreensão e vocabulário. O professor pode informar aos estudantes que as questões da segunda parte são de compreensão de dados numéricos. A legenda do vídeo que apresenta a cifra de bilhões ajuda na compreensão dos números.

🔑 **Correção 2: a.** *São "rios" que transportam a água pelo ar;* **b.** *Porque irrigam toda a região central e sudeste da América do Sul, onde se produz 70% do PIB.*

🔑 **Correção 2.1.: a.** *17 bilhões de toneladas/dia;* **b.** *20 bilhões de toneladas/dia;* **c.** *500 litros/dia;* **d.** *300 bilhões de árvores.*

ATIVIDADE 3

>>> Nesta atividade, os alunos devem aprender a diferença entre Amazônia Legal e Amazônia Internacional e interpretar o infográfico, a fim de responderem oralmente às questões. A atividade treina a leitura de infográfico, e a interação oral a partir de um documento autêntico (competências que podem ser cobradas em uma interação face a face do exame Celpe-Bras).

🔑 **Correção 3: a.** Amazônia Legal é a Amazônia brasileira; **b.** A Amazônia brasileira está presente nos estados do Amazonas, Acre, Rondônia, Roraima, Amapá, Pará, Tocantins, Mato Grosso e Maranhão; **c.** A Amazônia Internacional é a Amazônia que está dentro e fora do Brasil, ao norte da América do Sul. Sua área é de 7 milhões de Km², sendo 5 milhões de Km² de Amazônia brasileira.

🔍 VAMOS BUSCAR

>>> A fim de treinar a expressão de números cardinais e aprofundar os conhecimentos sobre a Amazônia, a atividade propõe a busca de informações por meio de ferramentas digitais.

ATIVIDADE 4

🔑🔗 **Correção 4: a.** A Floresta Amazônica conta aproximadamente com 1.300 espécies de aves, 427 de mamíferos, 378 de répteis, 3 mil espécies de peixes e 400 de anfíbios, mais de 100 de animais invertebrados e 40 mil espécies vegetais.
(Fonte: **https://bit.ly/3IUIx6Z**. Acesso em: 21 maio 2023);

b. Segundo relatórios da Amazônia 2030, elaborado com base em dados secundários de diversas instituições públicas, pesquisa e sociedade civil, a população da Amazônia Legal é de 28,1 milhões de habitantes em 2020.
(Fonte: **https://bit.ly/3Pdy3Du**. Acesso em: 20 jul. 2023);

c. Resposta pessoal. **Sugestão**: Açaí, cupuaçu, castanha-do-pará, cacau, borracha, guaraná, entre outros.

🔶 VAMOS SISTEMATIZAR: VAMOS APRENDER NÚMEROS CARDINAIS

>>> Sistematiza a expressão das grandezas: milhão, bilhão e trilhão.

✓ PALAVRA POR PALAVRA

>>> Apresenta vocabulário novo relativo ao meio ambiente. O professor deve apresentar frases extraídas de materiais autênticos para contextualizar o vocabulário.

SAMBA! • Unidade 9

173

Caso o professor tenha recursos na sala de aula, pode navegar no site do "Imazon" (Instituto do Homem e Meio Ambiente da Amazônia), que apresenta informações fidedignas sobre a Amazônia, divulga mensalmente o SAD (Boletim do desmatamento) e muitas notícias: https://bit.ly/3q3dhtS (acesso em: 21 maio 2023).

ATIVIDADE 5

>>> A atividade de interpretação de texto não verbal e de produção oral oportuniza a interação e o emprego do novo vocabulário aprendido no *Palavra por palavra*.

>>> Os alunos podem fazer a atividade individualmente ou em duplas. No momento da correção, todos os estudantes devem ser incentivados a falar. O professor deve escrever as produções dos alunos no quadro, comparar as leituras em termos de elementos em destaque na imagem e interpretação, além de corrigir as frases (adequação vocabular, pronúncia e estrutura da frase).

🔑 **Correção 5: a.** Resposta pessoal; **b.** As imagens têm em comum a degradação ambiental provocada pela ação do homem.

▶ A ECOLOGIA NO DIA A DIA 📄 P. 198-199

Nesta lição, vamos falar de lixo. O que é lixo? Como ele é produzido? Onde descartá-lo? Os alunos devem ler o cartaz da Semana Lixo Zero e responder oralmente às perguntas propostas na atividade. Como nas atividades de compreensão oral, a compreensão escrita também parte das informações gerais para as informações detalhadas. No aspecto linguístico, a atividade introduz o verbo HAVER em sua forma impessoal no sentido de "ter" e/ou "existir" (usado informalmente).

ATIVIDADE 6

>>> A atividade 6 inaugura a discussão do tema da ecologia focado nas ações individuais.

>>> Os alunos devem ler o texto em silêncio. No momento da correção, o professor deve cuidar para que todos os alunos tenham a oportunidade de falar. É importante que o professor escreva as respostas no quadro para que a turma possa observar detalhes das frases, tais como preposições, artigos, concordância e outros.

🔑 **Correção 6: a.** O assunto do texto é o "lixo"; **b.** Ao público em geral; **c.** Discutir e refletir sobre a gestão de resíduos em diversos segmentos da sociedade; **d.** Resposta pessoal. **Sugestão:** Jogar fora é o mesmo que descartar, jogar no lixo; **e.** Resposta pessoal. **Sugestão:** O lixo sempre vai sujar o planeta, não é possível descartá-lo; **f.** Resposta pessoal. **Sugestão:** Formas de reduzir a produção de lixo em diversos setores da sociedade; **g.** Resposta pessoal.

ATIVIDADE 7

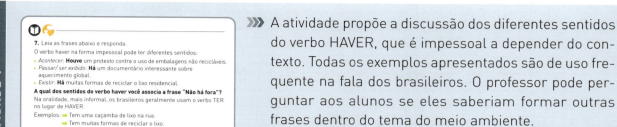

7. Leia as frases abaixo e responda.
O verbo haver na forma impessoal pode ter diferentes sentidos:
- *Acontecer:* **Houve** um protesto contra o uso de embalagens não recicláveis.
- *Passar/ ser exibido:* **Há** um documentário interessante sobre aquecimento global.
- *Existir:* **Há** muitas formas de reciclar o lixo residencial.

▶ **A qual dos sentidos do verbo haver você associa a frase "Não há fora"?**
Na oralidade, mais informal, os brasileiros geralmente usam o verbo TER no lugar de HAVER.
Exemplos: ➡ Tem uma caçamba de lixo na rua.
➡ Tem muitas formas de reciclar o lixo.
➡ Tem uma nova série sobre aquecimento global na TV.

>>> A atividade propõe a discussão dos diferentes sentidos do verbo HAVER, que é impessoal a depender do contexto. Todas os exemplos apresentados são de uso frequente na fala dos brasileiros. O professor pode perguntar aos alunos se eles saberiam formar outras frases dentro do tema do meio ambiente.

>>> É importante que o professor demonstre, por meio de exemplos, que embora o verbo HAVER impessoal seja conjugado somente na terceira pessoa do singular, ele pode ser conjugado em todos os tempos verbais: presente, passado e futuro.

🔑 **Correção 7:** *No cartaz da Semana do Lixo Zero o verbo HAVER tem o sentido de "existir".*

VAMOS SISTEMATIZAR: VERBO HAVER (FORMA IMPESSOAL)

VERBO HAVER (FORMA IMPESSOAL)
Um verbo impessoal sempre permanecerá na terceira pessoa do singular e não pode ser flexionado no plural.

>>> Complementa a atividade 7, na qual o aluno é conduzido a compreender os sentidos do verbo HAVER por meio do contraste entre as frases.

ATIVIDADE 8

VAMOS TESTAR SEUS CONHECIMENTOS SOBRE RECICLAGEM DE LIXO
8. Em qual lixeira você vai pôr? Ligue cada lixo à lixeira correta e dê o nome de cada um deles.
- latas
- copo descartável
- papel higiênico
- papel
- garrafas
- lixo orgânico

>>> Nesta atividade, que introduz o vocabulário de tipos de materiais e tipos de lixo, os alunos devem ligar a imagem do lixo à lixeira correspondente para a reciclagem ou descarte e, em seguida, escrever embaixo de cada imagem o nome do lixo.

🔑 **Correção 8: Lixo orgânico** – orgânico; **Latas** – metal; **Papel higiênico** – não reciclável; **Copo descartável** – plástico; **Papel** – papel; **Garrafas** – vidro.

ATIVIDADE 9

VAMOS PÔR O LIXO NO LUGAR CERTO
- **VIDRO:** Garrafas, potes e frascos de alimentos e produtos de higiene e limpeza.
- **PAPEL:** Jornais, revistas, cadernos, folhas, listas telefônicas, caixas de papelão, embalagens de Tetra Pak.
- **PLÁSTICO:** Garrafas de água e refrigerantes, sacolas plásticas, embalagens de produtos de higiene e limpeza, brinquedos e utensílios de plástico.
- **METAL:** Latas de bebidas, de alimentos, panelas (sem cabo), talheres, bacias, objetos de cobre, zinco, bronze e ferro.

RECICLÁVEIS

9. Escute o áudio e responda.
a. De que trata o áudio?
O primeiro R é _____. Dê um exemplo de prática.
b. O segundo R é _____. Dê um exemplo de prática.
c. O terceiro R é _____. Quais tipos de materiais o áudio cita?
d. Qual é o quarto R? O que ele propõe?
e. E qual é o quinto R? Como podemos praticá-lo?

>>> A atividade treina a compreensão oral de um áudio da "TV Escola" sobre os "5 Rs" da educação ambiental, que propõe ações e práticas sustentáveis para um futuro melhor.

>>> Antes da primeira escuta, os alunos devem ler as informações escritas, tais como os nomes de diferentes produtos e as informações que serão demandadas na compreensão oral. O nome dos produtos escritos na atividade, além de ser um grande *input* de vocabulário, permite identificar o que pode ser reciclado.

>>> O professor deve executar o áudio duas vezes. Na primeira escuta, os alunos devem identificar quais são os "5 Rs"; na segunda escuta, devem extrair exemplos e informações mais detalhadas. O professor deve aceitar todo o tipo de exemplo de ação que esteja relacionado a cada "R" em questão, mesmo que o exemplo não tenha sido mencionado no áudio.

ATIVIDADE 9

🔑 **Correção 9: a.** Os "5Rs" da educação ambiental, 5 ações para um mundo melhor. O primeiro R é reduzir. Reduzir o consumo, comprar somente o necessário e escolher produtos com maior durabilidade; **b.** O segundo R é reutilizar. Utilizar um produto mais de uma vez para outro fim, como reutilizar embalagens; **c.** O terceiro R é reciclar. O áudio cita os materiais: plástico, metal, papel e vidro; **d.** O quarto R é recusar produtos fabricados sem respeitar a natureza ou que prejudiquem o meio ambiente; **e.** O quinto R é repensar. Refletir sobre os hábitos de consumo e adotar práticas sustentáveis.

🔗 Vídeo: "Fique sabendo – 5 Rs da Educação Ambiental – TV Escola": **https://bit.ly/3yDz4vK** (acesso em: 21 maio 2023).

ATIVIDADE 10

≫ A atividade propõe um trabalho em dupla de discussão de práticas sustentáveis e de criação de um flyer para a divulgação dessas práticas. Todas as duplas concorrem ao prêmio do flyer mais criativo.

≫ Como a atividade anterior tratou de práticas para um mundo melhor, esta atividade amplia o repertório verbal e convida os alunos a se engajarem em uma produção escrita. Os estudantes podem incentivar uma prática e criar um slogan para uma campanha, como a da "caneca no trabalho", apresentada no exemplo.

🔑 **Correção 10:** resposta pessoal.

❓ VOCÊ SABIA?

≫ Trata dos números da reciclagem de lixo no Brasil. É importante lembrar que os grandes agentes da reciclagem são os catadores de lixo, que separam e encaminham para a reciclagem a maior parte do lixo que recebe essa destinação. A venda de materiais, tais como latas de alumínio, é uma importante fonte de renda para muitos brasileiros.

🔗 Caso o professor tenha tempo e recursos, sugerimos a exibição da reportagem "Catadores tratam 90% do lixo reciclável", do canal Rede TVT, no YouTube. Esse vídeo enriquece e ilustra o tema da lição, além de ser mais uma atividade de compreensão oral: **https://bit.ly/3qa9Bqh** (acesso em: 21 maio 2023).

▶ **LIXO OU RECURSO? DEPENDE DE ONDE A GENTE PÕE** 📄 P. 200-201

Em continuação à discussão sobre a gestão de resíduos, a lição apresenta o Brasil como campeão mundial de reciclagem de latas de alumínio. A atividade parte da leitura e da interpretação de dois documentos autênticos e tem por objetivo conscientizar sobre a importância desse tipo de reciclagem, ensinar como fazer o descarte correto, além de treinar a leitura de infográfico e motivar a interação entre os estudantes, isto é, a produção oral dos alunos.

ATIVIDADE 11

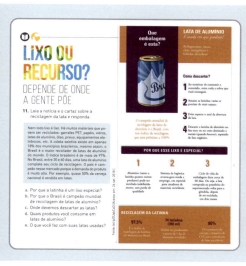

>>> Os alunos devem ler os dois documentos e responder às questões oralmente. É importante trazer a discussão para o dia a dia dos alunos, saber se consomem muitas bebidas em latas, onde as consomem e como é feito o descarte na escola, no trabalho e em casa.

🔑 *Correção 11: **a.** Porque pode ser reciclada indefinidamente, sem perda de qualidade, e gera renda para os catadores de materiais recicláveis; **b.** Porque o índice de reciclagem está próximo de 100%; **c.** A latinha deve ser descartada no lixo seco ou no cesto destinado a metais; **d., e.** Respostas pessoais.*

ATIVIDADE 12

>>> A atividade treina a compreensão oral de informações sobre a reciclagem de latas no Brasil. Os alunos devem primeiramente ler o enunciado e todas as afirmações. O áudio, embora longo, cita muitas informações do infográfico já discutidas na atividade anterior. Além das questões de verdadeiro ou falso, os alunos devem dizer quais outras vantagens a latinhas oferecem, segundo o áudio.

🔑 *Correção 12: **a.** V; **b.** V; **c.** F; **d.** V; **e.** F; **f.** F; **g.** V.*

🔑 *Correção 12.1.: Segundo o áudio, as latinhas são neutras em termos de sabor, ocupam pouco espaço, gelam mais rápido as bebidas, facilitam o transporte e podem ser recicladas indefinidamente.*

ATIVIDADE 13

>>> A conscientização e a discussão sobre o tempo de decomposição de alguns materiais é o foco desta atividade. Os alunos devem ler o panfleto e responder às questões oralmente.

>>> Do ponto de vista linguístico, os alunos vão aprender em contexto as expressões de quantidade aproximada, tais como: "cerca de", "quase", "mais de", "por volta de" e outras.

🔑 *Correção 13: **a.** Um objeto de plástico pode demorar mais de 100 anos para se decompor; **b.** O pneu; **c.** Resposta pessoal. **Sugestão:** Não são recicláveis: a ponta de cigarro, o chiclete, o isopor, a fralda descartável e o lixo radioativo.*

ATIVIDADE 14

>>> A atividade 14 tem por objetivo ajustar as expressões de quantidade aproximada aos seus sentidos.

>>> Os alunos devem fazer a atividade individualmente ou em dupla para discutirem os sentidos de cada expressão.

🔑 *Correção 14: **Quase 100 anos** – inferior (-); **Mais de 100 anos** – superior (+); **Além de 600 anos** – superior (+); **Por volta de 80 anos** – próximo (+/-); **Cerca de 1 milhão de anos** – próximo (+/-); **No mínimo 6 meses** – igual (=) ou superior (+).*

ATIVIDADE 15

›› Para finalizar o tema da gestão de resíduos e da reciclagem de materiais, a atividade propõe aos alunos escreverem uma notícia sobre a reciclagem no Brasil, com destaque para a reciclagem de garrafas PET.

›› Os estudantes devem utilizar os dados do infográfico desta atividade para escreverem a notícia. A notícia da atividade 11 sobre a reciclagem de latas de alumínio serve como um bom modelo para os alunos.

›› O professor deve deixar bem claro o enunciado e frisar a importância de segui-lo. O respeito ao enunciado é uma etapa muito importante para o treino das tarefas escritas do exame Celpe-Bras.

🔑 **Correção 15:** *resposta pessoal.*

VAMOS SISTEMATIZAR: VERBO PÔR

›› Apresenta as conjugações do verbo PÔR no presente e no pretérito perfeito. O professor deve fazer os alunos treinarem o uso do verbo PÔR mesmo tendo o mesmo sentido do verbo COLOCAR, pois é um verbo muito utilizado pelos brasileiros.

›› Caso o professor tenha tempo, poderá sortear o nome de diferentes materiais e diferentes pronomes pessoais para os alunos formarem frases, com o verbo, dizendo onde vão descartar o material.

›› **Exemplo: Nós/canudo:** nós pomos o canudo na lixeira destinada a plásticos.

▶ **EVITE O DESPERDÍCIO DE CONSCIÊNCIA** 📄 P. 202-203

Esta atividade abre uma nova discussão na unidade: as campanhas de mobilização para a proteção do meio ambiente no âmbito individual e coletivo. A lição parte da leitura de três documentos e da compreensão e discussão de suas mensagens. Os documentos têm por objetivo motivar ações em prol do meio ambiente, porém nenhuma ação é definida, sendo esse efeito de sentido produzido pelo uso dos pronomes indefinidos que se referem aos substantivos de modo vago ou genérico.

ATIVIDADE 16

›› Os alunos devem ler as questões e respondê-las oralmente. Cabe aos estudantes tentarem especificar as ações a que os documentos se referem por meio de exemplos, isto é, substituir os pronomes indefinidos por um substantivo para explicar o que as mensagens querem dizer.

🔑 **Correção 16: a.** *Resposta pessoal.* **Sugestão:** *Fazer algo de concreto é praticar uma ação que realmente produza resultados positivos em prol do meio ambiente;* **b.** *Resposta pessoal.* **Sugestão:** *Fazer tudo o que está ao seu alcance;* **c.** *Todos os documentos têm como mensagem comum o incentivo à prática de ações protetivas ao meio ambiente, sejam elas pequenas ou grandes;* **d.** *A expressão refere-se tanto aos recursos naturais quanto ao dinheiro, isto é, os rendimentos financeiros.*

ATIVIDADE 17

17. Escute o áudio e responda oralmente.
a. Onde se passa o diálogo?
b. Luciana contribui com _____ reais.
c. Por que ela decidiu contribuir?
d. Segundo o áudio, quem pode ajudar?
e. Desde quando Luciana é associada à ONG?
f. Em quais ambientes o grupo promove ações coletivas?
g. Por que Luciana decidiu se filiar à ONG?

>>> A atividade treina a compreensão oral de um diálogo no qual uma pessoa faz um depoimento em uma rádio sobre sua afiliação a uma ONG.

>>> Os alunos devem ler as questões antes da primeira escuta. O áudio deverá ser reproduzido duas vezes. Embora as questões devam ser respondidas oralmente, os estudantes devem tomar nota das informações do áudio, sendo capazes de inferir os substantivos aos quais os pronomes indefinidos se referem para que o diálogo seja compreensível.

🔑 **Correção 17: a.** *Em uma rádio;* **b.** *30 reais;* **c.** *Porque Luciana acha que cada um deve fazer sua parte e não achar que por ser pouco é melhor não fazer nada;* **d.** *Qualquer um pode ajudar, mesmo sem ser associado;* **e.** *Desde o dia 2 de julho;* **f.** *Em cachoeiras, parques e praças públicas;* **g.** *Porque Luciana acha que cada um deve fazer sua parte e não deixar a responsabilidade para os outros.*

ATIVIDADE 18

18. Nas frases a seguir, associe um sentido para cada palavra em destaque.
a. "[...] acho que preciso fazer **algo** pelo meio ambiente."
b. "Não posso deixar a responsabilidade para os **outros**."
c. "**Cada um** deve fazer sua parte."
d. "[...] o maior de todos os erros é não fazer **nada**."
e. "Nós sempre encontramos **algum** ponto que precisa de ajuda."
f. "**Qualquer** um pode ajudar."
g. As pequenas ações de **todos** fazem muita diferença."
h. "Faça **tudo** o que você pode."
i. "[...] acaba com **todo** o verde do planeta, **todo** mesmo."
j. "É uma responsabilidade de **todos**."

( ) Os indivíduos separadamente
( ) Um lugar/ uma área
( ) As pessoas
( ) Todas as ações possíveis
( ) As outras pessoas
( ) A humanidade
( ) Nenhuma ação
( ) Todas as pessoas sem exceção
( ) Alguma coisa/ alguma ação
(*i*) A parte inteira

>>> Nesta atividade, o aluno deve ler os trechos de frases do diálogo da atividade precedente e associar a cada pronome indefinido um substantivo.

>>> A atividade visa a desenvolver a reflexão linguística entre referente (no caso, pronome indefinido) e significado (entidade do mundo extralinguístico).

🔑 **Correção 18:** *c, e, g, h, b, j, d, f, a, i.*

ATIVIDADE 19

19. Leia o texto e responda por escrito.
a. Como uma empresa ou um país pode receber créditos de carbono?
b. Como as árvores participam desse processo?
c. Por que os índios são importantes na conservação da floresta?
d. Na sua opinião, quem é beneficiado com a venda de créditos de carbono?

>>> A atividade de compreensão escrita trata da responsabilidade de todas as pessoas na preservação da floresta em relação à retirada de CO_2 da atmosfera. O texto também destaca a participação dos indígenas na preservação das florestas e suas iniciativas na venda de créditos de carbono.

>>> Os alunos devem fazer, individualmente, uma primeira leitura silenciosa do texto. Em seguida, pode-se proceder a uma leitura coletiva acompanhada da discussão dos sentidos do texto. Os alunos devem responder às questões da atividade por escrito e individualmente para o treino de redação de respostas objetivas e subjetivas.

>>> Caso o professor tenha tempo e recursos, sugerimos, para ilustração e enriquecimento da aula, a exibição do filme *Amazônia eterna* (2014), que discute a situação, os problemas e as soluções para a floresta nos aspectos sociais, políticos e econômicos. O filme está disponível para streaming na plataforma Looke.

🔗 "Amazônia Eterna (2014) – Trailer": **https://bit.ly/32eBULz** (acesso em: 21 maio 2023).

🔑 **Correção 19: a.** *Um crédito de carbono pode ser recebido mediante a redução da emissão de uma tonelada de CO_2 na atmosfera;* **b.** *As árvores retiram CO_2 da atmosfera;* **c.** *Porque os indígenas vivem em ilhas de florestas conservadas;* **d.** *Resposta pessoal.*

SAMBA! • Unidade 9

❓ VOCÊ SABIA?

>>> Poucas pessoas sabem dos "Jogos Mundiais dos Povos Indígenas" (JMI), evento que teve sua primeira edição em 2015, em Palmas (TO). Os jogos têm como lema a união dos povos indígenas, a conservação de sua cultura e a sustentabilidade.

>>> Os alunos podem fazer uma leitura coletiva do texto e, caso o professor tenha tempo e recurso, recomendamos a exibição do emocionante vídeo dos jogos. Além de ser uma ótima atividade de compreensão oral, o vídeo permite a discussão sobre o significado e a importância dos JMI para o Brasil e para o mundo.

🔗 "Veja como foram os Jogos Mundiais dos Povos Indígenas", vídeo do canal MJ Produções e Eventos, no YouTube: https://bit.ly/3Wn64Vc (acesso em: 21 maio 2023).

🗂 VAMOS SISTEMATIZAR: PRONOMES ADJETIVOS INDEFINIDOS VARIÁVEIS

>>> Sistematiza os pronomes indefinidos variáveis e invariáveis.

>>> O professor deve pedir aos alunos que tentem formar frases com cada um dos pronomes, a fim de colocar os estudantes no centro da ação e observar sua estruturação na frase, seu sentido e a concordância. Os exercícios complementares 11 e 12 nas p. 212 e 213, oferecem bons recursos para o treino desse tema gramatical.

▶ É UMA BOA IDEIA 📄 P. 204-205

A nova lição parte, como de praxe, da exploração dos sentidos do texto. Sabe-se que os alunos têm contato com o modo imperativo desde que iniciam os estudos de português, por meio da interpretação de enunciados e nas interações em sala de aula.

No aspecto linguístico, o documento introduz formalmente o uso do modo imperativo, que expressa conselho, ordem, convite ou solicitação.

ATIVIDADE 20

>>> A atividade apresenta um documento autêntico da Semana do Meio Ambiente que sugere a implementação de atitudes ecológicas no dia a dia para além dos "5 Rs".

>>> A Semana do Meio Ambiente também convida todas as pessoas à reflexão. O que podemos fazer para vivermos de maneira mais sustentável? Entre fazer algo pelo meio ambiente e fazer tudo o que está ao alcance, existem muitas práticas; por essa razão, quanto mais ideias, melhor.

>>> Fica a critério do professor decidir se os alunos devem responder às questões da atividade oralmente ou por escrito. É interessante que o professor

destaque o verbo TIRAR e explore seu sentido com os alunos. Trata-se de um verbo leve, amplamente utilizado, que pode substituir muitos outros verbos com sentidos diferentes. Abaixo, alguns exemplos:

- Tirar o celular da gaveta (retirar)
- Tirar a roupa (despir)
- Tirar fotos (fotografar)
- Tirar alguém para dançar (convidar)
- Tirar férias (gozar de um período de descanso)
- Tirar as manchas (eliminar)
- Tirar proveito (aproveitar)
- Tirar dinheiro do banco (sacar)

ATIVIDADE 20

Correção 20: **a.** *Propor a implementação de atitudes protetivas ao meio ambiente que promovam um modo de vida sustentável;* **b.** *Ela acontece entre os dias 30 de maio e 05 de junho;* **c.** *Resposta pessoal;* **d.** *Por meio de pesquisas na internet e livros de receitas que ensinam como preparar pratos que aproveitam partes de vegetais que as pessoas geralmente jogam fora;* **e.** *É descartar o celular ou outros equipamentos eletrônicos em postos de coleta onde seus componentes tóxicos são separados dos outros que podem ser reciclados ou reutilizados;* **f.** *Resposta pessoal.* **Sugestão:** *levar a caneca para o trabalho, diminuir o uso do ar-condicionado, apagar a luz ao sair de um ambiente, fazer a compostagem do lixo orgânico.*

ATIVIDADE 21

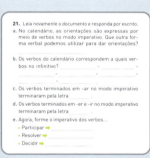

>>> Propõe uma atividade epilinguística que leva os alunos, por meio de questões sobre o texto, a inferirem as regularidades das formas imperativas dos verbos de primeira, segunda e terceira conjugação.

>>> Os alunos devem responder às questões individualmente. Ao final da correção, o professor deve sistematizar a formação do imperativo e apresentar a forma imperativa dos verbos irregulares. A seção *Vamos sistematizar* da lição visa a complementar a explicação desse tema gramatical.

Correção 21: **a.** *A forma infinitiva;* **b.** *Fechar/ Reduzir/ Aproveitar/ Fazer/ Promover/ Tirar/ Criar;* **c.** *-e;* **d.** *-a;* **e.** *Participar – Participe, Resolver – Resolva, Decidir – Decida.*

PONTO CULTURAL: UM BRASILEIRO EXTRAORDINÁRIO

>>> Apresenta o artista plástico brasileiro Vik Muniz e o documentário *Lixo Extraordinário*, que pode ser assistido no YouTube. Encorajamos o professor a realmente exibi-lo para os alunos.

>>> O documentário ilustra bem a realidade da gestão de resíduos no Brasil e instiga a reflexão sobre nossos hábitos de consumo, o problema da desigualdade social, os cuidados com o meio ambiente e a grande importância dos catadores de lixo como os principais agentes recicladores no Brasil.

SAMBA! • Unidade 9

ATIVIDADE 22

>>> Não é possível falar sobre meio ambiente e não falar sobre água. A gestão dos recursos hídricos é tão importante quanto a gestão dos resíduos que descartamos, e ambos estão intimamente ligados. Para tratar desse tema a atividade apresenta um documento autêntico que deve motivar as reflexões e discussões. Hoje, pessoas do mundo inteiro se preocupam com a quantidade de água envolvida no processo de produção e conservação de alguns produtos. Por exemplo, já existem tecidos que utilizam pouca água no processo de lavagem.

>>> Nesta atividade, os alunos devem ler o documento e responder às questões oralmente.

🔑 **Correção 22: a.** *Chocolate, carne, frango, queijo e calça jeans;* **b.** *Resposta pessoal;* **c.** *Consumir menos produtos de origem animal e menos chocolate;* **d.** *O Brasil é o país que tem a maior reserva de água doce no mundo. O rio Amazonas é o maior rio do mundo em extensão e volume de água e o Brasil ainda guarda a maior parte do Aquífero Guarani (maior reserva de água doce do planeta);* **e.** *Resposta pessoal.*

ATIVIDADE 23

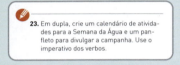

>>> A exemplo da Semana do Meio Ambiente, os alunos devem criar, em dupla, um calendário da Semana da Água, no qual serão propostas ações para a proteção dos recursos hídricos e economia da água. É importante que os alunos utilizem o modo imperativo na sugestão das ações.

🔑 **Correção 23:** *resposta pessoal.*

❓ VOCÊ SABIA?

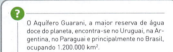

>>> Apresenta o Aquífero Guarani, o único aquífero ainda preservado no mundo. Os alunos podem ler o texto no momento da execução da atividade 22.

>>> Para ilustrar melhor sugerimos exibir uma imagem do aquífero, que pode ser encontrada facilmente em pesquisa de imagem na internet.

🔗 Para o caso de maior interesse do grupo, sugerimos a exibição do documentário *Aquífero Guarani*. Produzido pela Plural Filmes e dirigido por Márcia Paraíso, faz uma explicação detalhada da formação do aquífero, localização e também informa outras curiosidades: **https://bit.ly/45nG7ZK** (acesso em: 21 maio 2023).

VAMOS SISTEMATIZAR: MODO IMPERATIVO

>>> O modo imperativo dos verbos é formado a partir do presente do indicativo e do presente do subjuntivo; no entanto, não é necessário ensinar o presente do subjuntivo para que os alunos aprendam a formar o imperativo – o conhecimento do presente do indicativo é suficiente.

>>> Na lição sobre o imperativo no livro **Samba!**, optamos por não ensinar as formas do imperativo correspondentes aos pronomes TU e VÓS, tal como fizemos com os demais verbos apresentados.

>>> O professor deve explicar que não existe o modo imperativo na primeira pessoa do singular, pois o imperativo expressa ordem, orientação, conselho, pedido ou solicitação a uma outra pessoa.

>>> O imperativo pode ser afirmativo ou negativo. A forma negativa é sempre precedida de palavra negativa. **Exemplo:** Não desperdice alimentos e nunca se esqueça de fechar a torneira quando escovar os dentes.

▶ OS BIOMAS BRASILEIROS 📄 P. 206-208

Nesta lição, vamos estudar os biomas, os parques nacionais que buscam preservá-los e as ações que são feitas, como o Projeto Tamar, para preservar a fauna.

ATIVIDADE 24

>>> A atividade apresenta os biomas brasileiros e os principais parques nacionais. Os alunos devem ler o documento e responder às perguntas oralmente.

🔑 *Correção 24:* **a.** *O bioma Amazônia;* **b.** *O bioma Cerrado;* **c.** *No Rio Grande do Sul;* **d.** *O menor bioma é o Pantanal que ocupa 2% do território nacional e está presente nos estados do Mato Grosso e Mato Grosso do Sul;* **e.** *O bioma Caatinga encontra-se nos estados da Paraíba, Piauí, Ceará, Rio Grande do Norte, Maranhão, Alagoas, Pernambuco e parte da Bahia.*

ATIVIDADE 25

>>> A atividade de compreensão oral explora as informações de um vídeo sobre a ampliação do Parque Nacional da Chapada dos Verdadeiros no qual é apresentado o bioma Cerrado. Antes da exibição do vídeo, os alunos devem ler o enunciado e as questões. O vídeo deve ser exibido duas vezes.

🔑 *Correção 25:* **a.** *A reportagem trata do Parque Nacional da Chapada dos Veadeiros;* **b.** *O Cerrado;* **c.** *As águas presentes nos rios e cachoeiras;* **d.** *A ampliação da área do parque é importante para a manutenção da vida no Cerrado;* **e.** *A criação de parques nacionais é a única garantia da preservação de áreas de reserva natural tal como se encontram hoje.*

✱ POR DENTRO DA LUSOFONIA: ECOTURISMO EM CABO VERDE

>>> Apresenta o ecoturismo em Cabo Verde. Os alunos podem fazer uma leitura silenciosa seguida de uma leitura expressiva. Durante a leitura, podem ser feitas pausas para explicar o vocabulário e fazer comentários.

SAMBA! • Unidade 9

❓ VOCÊ SABIA?

▶▶ Em continuação ao tema do ecoturismo em Cabo Verde (que oferece a observação das tartarugas), o Projeto Tamar, em parceria com o IBAMA, protege as tartarugas marinhas e outras espécies no litoral brasileiro. Caso o professor tenha tempo e recursos, poderá apresentar um vídeo sobre o Projeto Tamar da cidade de Ubatuba, no litoral de São Paulo. O vídeo oferece uma ótima oportunidade de atividade de compreensão oral.

🔗 Vídeo "Projeto Tamar Ubatuba – Centro de Visitantes, leve sua família para um passeio inesquecível!", do canal Naturam, no YouTube: **https://bit.ly/3F8XiAv** (acesso em: 21 maio 2023).

🧩 HORA DO JOGO

▶▶ A atividade oferece uma revisão de vocabulário de forma lúdica.

PONTO CULTURAL: QUAIS AS CINCO CIDADES BRASILEIRAS COM MAIOR NÚMERO DE ÁRVORES?

▶▶ Sabe-se que a qualidade de vida nas cidades está diretamente relacionada à quantidade de áreas verdes; assim sendo, este ponto cultural apresenta as cinco cidades mais arborizadas do Brasil.

❓ VOCÊ SABIA?

🔗 Apresenta mais uma curiosidade: a rua Gonçalo de Carvalho, em Porto Alegre. A rua é conhecida graças às suas árvores. Sugerimos exibir uma imagem atualizada do local e mostrar os comentários no Tripadvisor: **https://bit.ly/3MNnpTY** (acesso em: 21 maio 2023), para que os estudantes vejam comentários dos turistas (positivos e negativos) e possam também comentar sobre pontos turísticos de natureza impressionante no meio urbano.

>>> **Exemplo:**
- A maior floresta urbana do mundo (eleita em 2011), é um pedaço de Mata Atlântica, abrigada no Parque Estadual da Pedra Branca, na Zona Oeste do Rio de Janeiro.

💬 VAMOS TREINAR A PRONÚNCIA

>>> A atividade visa a treinar os alunos a distinguirem e produzirem os fonemas [ʎ] e [l] presentes em palavras como "milho" e "camomila". A turma deve escutar o áudio duas vezes, a fim de contrastar os fonemas. A atividade também pode ser usada como ditado para treinar a identificação das palavras e sua ortografia.

🎬 VALE A PENA ASSISTIR: XINGU

>>> O objetivo desta seção do livro é apresentar aos alunos produções audiovisuais nacionais. Encorajamos fortemente que o professor promova o trailer do filme em sala de aula, se possível, legendado.

SAMBA! • Unidade 9

ATIVIDADES AVALIATIVAS
POR UNIDADE

O desafio de ensinar e avaliar uma língua estrangeira é muito complexo, pois compreende-se o ensino/aprendizagem como processo. A depender da abordagem pedagógica, da proposta da instituição, da intenção do aluno e de outras variáveis, o entendimento dos objetivos e critérios de avaliação usados pode ser diverso.

Consideramos que a avaliação é um instrumento importante para professores e alunos diagnosticarem as competências linguísticas adquiridas e aquelas que necessitam ser aperfeiçoadas. As avaliações presentes neste guia podem ser aproveitadas como exames finais ou exercícios de revisão das habilidades de compreensão e produção escrita.

O exame Celpe-Bras não apresenta tarefas que avaliem a certificação do nível básico, diante desta ausência de material de referência, optamos por desenvolver um modelo de avaliação com diversidade de tipos de exercícios, tarefas e atividades. Essa abordagem está mais alinhada à proposta do Quadro Europeu Comum de Referência para Línguas (QECRL), que contempla diferentes formas de aferir a competência linguística em todos os níveis.[1]

Entre os variados tipos de questões apresentadas nas avaliações propostas, também objetivamos contemplar as competências gerais dos alunos, tais como o conhecimento declarativo (saber), as habilidades práticas (saber fazer), as atitudes (saber ser) e a aplicação de estratégias de comunicação.

Não trabalhamos nessas atividades as competências orais. Acreditamos que a avaliação da compreensão e da produção oral deve ser abordada de forma contínua ao longo do desenvolvimento de cada unidade, por isso oferecemos atividades que permitam avaliá-las.

O ideal seria que cada professor elaborasse uma avaliação específica para o grupo de alunos com o qual ele trabalha, mas essa personalização do ensino pode não ser prática para muitos docentes. Diante desta dificuldade, nossas avaliações foram pensadas para facilitar a gestão do conteúdo, do tempo e dos objetivos de aprendizagem. ■

---

[1] O Quadro Europeu Comum de Referência para Línguas (QECRL) fornece critérios para o nivelamento por meio de descrições para os níveis de competência comunicativa, assim como o exame Celpe-Bras os descreve, que orientam professores e alunos quanto aos objetivos de ensino/aprendizagem. Apesar de o exame Celpe-Bras não certificar o nível básico, ele avalia os recursos lexicais e gramaticais adequados ao gênero dos textos produzidos pelos alunos.

SAMBA! Atividades avaliativas por unidade

NOME: .... **DATA:** ..../......./........

1 Complete os diálogos usando as frases do quadro:

▶ Você é o seu João? ▶ Até! ▶ Você confirma sua reserva para o dia 30 de dezembro?
▶ É Alice Brubeck. ▶ Tudo bem com você? ▶ Sou eu mesma. Quem é? ▶ Meu nome é Miguel, muito prazer! ▶ Meu nome é Maria Fernandes, sou do Hotel Vale do sol.

DIÁLOGO A:

– Bom dia!

– Bom dia! ....

– Tudo. E com você?

– Tudo bem também.

....

– Sou sim.

– Eu sou o novo vizinho.

....

– Prazer, Miguel! Bem-vindo!

DIÁLOGO B:

– Alô! Juliana Silva?

– Oi, ...

....

– Ah! OK.

– ....

– Sim, por favor! Quarto duplo e vista para o mar.

– Certo! Qual o nome do segundo hóspede?

– ....

– Muito obrigada pela confirmação. Até logo.

– ....

2 Complete o texto escrevendo **por extenso** as datas dos eventos:

▶ No dia .... (24/12), um dia antes do feriado de Natal, é quando começa a real festa para a maioria dos brasileiros. Toda a família se reúne para celebrar a festa. Mas a regra é clara, os presentes são abertos apenas no dia .... (25/12).

▶ O Ano-Novo é outra data especial para os brasileiros, mas a festa geralmente é celebrada com os amigos. No dia .... (31/12) os amigos se reúnem, vão para um local onde festejam toda a noite até o dia .... (01/01), que é um feriado internacional.

▶ O Carnaval não tem uma data fixa, mas geralmente é celebrado durante os meses de .... e .... Muitos estrangeiros visitam o Brasil para ver a festa.

3 Associe as cores a seus significados adequados:

(   ) é a cor da esperança e das florestas do Brasil.

(   ) é a cor importante para atrair dinheiro e riquezas.

(   ) é a cor do luto, da dor.

(   ) é a cor da tranquilidade, saúde e para dizer que está tudo bem.

(   ) é a cor do amor e da paixão.

(   ) é a cor da paz.

a. Vermelho

b. Verde

c. Branco

d. Amarelo

e. Preto

f. Azul

4 Complete a ficha de Lúcia:

Nome	*Lúcia*
Idade	
Profissão	
Nacionalidade	
Cidade onde mora	
Hobbies	
Idiomas	

Olá, sou a Lúcia, sou de Madrid, na Espanha, e tenho 28 anos. Eu trabalho no hospital, sou secretária e falo espanhol, francês, inglês e um pouco de português.

Eu gosto de ler, da música brasileira, da praia e de nadar. Eu moro em São Paulo, perto da estação central do metrô. Procuro um parceiro de Tandem para praticar português.

5 Responda à mensagem de Lúcia: ....

....

....

....

....

ATIVIDADE AVALIATIVA · UNIDADE 0

188

SAMBA! Atividades avaliativas por unidade

NOME: _____ **DATA:** ____/____/____

1 Associe um sentimento a cada imagem: **I)** Feliz · **II)** Inspirada · **III)** Apaixonada · **IV)** Brava

a. _____ **b.** _____ **c.** _____ **d.** _____

2 Leia o post do casal e os anúncios que eles receberam. Depois responda às perguntas.

▶ Buscamos um lugar tranquilo, confortável e conveniente. Nós não dirigimos mais. Gostamos de natureza, visitar feiras de artesanato e mercados para comprar lembrancinhas para nossa família.

A **Chalé inteiro hospedado por Daniel – R$144/noite**
  ▶ 4 hóspedes · 1 quarto · 3 camas · 1 banheiro
  ▶ O chalezinho fica dentro de uma área que compartilha o quintal com uma outra suíte com cozinha. O chalezinho tem uma cama de casal no mezanino e, embaixo, duas camas de solteiro. Tem fogão, geladeira, panelas e talheres, micro-ondas, banheiro, varanda com mesa e cadeiras, um quintal agradável. Tem Wi-Fi e churrasqueira no quintal.

B **Quarto compartilhado em casa hospedada por Gleicy – R$80/noite**
  ▶ 6 hóspedes · 1 quarto · 8 camas · 2 banheiros compartilhados
  ▶ Um lugar para você se sentir em casa. Na casa de Bamba Hostel Bar, nossa localização tem a melhor conveniência da cidade. Quarto para grupos de até 8 pessoas.

C **Casa na montanha – R$140/noite**
  ▶ Casa de campo minimalista e rústica a 600m da praia. 200m do porto de lanchas e veleiros. Wi-Fi rápido para home-office. A casa é dos anos 60 e foi revitalizada. Fica no topo de uma colina, com muita natureza, com vista parcial para duas enseadas. Ideal para quem gosta de simplicidade, de estar próximo à praia, mas ao mesmo tempo manter-se conectado com a vegetação. O ponto é de fácil acesso para 7 praias agradáveis na própria região. Há supermercado, farmácia, e locais de comida nas proximidades.

a. Qual acomodação é mais interessante para o casal? _____

b. Qual anúncio é mais interessante para:

  Uma grande família _____ Estudantes _____ Casal _____

c. Qual anúncio é mais interessante para você? Por quê? _____

_____

3 Leia a ficha de apresentação dos estudantes do curso de português. Em seguida, escolha uma das fichas e escreva um texto de apresentação do estudante escolhido (mínimo 60 palavras):

LUCÍA ROJAS, 28, SECRETÁRIA EXECUTIVA

Origem: Colômbia – Medellín
Idiomas: espanhol, italiano e inglês
👍 O tênis, a música, ler
👎 O telejornal, a violência, o frio
Objetivos: aprender a cultura brasileira e trabalhar no Brasil.

PETER BAKES, 32, MÉDICO

Origem: Canadá – Quebec
Idiomas: inglês e francês
👍 Esquiar, cozinhar, Hóquei (Hockey)
👎 A guerra, a política, a corrupção
Objetivos: aprender novo idioma e comunicar com a família do Brasil.

_____
_____
_____
_____

SAMBA! Atividades avaliativas por unidade

ATIVIDADE AVALIATIVA · UNIDADE 1

NOME: .... DATA: ..../......./.......

1 Localize os objetos na imagem completando com a preposição adequada:

a. O rádio está .... da estante.
b. A prancha de surf está .... da sala.
c. A mesa está .... a estante e a prancha de surf.
d. Os livros estão .... da estante.
e. A cadeira está .... da mesa.
f. As fotos estão ....da tela do computador.

▶ em cima
▶ no canto
▶ na frente
▶ atrás
▶ entre
▶ dentro

2 Observe a publicidade para responder às questões:

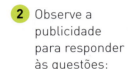

a. O cruzeiro Pullmantur Soberano parte da região .... para a região ....
b. Qual cruzeiro é mais caro? ( ) Pullman Soberano ( ) Costa Favolosa.
c. Qual cruzeiro tem parcelamento mais longo? ( ) Pullman Soberano ( ) Costa Favolosa.
d. Qual cruzeiro tem a consumação interna já paga no pacote? ( ) Pullman Soberano ( ) Costa Favolosa.
e. Qual cruzeiro é mais interessante para você? Por quê? ( ) Pullman Soberano ( ) Costa Favolosa ....

3 Leia o texto e responda às questões:

VAMOS CONHECER SÃO PAULO?

São Paulo oferece lazer para todas as idades. Há opções como parques infantis e espaços dedicados às pessoas com mais de 60 anos. E o mais importante – locais que permitem a integração da família, fortalecendo a interatividade e permitindo que pais, filhos, parentes e amigos possam se divertir.

Há ainda um forte componente educativo nesta diversão, uma vez que muitos parques temáticos, centros culturais e zoológicos, por exemplo, possibilitam que "crianças" de todas as idades aprendam se divertindo.

Em São Paulo, há muito trabalho, mas também há muitas opções de descanso. Por isso, os hotéis e os *day spas* da cidade oferecem tratamentos estéticos, massagens e banhos terapêuticos. Passar um dia ou algumas horas experimentando terapias alternativas pode ser como um dia no paraíso para tratar da saúde e da estética.

São Paulo tem muitos parques, como a Serra da Cantareira, que é uma grande floresta urbana. Na cidade encontra-se uma parte da Mata Atlântica, duas aldeias indígenas e oferece a prática do ecoturismo.

▶ Marque verdadeiro (V) ou falso (F) para as afirmações:
( ) Em São Paulo há diversão e lazer para todas as idades.
( ) São Paulo não é interessante para tratamentos estéticos e de saúde.
( ) São Paulo é uma cidade urbana sem parques e espaços de natureza.
( ) São Paulo é uma cidade que oferece opções de ecoturismo.

4 Escreva um e-mail para seu amigo contando seu plano de viagem para São Paulo no próximo mês.

....
....
....
....

NOME: .... DATA: ...../...../......

1 Observe as imagens e elabore uma frase para cada uma, descrevendo o que as pessoas estão fazendo.

a.

b.

c.

d.

a. O homem e a mulher ....
b. O homem ....
c. Elas ....
d. O menino ....

2 Quais imagens do exercício 1 representam atividades de lazer? ....

3 Veja a agenda de Luísa e responda às questões:

DOM	SEG	TER	QUA	QUI	SEX	SAB
10h - Restaurante com papai e mamãe	7h - Academia 9h - Reunião 11h - Aula de português	Aulas da pós-graduação	7h - Academia 11h - Aula de português	Aulas da pós-graduação	7h - Academia 10h30 - Consulta médica com dra. Ana	14h - Churrasco do Paulão 22h - Balada

a. O que Luísa vai fazer no domingo? ....
b. Com que frequência Luísa pratica esportes? ....
c. Elabore um texto curto descrevendo qual você imagina ser a idade, a nacionalidade e a profissão de Luísa e de quais atividades de lazer ela gosta.

....
....
....
....
....

4 Leia o depoimento do estudante:

> Olá, meu nome é Julian, eu sou francês, tenho 22 anos e estou no Brasil para fazer intercâmbio universitário. Minha rotina semanal é bem simples. Eu acordo, faço atividade física e tomo banho todos os dias. Depois disso preparo o café da manhã e estudo. Duas vezes por semana tenho aulas de português e também aulas de forró. Nos fins de semana eu saio com amigos e aproveito para visitar lugares diferentes. Eu gosto muito de dançar e conhecer novas culturas. Eu não gosto do inverno e não gosto de estudar cálculo. Procuro um parceiro de Tandem para praticar português e visitar novos lugares na cidade.

▶ Imagine que você vai se corresponder com este estudante para ser o seu parceiro de Tandem. Escreva um e-mail para Julian com uma pequena descrição de sua rotina, contando do que você gosta, do que você não gosta e faça um convite para se encontrar com ele na cidade. *(Atenção para os aspectos formais do convite.)*

....
....
....
....
....

SAMBA! Atividades avaliativas por unidade

NOME:_____ **DATA:** ____/____/____

1 Leia os anúncios e indique qual imóvel é mais adequado para:

a. Uma família com 2 crianças: _____ **b.** Um estudante: _____ **c.** Um jovem casal: _____

A VAGA EM REPÚBLICA	**B** ALUGUEL	**C** VENDE
Quarto mob. – individ. p/estud. reg. Central - acesso ráp. ao metrô. Coz. – 2 Sls - lavand. – divisão das despesas de luz, internet, água e + R$ 350,00 do aluguel. Sem fiador **Rose: (31) 90683-1200**	Próx. do centro – apto 80 m² – 3 dorms. (1 suíte) – sala c/ 2 amb. – 2 banh. – dce – 3º andar s/elevador – salão de festas – arm. emb. – 2 vgs gar. – port. 24h – cond. R$ 400 – R$ 1.500/mês **Tratar direto c/ prop.** **(31) 90756-3618**	Linda casa colonial – 2 and. – 4 qts (1suíte) – 3 sls – 1000 m2 – pisc. – salão de festas – dce compl. – 4 vgs gar. – coz. planejada c/arms. – ár. de laz. completa – churrasq. – Próx. Comerc. Oportunidade! **Só R$ 1.500.000,00 pço a negociar** **Milton: (73) 90887-2411**

d. Qual imóvel é mais conveniente para você? Por quê?_____

_____

2 Indique o que a sinalização significa:

a. **b.** **c.** **d.**

( ) É proibido fumar neste local.

( ) É proibido barulho e som.

( ) É proibido comer neste local.

( ) É proibido nadar.

3 Leia o trecho da reportagem sobre os prós e os contras de viver em um apartamento:

CASA OU APARTAMENTO?

▶ Na hora de comprar ou alugar um imóvel, é comum que você tenha dúvidas se quer morar em apartamento ou casa. Mas a verdade é que ambos os tipos de moradias possuem vantagens, e mesmo morar em apartamento pode ser uma experiência fantástica para toda a família.

▶ Mas claro que pensar bem antes de escolher é parte fundamental para que você e sua família sejam felizes no novo lar. Para não se arrepender no futuro, é importante considerar todos os <u>aspectos</u> de impacto direto no seu dia a dia, por exemplo: <u>segurança, lazer, espaço, comodidade, acessibilidade e localização</u>.

▶ Adaptado de: **https://bit.ly/3e4qkpk** (acesso em: 22 maio 2023).

a. Para você, onde é mais vantajoso morar: em uma casa ou em um apartamento? Por quê?_____

_____

b. Qual característica é muito importante para escolher um local para morar em sua cidade?_____

_____

c. Para você, quais características são importantes ao escolher um imóvel?_____

_____

_____

4 Escreva 4 frases para descrever a vantagem da casa ou do apartamento utilizando os aspectos listados no texto da atividade 3: segurança – espaço – comodidade – lazer – localização.

▶ *Exemplo: Os apartamentos com elevadores têm maior acessibilidade.*

a. _____

b. _____

c. _____

d. _____

ATIVIDADE AVALIATIVA · UNIDADE 4

192

SAMBA! Atividades avaliativas por unidade

NOME: .... DATA: ....../....../......

1 Complete as frases com o grau de parentesco adequado:

a. Antônio e Pedro são ....

b. Larissa, Nicolas, Joaquim e Samuel são .... de Antônio e Pedro.

c. Judite e Manuel são os .... de Antônio e Pedro.

d. Giovani é o .... de Antônio e Pedro.

e) Anne é a .... de Antônio e Pedro.

f) Helga e Kelly são as .... de Antônio e Pedro.

2 Leia o texto e responda às questões:

Tirinha de João Montanaro, *Revista Recreio*, 2012. (Disponível em: **https://bit.ly/3E4fwBZ**. Acesso em: 22 maio 2023.)

a. O que o menino disse que fez nas férias? ....
....

b. Por que ele não parece feliz com a experiência? ....
....

c. No seu país, as crianças também têm esse tipo de experiência com o lazer virtual? Que outras atividades elas praticam para se divertir? ....
....

d. Quais atividades de lazer você praticou quando criança? ....
....

3 Leia a descrição da família de Thiago e responda **Verdadeiro** ou **Falso**:

Meu nome é Thiago Giorgini Braganti e sou ítalo-brasileiro. Meu sobrenome vem do meu pai, italiano, e de meu avô, que nasceu em São Paulo em 1935, filho de imigrantes italianos. Ele se casou com minha avó Luciola, também filha de imigrantes, e teve uma filha. Minha mãe voltou para Itália para estudar e se casou com meu pai. Eu nasci em Veneza, me casei com uma brasileira e hoje vivo em São Paulo. Minha irmã se casou com um inglês e mora na Inglaterra. Minha cunhada se casou com um alemão e vive nos Estados Unidos. Mesmo com tantas nacionalidades misturadas, idas e vindas para o Brasil, nos sentimos uma só família.

(   ) Os avós de Thiago são brasileiros.
(   ) Thiago tem ascendência brasileira.
(   ) Thiago mora em Veneza.
(   ) Thiago tem um irmão.
(   ) O cunhado de Thiago é americano.
(   ) A cunhada de Thiago é alemã.

4 Escreva uma pequena descrição de sua família:

....
....
....
....

SAMBA! Atividades avaliativas por unidade

193

NOME:_____ DATA:_____/_____/_____

1 Associe os nomes dos pratos brasileiros às imagens e descreva um ingrediente que eles contêm:

( ) Churrasco ( ) Pão de queijo ( ) Feijoada ( ) Chimarrão

a. b. c. d.

▶ Ingrediente:

a. _____ b. _____ c. _____ d. _____

2 No Brasil, costumamos fazer até 5 refeições por dia. Organize a sequência das refeições:

▶ Almoço

▶ Jantar

▶ Lanche

▶ Ceia

▶ Café da manhã

1ª _____

2ª _____

3ª _____

4ª _____

5ª _____

3 Veja a receita que Ana vai preparar e complete com o passo a passo adequado:

Finalizar · Misturar · Cozinhar · Acrescentar · Refogar · Colocar

INGREDIENTES:

▶ 500g de espaguete nº 8

▶ 2 sachês de molho de tomate

▶ 1 cebola

▶ 2 dentes de alho

▶ Sal (a gosto)

▶ Orégano, pimenta-do-reino, manjericão (a gosto)

▶ Queijo parmesão ralado (a gosto)

MODO DE PREPARO:

1º _____ o macarrão por 5 minutos para ficar *al dente*.

2º _____ a cebola com o alho e o sal.

3º _____ o molho de tomate.

4º _____ o orégano, pimenta-do-reino e manjericão.

5º _____ o macarrão com o molho.

6º _____ com o queijo parmesão ralado.

4 Associe o comentário do cliente às expressões de opinião sobre a comida:

a. "Não pude sentir o gosto."

b. "A temperatura da sopa é ruim."

c. "Esta comida tem muita pimenta."

d. "Não posso comer tanto açúcar."

( ) É muito doce.

( ) Está sem sal.

( ) É um prato muito apimentado.

( ) Está fria.

5 Seus amigos estrangeiros vão visitar você no Brasil e é preciso preparar uma salada de frutas para apresentar a eles as frutas do Brasil. Escreva os ingredientes (mínimo 6) e o modo de preparo da receita. Use sua criatividade!

INGREDIENTES:

MODO DE PREPARO:

ATIVIDADE AVALIATIVA · **UNIDADE 6**

194

SAMBA! Atividades avaliativas por unidade

NOME: .... **DATA:** ..../..../....

1 Veja às imagens, diga <u>o que as pessoas estão sentindo</u> e <u>dê um conselho</u> para cada uma.

A ....

C ....

B ....

D ....

2 Leia o depoimento de José Oswaldo e responda às questões sobre o texto:

> Meu nome é José Oswaldo, sou contador, tenho 42 Anos. E eu deixei a obesidade de lado. Perdi 70 kg e tenho uma vida muito mais saudável. Durante muito tempo eu comi tudo com muito exagero e sem controle. Mesmo com cirurgia de intervenção eu não pude emagrecer, porque inicialmente perdi muito peso rapidamente, mas depois do emagrecimento eu continuei a comer e engordei tudo outra vez. A solução para mim foi comer de forma mais saudável e fazer atividade física. Antes eu não tinha força para correr, não podia me exercitar porque o impacto prejudicava meus joelhos (eu tinha 160 kg) e não tinha energia para nada. Comecei a me exercitar na água, aprendi a cozinhar de forma mais saudável e a não comer fast-food. Hoje tenho mais energia, posso praticar capoeira, posso até comer fast-food de vez em quando, continuo sendo contador e também faço trabalho voluntário na ONG (Organização Não Governamental) Vigilantes do peso para ajudar pessoas que tiveram o mesmo desafio que eu tive. A vida é mais leve e feliz.

A Marque Verdadeiro ou Falso:

(   ) José Oswaldo emagreceu somente com a dieta.

(   ) José Oswaldo fez cirurgia de emagrecimento.

(   ) José Oswaldo inicialmente não pôde se exercitar porque era obeso.

(   ) José Oswaldo não pode comer fast-food.

B O que mudou na vida de José Oswaldo? Descreva as mudanças de hábitos e qualidade de vida dele por meio de comparativos de superioridade, igualdade e inferioridade.

▶ (Fazer atividade física) ....

▶ (Comer fast-food) ....

▶ (Ter energia) ....

▶ (Trabalhar) ....

3 Associe as expressões a seus significados:

a. Abrir o coração   (   ) Ajudar

b. Pôr as mãos à obra   (   ) Trabalhar

c. Dar uma mão   (   ) Sem sentido

d. Algo sem pé nem cabeça   (   ) Confessar, ser sincero

4 Imagine que o texto da atividade 2 foi publicado em um post e você vai escrever um comentário para apoiar e incentivar o trabalho de suporte a pessoas com problemas de sobrepeso. No seu comentário, fale sobre a experiência de José Oswaldo e divulgue o serviço da ONG.

....

....

....

....

SAMBA! Atividades avaliativas por unidade

ATIVIDADE AVALIATIVA • UNIDADE 7

NOME: .... DATA: ____/____/____

1 Na tabela abaixo, 4 turistas vão sair durante um dia da semana. Observe as condições do tempo e aconselhe aonde cada turista deveria ir e qual atividade deveria fazer.

Turista	Alice	Bruno	Carlos	Daniela
Dia da semana	Domingo	Segunda-feira	Terça-feira	Quarta-feira
Previsão do tempo	Chuva constante 18º C	Céu claro parcialmente nublado 32º C	Sol 20º C	Nublado com vento forte e chuva no fim da tarde 22º C

A CINEMA RIOSUL **B** PRAIA DE IPANEMA **C** MUSEU DE ARTE MODERNA **D** ESTÁDIO DO MARACANÃ

▶ Alice ....
▶ Bruno ....
▶ Carlos ....
▶ Daniela ....

2 Raquel está planejando uma viagem para o Canadá. Ela vai em julho e vai ficar hospedada no sul, em Toronto; mas também vai visitar a cidade de Iqaluit, que fica no extremo norte do país, por uma semana, para conhecer a diversidade cultural. Observe a tabela de temperaturas médias (em graus Celsius) e, em seguida, escreva, em cada mala, 5 peças de roupas, calçados, ou acessórios que você recomenda que ela leve na viagem.

Meses	Toronto	Iqaluit	Meses	Toronto	Iqaluit
Janeiro	-4,2	-26,6	Julho	22,2	7,7
Fevereiro	-3,2	-28	Agosto	21,3	6,8
Março	1,3	-23,7	Setembro	17	2,2
Abril	7,6	-14,8	Outubro	10,6	-4,9
Maio	14,2	-4,4	Novembro	4,8	-12,8
Junho	19,2	3,6	Dezembro	-0,9	-22,7

TORONTO  IQALUIT

3 Associe às colunas as expressões adequadas:

a. Essa peça ficou pequena.
b. O vestido ficou perfeito em você.
c. Você precisa de ajuda?
d. Que cores você tem?

( ) Não, obrigado(a). Estou só olhando.
( ) Você teria outro tamanho?
( ) Esse modelo é único.
( ) Caiu como uma luva!

4 Leia o e-mail de André, seu amigo, e responda considerando a previsão do tempo descrita no exercício 1 deste teste. Faça uma proposta do que vocês podem fazer juntos enquanto ele está na cidade.

Oi Duda!
Estou terminando meu trabalho aqui no Mato Grosso do Sul e estou louco por uma praia. Vou chegar no Rio sábado à noite e fico até terça-feira. Quem sabe vamos na praia no domingo? Gostaria de visitar a região dos lagos com você. Você falou que lá é muito limpo e as praias são mais bonitas e tranquilas.
Um abraço,
Dedé.

196 *SAMBA!* Atividades avaliativas por unidade

NOME:_____ DATA:___/___/___

1 As regras de cada país para promover a educação ambiental podem ser diferentes. Escreva um pequeno relato sobre como a sociedade do seu país busca proteger o meio ambiente. Você também pode escrever sua opinião sobre como as pessoas podem contribuir mais para a proteção ambiental (mínimo: 60 palavras).

....
....
....
....
....

2 Associe as frases adequadamente:

(   ) Alguns supermercados no Brasil...   **a.** separam o lixo adequadamente.

(   ) Todos os brasileiros...   **b.** evitam usar sacolas descartáveis.

(   ) Algumas pessoas...   **c.** deveria se preocupar com a proteção da Amazônia.

(   ) Todo mundo...   **d.** podem contribuir para a economia de energia.

3 Leia e responda às questões:

O Parque Nacional Marinho de Fernando de Noronha (PARNAMAR-FN) foi criado em 14 de setembro de 1988, com o objetivo de valorizar os ambientes naturais e de beleza cênica local, protegendo os ecossistemas marinhos e terrestres, preservando a fauna, a flora e os demais recursos naturais.

Ocupa uma área total de 11.270 ha. O Parque tem dentre os objetivos específicos a missão central de sensibilizar a sociedade para a necessidade de conservação da natureza, assim como divulgar pesquisas científicas com objetivo de compreender a biodiversidade local, conservar os sítios históricos arquitetônicos e naturais e o ordenamento do fluxo turístico.

No Parque é possível observar uma expressiva biodiversidade, tanto marinha quanto terrestre. A área é considerada uma das mais importantes para a reprodução de aves marinhas do Atlântico, além de representar um local de alimento e descanso para espécies migratórias. A região também é um refúgio perfeito para diversos grupos ameaçados de extinção, como cetáceos (baleias), tartarugas, ouriço-satélite, coral-de-fogo e tubarão-limão.

Por ser caracterizado como um santuário para muitas espécies, desde 2001, o Parque Nacional Marinho de Fernando de Noronha é reconhecido e tombado pela UNESCO como Patrimônio Natural Mundial da Humanidade, juntamente com a Reserva Biológica do Atol das Rocas.

Adaptado de: **https://bit.ly/3E0aeYc** (acesso em: 22 maio 2023).

a. Qual é a finalidade principal da criação do Parque Nacional? ....
....

b. Por que é importante preservar as ilhas de Fernando de Noronha? ....
....

c. Cite duas atitudes importantes para preservar a fauna e a flora do parque:..
....
....

4 Leia o texto e, em seguida, escreva 5 atitudes que podemos ter para tornar o mundo melhor.

TER ATITUDES É PENSAR EM UM MUNDO MELHOR

Todos nós queremos um mundo melhor, não é mesmo? Para atingir esse objetivo é preciso agir! Listamos algumas atitudes simples que contribuem para que o planeta seja um lugar melhor para todos nós:

✔ Consumir conscientemente
✔ Compartilhar conhecimento
✔ Economizar

Adaptado de: **https://bit.ly/3p5gR7h** (acesso em: 22 maio 2023).

1. ....

2. ....

3. ....

4. ....

5. ....

ATIVIDADE AVALIATIVA · **UNIDADE 9**

SAMBA! Atividades avaliativas por unidade

197

Este livro foi composto com tipografia DIN Pro e impresso em papel Off-Set 90g/m² na Formato Artes Gráficas.